国家外国专家局高端外国专家项目（GDW20153500201）

非洲及其离散民族的文化身份研究

曾　梅　[南非] Lungisile Ntsebeza　著

·北京·

内 容 提 要

非洲是世界古人类和古文明的发祥地之一，也是世界上民族成份最复杂的地区之一。据考证，非洲最早的文字记载出现在公元前4000年左右。非洲语言主要有4个语系，曾经有过1772种语言。传统的非洲世界观表达了非洲人对生命、生存和自然界各种现象的理解。非洲的节日文化很丰富，其中非洲面具、面具舞蹈和假面舞会等是非洲艺术创作和表现的经典体现。由于很多非洲民族是在19世纪才有了本民族书面文字，非洲传统文化遗产主要由人们口耳相传、口授心记得以保留和继承。非洲音乐与非洲人的生活息息相关，也与非洲的社会、经济、政治和宗教等密切相关。在非洲，每个人的穿衣打扮都传达着方方面面的信息。就非洲民居而言，非洲大陆的自然环境是造就非洲民居建筑风格的秉要原因之一。随着时代的变迁，非洲人对房屋的概念也在转变，从工艺到原材料再到装饰风格都在变化，房屋成为非洲人对生命而不是地理的记载和体现。本书比较集中地展示了非洲及其离散民族的多彩绚烂的文化芽份和最具代表性的义化符号。

本书适合于非洲文化研究学者及对非洲文化有兴趣的读者阅读。

图书在版编目（CIP）数据

非洲及其离散民族的文化身份研究 / 曾梅，（南非）龙格斯里·恩特赛博扎（Lungisile Ntsebeza）著. -- 北京 : 中国水利水电出版社，2018.12（2024.8重印）
ISBN 978-7-5170-7292-8

Ⅰ. ①非… Ⅱ. ①曾… ②龙… Ⅲ. ①民族文化—研究—非洲 Ⅳ. ①K408

中国版本图书馆CIP数据核字(2018)第291403号

策划编辑：杨庆川　　责任编辑：陈　洁　　加工编辑：白　璐　　封面设计：梁　燕

	国家外国专家局高端外国专家项目（GDW20153500201）
书　　名	非洲及其离散民族的文化身份研究 FEIZHOU JI QI LISAN MINZU DE WENHUA SHENFEN YANJIU
作　　者	曾　梅　[南非] Lungisile Ntsebeza　著
出版发行	中国水利水电出版社 （北京市海淀区玉渊潭南路1号D座　100038） 网址：www.waterpub.com.cn E-mail：mchannel@263.net（万水） sales@waterpub.com.cn 电话：（010）68367658（营销中心）、82562819（万水）
经　　售	全国各地新华书店和相关出版物销售网点
排　　版	北京万水电子信息有限公司
印　　刷	三河市元兴印务有限公司
规　　格	170mm×240mm　16开本　13印张　238千字
版　　次	2018年12月第1版　2024年8月第3次印刷
印　　数	0001—2000册
定　　价	48.00元

序一

山东交通学院外国语学院与南非共和国的开普敦大学非洲研究中心的学术合作始于 2015 年，这可以说是天作之合。2013 年开普敦大学非洲研究中心主持了“南非前殖民的历史编纂”项目，该项目通过长期和详细的研究，试图还原在欧洲殖民统治之前，包括南非共和国在内的大部分非洲国家原住民的生活方式。2015 年，非洲一些国家的大学生及其团体发出“反殖民”的呼声，这股“反殖民”抗议浪潮很快席卷了南非的各个大学。“反殖民”运动在南非各大学中的第一个靶子就是最能体现殖民色彩的课程体系。

两校之间的合作与开普敦大学非洲研究中心近来的活动有什么关系呢？首先，无论是山东交通学院还是中国其他大学的同事，在请我演讲时，话题基本都围绕“非洲文化”展开。我不得不向我的中国同事耐心地解释，殖民主义已经摧毁了原本可以延续发展的非洲文明。非洲人原本居住在比较小的村落或社区里，由酋长或族长来管理，国王很少。殖民主义者利用非洲人这种分散的居住形式建立了一种体制来维持这种相互隔离的状态，以便于殖民者来统治非洲人。于是，一小部分外来殖民者就利用这种“分而治之”的策略，在非洲大地上来统治人数众多的非洲人。当欧洲殖民者割据并打败了非洲的各部族后，他们就开始瓦解非洲人的传统和习俗，用“欧洲文明”取而代之。

始于 2015 年的非洲大学生“反殖民”的学生运动，在广泛的意义上提醒非洲人民：非洲人民还未完成重新发现自我的任务。同时，“南非前殖民的历史编纂”研究项目恰逢其时地回应了大学生提出的确立非洲课程体系的呼唤。

本书也适时地为非洲大学的呼唤和要求作出了贡献。本书聚焦于非洲人民的精神生活、非洲口头传统、非洲音乐、非洲传统民居、非洲传统服饰等非洲传统文化内容，用大量丰富和鲜活的材料论述展示了非洲人民在殖民前直至今日的生活及其民俗传统。

此外，本书还增添了一些叙述 19 世纪和 20 世纪早期非洲人书写的关于殖民之前的非洲生活记事和诗歌。《科萨诗集》目前已经出版了五卷，我的中国同事已经翻译了其中一些诗歌，详见本书附录。这些记录和诗歌均使用科萨语和英语两种文字编写，同时开普敦大学非洲研究中心将挑选部分中国唐诗和宋词，翻译成科萨语，以此促进中国与南非两国间文化的交流。

Lungisile Ntsebeza 博士
开普敦大学非洲研究中心主任
开普敦大学非洲研究中心博士生导师
南非、加纳非洲研究 AC Jordan 教授

2017 年 11 月 26 日
南非开普敦大学魔鬼峰下

序二

2013 年习近平主席出访了非洲的坦桑尼亚、南非和刚果共和国三个国家，这是他就任国家主席后的首次外交访问，足见中国对深化与非洲关系的重视。时至今日，中非关系取得了长足的发展，着眼于中非关系发展的现实需要，2018 年中国将举办中非合作论坛峰会。在国际形势复杂多变的背景下，中非领导人将再次聚首北京，共商中非友好合作大计，规划新时代中非合作蓝图，出台引领中非合作发展的重大举措，推进中非各领域交流合作，深化中非全面战略合作伙伴关系，在更高的水平上实现中非合作共赢和共同发展，这将极大地促进南南合作和全球伙伴关系发展，为世界和平、稳定与发展注入正能量。正如习近平主席所强调指出，中非历来是命运共同体，中非多层次、全方位的合作是对中国倡导的“人类命运共同体”建设理念的现实注脚。

目前，中国与非洲国家在工程、商贸、能源和金融等领域的合作正日益蓬勃发展。但与此同时，国人对非洲文化，特别是非洲传统文化却知之甚少。非洲共有 54 个国家。在很多人的印象里，非洲大陆广袤壮美，是野生动物的乐园，但也是一个充满战乱和饥饿等问题的地方；提起非洲人就联想到原始落后，甚至还想知道那些“食人族”今昔何在。相比起对非洲野生动物的了解，我们对非洲文化的了解甚少，不清楚非洲音乐、雕塑、史诗等在世界范围内产生了怎样的影响，与欧美国家和非洲本土国家相比，我国对非洲文化的学术研究处于起步阶段。显然，撰写一本专门介绍非洲民族多彩文化身份的书籍，对于那些想亲历非洲的旅行者，对那些想不出国门也能领略非洲文化和风俗的读者，对那些研究非洲文化、或带有非洲文化背景的黑人文化和文学，以及民俗学的学者也十分裨益。本书就是这样一部既阳春白雪又老少咸宜的非洲文化与民俗读本。

本书根据下列原则撰写而成。第一，信息量大、涵盖面广，反映该学术领域的前沿成果；第二，展现非洲各民族及其离散民族的文化身份和民俗文化传统，同时体现其与时俱进的特点；第三，用通俗的语言展现学术内容，深入浅出；第四，书后附有百余条参考书目，全部是该领域的权威著作，方便感兴趣的学者和读者查阅；第五，收录翻译了南非科萨民族的诗歌，所收录的诗歌均有汉语、英语和科萨语文本，这是国内首次出版科萨语诗歌及其译文。以上撰写原则使得本书具有了展现非洲及其离散民族的文化身份研究的前沿性、科学性、多样性、概括性和通俗性等特点。本书中使用的照片除署名外均为作者曾梅拍摄。

本书的立项、出版和编辑得到了国家外国专家局、山东交通学院和中国水利水电出版社的大力帮助，在此真诚致谢！感谢国家外国专家局连续四年支持我校和我本人的非洲文化研究！感谢山东交通学院为支持我做非洲文化研究，资助我去南非开普敦大学进行学术访问，亲历非洲使我对非洲文化和非洲人民有了较为深刻的认识，使得本专著得以顺利完成。感谢我的导师郭继德教授对我的学术引领！感谢《外国文学研究》主编聂珍钊教授对我在非洲文学方面的学术指导和支持！感谢我的老师张厚吉教授对我学术成长的助力！感谢浙江师范大学非洲研究院院长刘洪武教授的指点与鼓励！

南非开普敦大学非洲研究中心主任龙格斯里·恩特赛博扎教授（Longisile Ntsebeza)、外语学院院长克利夫·钱德勒教授（Clive Chandler）和非洲语言与文学系主任埃博纳·恩亚门德教授（Abner Nyamende）对我的非洲研究非常支持。2012 年我在开普敦大学访学期间，我们定期见面，交流沟通学术研究进展或向他们请教问题，收获很大。

此后，2014 年至 2017 年间，我先后 4 次成功申请并圆满主持完成了国家外国专家局的高端外国专家项目之非洲文化研究，邀请了埃博纳·恩亚门德教授和龙格斯里·恩特赛博扎教授前来我校做学术交流与指导。作为南非、加纳和喀麦隆等国的非洲研究顶级专家、南非金砖五国之南非文化大使，恩特赛博扎教授于 2015 年至 2017 年连续 3 年作为国家外国专家局的高端专家来华完成“南非科萨文化研究”项目，是山东交通学院非洲研究所的特邀专家。这两位来自南非的非洲研究专家不仅在山东交通学院，还在中国社会科学院、中央民族大学、山东大学、华中师范大学等国内知名高校和研究所举办学术讲座，进行学术交流，并与一些高校签订了学术和人才交流培养协议，以积极的态度和实际行动有力推动了中非文化交流，在此向他们表示真挚的感谢！

让·勒德林海斯（Jean Redelinghuys）是南非考古学会的成员，他丰富的历史和考古知识使我受益匪浅。他带我去参观非洲文明博物馆，做过一些有关非洲文化的田野调查。尼尔·芒罗（Neil Munro）每年都去纳米比亚、安哥拉等国家旅行采风，拍摄了很多反映非洲民俗的照片。当他得知我准备写一本介绍非洲民族文化身份的书籍时，欣然将他在纳米比亚内陆拍摄的原住民照片赠送于我。感谢这些真诚热心的南非朋友们，没有他们的帮助，我的南非之行就不会如此丰富完整。

最后我要感谢一直以来支持关爱我的父母和家人，他们是我学术研究上不断前行的内在动力。我的爱人刘乃辉多年来坚定地支持我做学术研究，并对我的学术成果提出批评意见。儿子刘梦达不仅帮助我搜集相关资料，还在工作之余挤出时间，与我合作完成了《曼德拉故乡的民间故事》的翻译。他们用行动支持我在非洲文化和文学研究的学术旅途中奋进前行。

假如我们想要了解真实的非洲，就必须直面非洲。我们对非洲的爱，如果没有经过挫折，将毫无价值。

山东交通学院非洲文化研究所主任

山东交通学院外国语学院教授

曾梅

2018 年 3 月 27 日

山东交通学院长清湖畔

目　　录

第一章　非洲民族与文化遗产

本章主要从非洲大陆的主要民族及其语言、传统世界观和节日遗产等方面叙述非洲及其离散民族的多彩绚烂的文化身份。

非洲是世界古人类和古文明的发祥地之一，也是世界上民族成份最复杂的地区之一。据考证，非洲最早的文字记载出现在公元前4000年左右。非洲语言主要有4个语系，曾经有过1772种语言，但不少语言现在已经失传。传统的非洲世界观表达了非洲人对生命、生存和世界上各种现象的理解。非洲各民族都有自己的节日文化，其中非洲的面具、节日里的面具舞蹈和假面舞会是非洲艺术创作和表现的最具代表性的文化符号。

第一节　主要民族

非洲大陆生活着众多种族，每一个族群都可被称作非洲人。非洲各民族的形成有着漫长的历史过程。非洲各民族的形成与下列因素有关。首先是尼格罗人在非洲热带地区的多次迁徙，其中规模最大的是班图族逐渐扩展到东非和南非。其次是7至11世纪时，阿拉伯人从亚洲移入北非，使得北非文化阿拉伯化。最后是近代史上欧洲多国对非洲的殖民使非洲各民族形成和文化更加复杂化、更具多样化。非洲很多民族都保留着本民族的史诗，叙述本民族的来历、迁徙和发展，每逢节日庆典等场合，都要演唱史诗，强化认同民族和文化身份感。

黑色人种几乎遍布整个非洲大陆，过去的一千年里他们占据了北到埃及和摩洛哥，南到南非的地区。他们的身材从中等到非常高不等，肤色主要为黑色、黑棕色和棕色。

人类学家把非洲各民族粗略地分为以下几种。第一种是分布在非洲东部和南部的类布须曼人（Bushmanoid），身材矮小，皮肤略黄。第二种是高加索人种（Caucasoid），他们身材中等偏上，皮肤从淡褐色到粉红色不等，分布在东北非、北非和非洲的最南端，是南部非洲的“新来者”，他们把当地的原住民从最好的土地上赶走或杀掉。第三种是蒙古人种（Mongoloid），他们先前占据马达加斯加岛，在之后的几百年里，他们与来自大陆的黑色人种（Negroid）混居融合。现在的马达加斯加人一般身材矮小、头发乌黑，肤色呈黑、棕、黄及粉红色。第四种是俾格米人（Pygmoid），他们生活在刚果地区，身材非常矮小，肤色呈浅棕黄色。如图 1-1 所示为纳米比亚乡村少女。如图 1-2 所示为南非开普敦大学女学生。

图 1-1　纳米比亚乡村少女（尼尔・芒罗 2009 年摄于纳米比亚）

图 1-2　南非开普敦大学女学生（2012 年摄于南非）

还有学者采用语言特征划分的语系和语族对非洲各民族进行分类。非洲各民族还可以按照四大语族，即尼日尔－科尔多凡语族、亚非语族、克瓦桑语族和尼罗－撒哈拉语族进行分类。

非洲人在人种和文化上的混合与融合已存在了上千年，但在非洲尤其是非洲南部的一些地区，种族差异被人为地夸大，旨在支持对非白种人进行社会和经济压迫的种族主义，这些非白种人中大部分是土著人，因而爆发过由种族差异和部落利益引发的冲突。

一、非洲民族的主要特征

大部分非洲土著人以部落形式在非洲已经生活了几百年，现在还有很多非洲人以部落群的形式生活。组成一个单独部落的人数差异很大，因此很难界定有多少人才能算一个部落。尼日利亚的约鲁巴（Yoruba）人口约有一千两百万，而坦桑尼亚的哈德扎比部落（Hadzapi）人口不足千人。在非洲究竟有多少部落还有待研究证实，有些部落逐渐消亡，目前存在的大约有800～1200个。近些年来，“部落”这个单词的英语用法已越来越具有贬义内涵。

不同非洲民族的主要特征体现在以下几方面。首先，每个民族都有自己独特的语言，而且并不仅仅是方言。这些语言其实相互关联，学者们将它们分成不同的分支和语系，主要的非洲语族有在非洲中、东、南部并向西延伸到喀麦隆的班图语族、非洲东南及北部的含闪语族、非洲南部的克瓦桑语族、马达加斯加岛上的马来－波利尼西亚语族、西部非洲的尼格里提克语族及苏丹西部的苏丹语，欧洲大陆的英语、法语、葡萄牙语、南非荷兰语和西班牙语也在非洲被使用，这些语言主要在以前接受过殖民统治的地区被使用，并融合了当地方言。英语和法语是很多非洲国家的官方语言，这是非洲人从殖民者手中继承的最大遗产。阿拉伯语是非洲人使用最广泛的语言，凡使用阿拉伯语的地方，便有穆斯林。有些非洲国家鼓励学习保存斯瓦希里语和豪萨语等非洲语言。现在多数非洲青年人对学习和掌握英语或法语等欧洲语言比较感兴趣，不愿意致力于学习本民族或部落语言。

目前一些非洲的传统语言正在消亡，主要有以下几方面原因：

（1）由于使用这些语言的种族人数渐少，但是主要原因是现代教育和乡村人口迁徙到城市。在非洲有多少种族就有多少种语言，但数量众多的语言通常是现代国家所面临的困难之一，将来在非洲会有不少部落语言走向消亡。

（2）地域决定了一个种族的文化身份。从传统上来讲，每一个社会群体都有各自的土地和国家。土地面积千差万别，有些族群占有的土地面积广袤，有些族群尽管人数众多但拥有的土地面积却狭小。一些主要从事牧业而非农业的族群，他们会长途跋涉去寻找水源和牧场。在没有像河流或山脉等天然界限的地区，不同族群间的边界往往成为冲突和紧张的多发之地，这种情况在非洲之外的其他国家也屡见不鲜。在1885年的柏林会议上，非洲大陆被欧洲列强瓜分，许多非洲族群被殖民列强重新划定，而且通常是任意划定的边界所分割。这就导致了悲剧性割裂的局面：同一族群的一些成员被划定在一个殖民地名下，而其他成员则被划分在另一个殖民地名下。这种边界的划分是何等地令人心痛，但现在的非洲国家也已认同保留和尊重这些殖民边界的划分，他们不会采取诸如推翻和修订殖民边界的徒劳和暴力措施。

（3）每一个种族都共享共同的文化。每一个族群的成员都有共同的历史，这通常能追溯到神话传说中上帝造人，或者是为该部落做出特殊贡献的民族领袖。吉库郁人说他们的先祖是吉库郁和姆比人；屋古苏的先人是乌木高玛和玛拉瓦人等。这些祖先形象增强了他们同根同宗的民族意识。这一文化共性在风俗、道德观、伦理、社会行为和诸如乐器、家居器皿、食物和家畜等实物方面得以体现。

（4）每个民族都有其独特的社会和政治组织。家庭、年龄、婚姻风俗、政府传统模式、政治要人等是区别民族间的社会和政治组织的主要因素，它们既有相同之处，也有不同之处。一些部落一直都拥有世袭或非世袭的首领，而另一些部落则拥有传统的君主或国王，他们通常具有至高的权力，借助议事会和部落首领的帮助，统治着整个国家，还有一些将自己的权力委托给政治权威或男女长者。

（5）酋长制。酋长是指处在显赫位置或者身居要职的人，或者是某一地区的酋长或霸主。在非洲，英国人用酋长一词（法语用 chef）作为一个常见的术语来表示各种传统的领导人。这样做是为了促进研究，编纂和颁布常用的法律、法规，并且支持法规框架的建立。在某些情况下他们还是创建和加强本地当权者为殖民主义服务的工具。尽管在一些非洲社会，女人占据的权力位置平行甚至优于男性（例如在阿桑特地区、达荷美共和国、博茨瓦纳和布干达），但是人们仍然不把她们当成领导人而认为她们是太后、公主、王妃一类的女性角色。

在那些较为成熟又有继承传统的体制中，拥有酋长头衔的人被当成国王或是王后，而且他们的传统头衔是受到高度尊重的。有历史文件记载，在出现酋长一词之前人们用“守车人”来称呼自己的首领。

依照非洲的传统，非洲的国王或是酋长必然会将世俗上和宗教上的领导权融为一身。在很多情况下，一个领导会强调他的宗教上的酋长身份，因为这样能使他的权力神圣化。但是在阿桑特，情况就非如此，君权神授反而不受欢迎，这里的酋长更多是指世俗的职务，负责类似警察和法官的事务。一些地方长期受到世俗和宗教合二为一的酋长统治，但是在与欧洲商人的接触中，他们的酋长慢慢地变为世俗事务上的领导了。在有的非洲文化中，由于世俗化的积累，宗教性的首领慢慢地失去了他们的神职权力。宗教和社会生活逐渐分离，出现了负责社会事务的酋长和负责宗教事务的首领。

在过去，酋长承担着很多角色。有时候他们是法官，要维护法律的权威；有时候他们是部队领导，负责指挥战斗；有时候他们是氏族理念的监护人，确保本族的道德和文化能够继承下去。为了保证氏族的延续，他们要负责组织生产劳动和保证粮食安全。在很多非洲文化中，酋长既要当好领导者，又要确保氏族与周围环境的和谐，这就需要酋长们把握好开发利用自然环境和土地耕种的尺度。虽然在殖民时期酋长们失去了他们的军队领导权，但是仍然有很多责任，在农村尤为如此。

在一些非洲文化中，比如伊博人的文化中，酋长仅仅是一个名誉头衔，是对他个人成就和慷慨大方的一种肯定。这样的头衔往往是通过相应的规定来确保可以继承下去，因此几乎所有的家庭中都会有人有一个酋长头衔。在很多情况下，任命性质的和继承性质的头衔是并存的。奴隶和自耕农通过劳动获得头衔，世代继承的酋长则往往是有皇家的血统并通过一定的仪式加以确认。然而无论是过去还是现在，人们总因为酋长职位继承权而会有很多的争夺和矛盾，人们对这种头衔的看重也由此可见一斑，这些争夺也意味着酋长制的存在面临着严峻的威胁。在很多场合里，酋长是一个宗教上的首领，负责解决氏族中的争端和保证食物充足，比如，在苏丹南部的努尔人的一支，他们的酋长就是如此，他的职责更多情况下是解决流血冲突，很显然这是一个负责法规的职位。

无论是宗教、象征意义还是世俗意义上的酋长，他们都会享有好听的名字、头衔及特殊的衣着等，用来显示他们身份的物件有鼓、长矛、面具、盾牌、板凳和头饰。代表着无论是某种神秘力量还是氏族的精神，这些物件都被当作是氏族祖先神灵的集中体现，对维系该氏族的血脉有着极其重要的作用。

在原法属殖民地中的酋长已经不复存在了，而在原英属殖民地的酋长却被保留下来。英国一直通过他们来间接统治着这些地区，所以在非洲民族独立运动中这些酋长们就首先成为牺牲品。酋长制已经恢复，酋长既是非洲文化的象征，又是一个地方稳定和进步的中流砥柱。非洲人力图在传统的管理基础上构建一个民主管理的新模式，一些国家（例如斯威士兰和加纳）正赋予这些原来的领导者一个新任务，而在多民族国家中，民主模式给建立新的酋长委员会带来新的希望。在国家和地区酋长委员会的基础上，人们希望能够建立一个西非次大陆酋长院。这种跨文化议会组织，其领导人主要是由受过高等教育，又在种族社区中担任传统职位的人组成，非洲的共同价值观和领导理念也是该议会的重要基石。如今酋长也与时俱进做起商业广告，如图 1-3 所示。

图 1-3 酋长代言商业广告（2012 年摄于南非）

教育是改变非洲的一个重要因素，并且在不停地侵蚀着非洲的传统文化和民族中对酋长制的认可。受过教育的人不再接受传统的理念，他们不再向氏族和酋长提供免费的劳役，不再交纳金钱。由于族里的人受到了教育，找到了工作，并且开始信仰别的宗教，酋长们便无法再带领他的民众进行宗教仪式，也无法像以前那样为他的民众提供法规上和社会生活上的职责了。现在酋长的头衔慢慢地偏向那些富人或是政治上有影响力的人，酋长似乎注定要失去神秘的光环。

非洲的宗教渗透到非洲人全部生活中。非洲宗教信仰研究表明，非洲宗教同大于异。每一个非洲民族都有自己的宗教体系，非洲人生下来注定要属于族群一员，无法改变其部落和文化身份，如果某人出生在某一部落，就必须参与该族群的宗教生活。一个人可以通过宗教仪式成为另一个部落的成员，但这种情况极为少见。即便在现代非洲国家，部落身份仍然具有强大力量。非洲人是宗教容忍主义者，没有个人或群体试图对另一个人或群体进行宗教皈依活动，而且还会自发举行活动，相互交流宗教观点，这在祈雨、与魔法巫术斗法、驱灾避祸时表现得格外明显。在这种情形下，人们会借鉴邻近族群的知识并将之吸收同化。非洲较大的种族群体在其历史发展进程中，无论怎样变化，都保留着对上帝的信仰，相信神灵的存在，在天有灵，沿袭着魔法巫术。这是非洲部落、族群、种族或国家的主要特征。

二、非洲人的家庭和亲属关系

在传统的非洲生活中，亲属关系是最重要的关系之一。亲属关系通过血缘和婚姻来确定。亲属关系控制着某一群体的婚姻习俗和制度，决定着人际行为。亲属关系把整个部落生活联系在一起，通过图腾延伸到动植物和无生命的物体。几乎所有的与人类关系相关的概念可以通过亲属关系来理解和解读。亲属关系很大程度上控制着族群成员的行为、思维和个人生活。

非洲人类学和社会学研究大部分都涉及种族的亲属体系。亲属体系就像一个巨大的网络，覆盖群体中的每一个人。这意味着每一个人与其他人是相关的，相应地便有许多字眼来准确表达两个人之间的亲属关系。当两个陌生人在村子里相遇时，首先要弄清两人之间的亲属关系。在完成亲属身份确定后，他们便根据社会认可的行为模式来彼此交流。如果他们是兄弟辈分的，他们便会以平辈的身份彼此相待；如果他们是叔侄关系，侄子要按照社会礼俗来尊敬“叔叔”，称谓中可用亲属的名字。这种亲属体系从纵向看，可以涵盖故人和将要出生的人。对于非洲许多族群的孩子们来讲，了解宗谱是传统教育的一部分，很多非洲人可以记住至少八代以上祖先的名字。宗谱给人留下的是历史归属感和将血脉向下延伸的神圣使命感。一些族群的人将自己的宗谱追溯到神话传说中的“第一人”，或其他民族英雄，这就给他们带来了自豪感和满足感。血缘关系纽带也具有社会功能，在建立人际关系方面尤其有用。通过一个人的血缘脉络就可看出他和其他人在群体中的关系。血缘关系是把一个大的族群划分成家族、户门、家庭、单户和个人的基础。

（1）家族是部落的主要单元。一些种族可能有上百个家族。在非洲，家族体系划分不是一刀切，有些家族以父系为基础；而在非洲中部、西部和北部的一些地区，母系家族较多。家族通常有自己的图腾，可以是动物、植物、石头或矿物。家族成员对家族图腾倍加爱护，他们不会杀死或食用他们图腾上的动物。非洲家族的另外一种普遍特征是家族内部不能通婚，这就是所谓的异族通婚族。但有些族群允许内部通婚，这就是所谓的同族通婚族。家族人口数量不等，有的多达几千人，有的仅有数百人。尽管有些族群婚姻可以改变或弱化人们最初的家族身份，但一个人一旦生在某一家族，就很难改变。有些家族拥有自己的土地，有些家族的土地则混杂分布在部落土地里面。根据一个人的姓名和居住位置基本可以断定其家族，也可以通过他对本家族的描述来判断其家族。家族体系可以在需要时提供较为亲密的合作。在过去家族成员会携手御敌，也会在某族人遇到困难时（如因事故遭罚款、没有足够的财物娶妻或者孩子在国内外接受高等教育缺钱），向他们提供帮助。一些族群还存在着介于家庭和家族之间的分支——“户门”，由一个祖先的六到八代人组成，随着时间的推移会发展为一个完整的家族。

（2）家庭、单户和个人。对于非洲人而言，家庭成员圈子比欧美字眼中涵盖的范围要广。在传统的族群中，家庭包括孩子、父母、祖父母、叔伯、姑姑、兄弟姐妹和其他直系亲属。许多地方存在着人类学家所谓的大家庭，即父系族群中的两个或更多的兄弟或母系族群中的姐妹们在一个院子或相邻的多个院子建立的家庭。连在一起的单户就像一个大家庭。不管在哪种情况下，家庭成员的数量从十个人到一夫多妻的百人不等。在一些族群中，将孩子们送到亲戚那里生活几个月是一种司空见惯的事情，此时，孩子们也会被视为该家庭的成员。

家庭成员还包括已故亲属，他们仍然会留在在现世亲人的记忆中，并仍被认为对他们生前所处理的家庭事务感兴趣。活着的亲属一定不能忘记故人，否则会给他们或他们的家人带来厄运。一个人越长寿，他在家庭的地位会越高。人们把祭品和祭酒供奉给故人，因为他们仍然被看作是家庭的成员。如此供奉的祭酒和祭品是亲情、怀念、尊敬的标志。故人把整个家庭凝聚在一起。人们说他们可以看到故人来到他们面前，打听家庭的事务，提醒防范危险，对于生者不执行特定的指示进行警告训斥，或者是索要食物（多为肉类）或饮品。如果顶撞或冒犯故人，他们就会报复或要求伸张正义。非洲理念中的家庭也包括尚未出生的成员，认为他们是“希望的花蕾”。每个家庭的繁衍生息就依赖于这些“花蕾”。为此，非洲父母们渴望其子女找到伴侣，否则就意味着家庭的消亡。

单户是家庭中最小的单位，包括子女、父母、有时也包括祖父母。我们可以将之称为“晚上家庭”，因为通常到晚上时单户才是真正意义上的单户。每到晚上，父母们可以和自己的子女同处一室，讨论家里的私事，父母会教育孩子如何处理家庭关系。非洲的单户在欧洲和美洲可被称作“家庭”。如果一个人有两个或多个妻子，他就会拥有许多单户，因为每位妻子在同一院落内都有自己的房舍。在非洲语境中，一个单户或联合的单户占据的区域是村庄，包括房屋、花园、田地、牛舍、粮仓和院子。

三、非洲大陆之外的非洲社区

1．在英国的非裔社区

从考古和文学两个方面都有充分的证据表明，在罗马统治英国时期就有非洲人居住。1994 年，凯琳格瑞（Killingray）的研究表明，早在中世纪时期，一部分非洲人就在北非至英国的海线上航行。从 16 世纪开始，欧洲参与的跨大西洋奴隶贸易把一些非洲人带到英国，从事体力劳动或成为水手，而黑孩子们常被贵族视为来自异国的“宠物”。在这一时期虽然大多数非洲后裔生活在伦敦、利物浦和布里斯托尔等港口城市，但英国各地都有他们的身影。

21 世纪初生活在英国的非洲后裔主要有两大群体。虽然从外观上很难区分他们，但仔细观察还是他们会发现明显的区别。第一群体是来自非洲大陆的非洲人及其后裔，第二群体是来自加勒比群岛的非裔加勒比人和他们的后裔。多数非裔加勒比人的祖先是在 400 多年前的跨大西洋奴隶贸易期间被强迫离开非洲大陆来到加勒比海群岛的，其中一部分又从加勒比海群岛辗转来到英国居住。

许多非洲人是为留学来到英国的。从 16 世纪开始，欧洲商人认识到，适当的正规教育可以提高非洲奴隶对欧洲主人的服务水平。在 18 世纪，一些非洲酋长和商人认识到识字和算术的重要性，开始委托欧洲贸易伙伴在英国对其子女进行教育。有报告显示，在 1794 年，约 50 至 70 名非洲儿童在利物浦学校就读。自 19 世纪以来，教育成为非洲人去英国的一个主要推动力量。

在 19 世纪和 20 世纪前期，非洲人来英国的目的是获得他们的学术或专业资格，之后他们将回到原籍国。在英国留学期间，他们离开家人和朋友，忍受多年的孤独之苦。许多在英国留学的黑人后来成为各自国家独立运动中的活跃分子，20 世纪 60 年代前，在英国成立的许多组织发展成为非洲政党。形成于 20 世纪 30 年代中期的英国索马里社团和 40 年代的索马里青年联盟组织就是这样的两个政治组织。著名的非洲政治人物如吉姆肯雅塔、夸梅恩・克鲁玛、尤利乌斯・尼雷尔，以及许多医学、学术、军事和行政领域的领导人都是在英国接受的教育。

20 世纪 80 年代，许多非洲国家的经济形势每况愈下，经济结构调整势在必行，多数非洲人来英国留学的目的是完成学业后再回到非洲。在 20 世纪 80 年代以前，除了自己国家的政治和经济不稳定，多数非洲人选择在英国定居的原因还有很多，在伦敦就有约鲁巴人社区及许多尼日利亚人社区。人们普遍认为只有那些没有拿到学历及专业不成功并因此感到惭愧的人才选择留在英国。

20 世纪 80 年代以来，情况发生了变化，寻求在英国定居的非洲人急剧增加。许多在 20 世纪 60 年代取得英国公民资格的非洲人，因为英国在经济和政治方面不稳定的局势，选择返回非洲，80 年代又回到英国居住。由于类似的原因，在 1983 年 1 月前英国出生的大部分非裔孩子，由于父母在英国学习，他们就在英国生活。在那个时期这些孩子在英国出生，便很容易获得英国国籍，他们现在已长成成年人，本来他们已随父母返回非洲生活和学习，但因为许多非洲国家的经济和政治危机，他们又回到英国。这种情况多发生在尼日利亚、加纳、冈比亚、南非、索马里、乌干达、肯尼亚、坦桑尼亚和埃塞俄比亚等国家，但在尼日利亚和加纳尤为明显。

在英国，一些非洲人不再完成学业后就匆匆回到非洲，而是开始购置房地产，越来越具有“定居者的心态”，这使得非裔人社区更加充满活力。在伦敦、曼彻斯特、利物浦和伯明翰这些大城市，越来越多的非洲人拥有自己的企业。例如，在伦敦销售非洲食品的小商店曾经以印度人和巴基斯坦人为主；如今，许多尼日利亚人和加纳人已经进入这一领域。这种现象在斯伯里公园（伦敦北部）、哈克尼（伦敦东部）、佩卡姆（伦敦东南部）和布里克斯顿（伦敦西南部）等地比比皆是。那些已定居英国的非裔人已经具备“定居者心态”，并且这种心态开始影响他们生活的其他方面。自 1980 年代末以来，人们发现非裔保安人员、计程车司机和清洁工的素质很高，他们往往拥有高级文凭。那些曾经在超市做服务员或操作员的非裔人已经在食品行业建立了自己的企业，他们从原籍国进口食品，然后分销到全英国的各个小商店；那些曾经被聘为保安人员的人也建立了自己的保安公司；有些曾受雇于地方市政机构，管理市政房产的人也开始了自己的房地产管理业务，他们既自己购买公寓和房子进行出租，又管理其他人的房产；药剂师利用多年在印度和巴基斯坦私营制药企业的经验积累，建立了自己的制药公司。

20 世纪 90 年代，索马里人在伦敦，特别是伦敦北部开设网吧，其业务数量占绝对优势。非洲企业通常位于非裔人聚居区，因为这里是非洲商人最主要、最强大的商业市场，这就是为什么大多数非洲企业集中在伦敦北部、东部和东南部的原因。在伯明翰、利物浦、曼彻斯特等地的非洲人聚居区，也可以看到类似的趋势。在英国，建立了由非裔人主导的充满活力的五旬节与福音教会。一个位于伦敦东部汇富国际基督教中心的教会，由尼日利亚牧师马太创立，据说是英国发展速度最快的一个，目前其会员已发展到约 6000 人。

在英国通过服装很容易辨认非洲社区。在周日（基督徒）和周五（穆斯林），人们可以很容易通过穿着方式确定一个人是来自尼日利亚的哪个地区。对于加纳人、索马里人、埃塞俄比亚人、肯尼亚人和坦桑尼亚人，人们都可以通过他们在特殊场合选择的表达方式确定其身份。如婴儿诞生后，在一些社区会有一个命名仪式，而在其他社区可能会举行一个晚会。婚礼属于非洲社区较复杂的仪式，在这种场合，人们会穿上自己最好看、最艳丽的衣服，还有乔迁盛宴和生日派对，这些晚会往往很奢华，届时会邀请很多人，所有的出席者都会带着丰盛的食物和饮料。

许多非洲国家发生经济和政治危机之后，越来越多的非洲人想在英国工作和生活，部分原因是人们有一个错误的印象，认为那里很容易赚钱。很多国家的货币贬值使局势雪上加霜，人们过着艰难的生活，越来越渴望移居英国，欧洲的边界随之变得越来越难以穿越。在安哥拉、刚果民主共和国及塞拉利昂，人们除了想逃离战争的创伤之外，还普遍认为进入英国便可成为经济难民。目前，由于越来越多的非洲年轻人寻求在英国工作和生活的机会，在英国许多拘留中心就有大量寻求庇护者，在英国法院仍有许多涉及非洲人的案件。除非非洲国家的政治和经济生活条件得到改善，否则寻求在英国过上更好生活的非洲人将可能继续增加。

2．美国的非裔社区

1960 年标志着非洲后殖民时代的开始，之后的数十年移居到欧洲和美国的非洲人口呈加速趋势，随之出现了新的非洲移民社区和跨国文化。非洲跨国迁移形成于 17 世纪～19 世纪，移民社区是由于奴隶贸易而被迫形成的，当时的非洲移民来自不同的原籍社区，作为被俘虏的劳动力，不情愿地被分布在美洲整个大陆。近期，在全球化力量的推动下，非洲人自己迁移到欧洲和北美。出生于非洲大陆的非洲人到美国寻求政治庇护、经济生存和教育机会，从而形成了新的移民社区。在 2000 年共有近 90 万来自非洲大陆的移民生活在美国。非洲人移民到美国如今成为一个更大、更复杂的全球现象。老的移民社区因为定居的时间较长，加上与家乡的社区联系越来越少，逐渐形成了具有自己特色又想回归理想家园的矛盾的双重特征。通过网络获得的低成本、高质量的信息交流以及较多的跨国旅游促进了经济和教育移民的新模式。

北美新兴的移民与原有移民后裔在社区文化表现上既具有相似性又有差异性。在这两种情况下，就出现了植根于非洲大陆的传统文化与美国传统文化共存的局面。例如，从蓄奴时期到现在，从巴西到特立尼达，再到新奥尔良，在不同国家的非洲移民社区随处可见与面具和节日相关的西非传统。狂欢节的审美价值与形式被重新组合、创新，并赋予不同的表达形式。但是舞蹈中的某些精髓，服装和动作的视觉美感，化装和社会与宗教之间的关系仍深深地根植于非洲传统之中。某些糕点制作工艺的传统，如制作有黑眼睛的豌豆馅饼被传承下来，并赋予其新的元素。在美国黑人社区，年轻女孩和老年妇女才留辫子的传统流传了好几代人。在 20 世纪 70 年代，在美国留辫子的传统被复兴，甚至被来自塞内加尔、冈比亚和马里的西非妇女作为一种艺术形式，添入到美国黑人发型库中。她们把编辫子的高超艺术价值、制作技能和专业知识带到美国，改变甚至扩展了发辫的应用范围，从几乎完全是在家里的活动变成一个主要财富来源，并成为美国黑人人体艺术的一个亮点。

美国黑人中时间较为久远的移民社区有着显著的区域多样性。例如，新奥尔良的柴迪科音乐和华盛顿哥伦比亚特区的摇摆舞音乐。但是新移民社群的文化传统因来自不同的非洲社群而有更大的差异性，并与非洲大陆保持着联系。例如，澳・恩格瓦社群中说伊博语的尼日利亚庆典活动仪式和约鲁巴语尼日利亚人的命名仪式，这两种现象在美国各城市都有发生。

非裔美国文化的多样性和地理分布。美国的非洲移民是一个多元化的群体，不能用一个社区概而言之。他们来自不同的地区，说着极为多样的语言，信仰不同的宗教，源于不同的种族，有着不同的政治背景，还是在不同的情况下迁移到此地的。不同的环境因素影响着每个人的生活和命运，并培育了不同的文化和族裔社区。这样一个来源范围如此广泛的文化社区，新的移民文化是非常复杂的。尼日利亚人、埃塞俄比亚人、索马里人和埃及人构成了美国最大的移民人口。新英格兰的佛得角社区是最古老的后奴隶时代的移民社区，这里的非洲移民文化非常多样化。在一些大城市，先前定居下来的富裕的非裔后人建立了自己的社区飞地（飞地是一种特殊的人文地理现象，指隶属于某一行政区管辖但不与本区毗连的土地。通俗地讲，如果某一行政主体拥有一块飞地，那么它无法取道自己的行政区域到达该地，只能"飞"其他行政主体的属地，才能到达自己的飞地。一般把本国境内包含的外国领土称为内飞地（enclave），外国境内的本国领土称为外飞地（exclave））。纽约、华盛顿哥伦比亚特区、奥克兰、加利福尼亚、明尼阿波利斯和圣保罗、休斯敦、亚特兰大和芝加哥是黑人的主要定居点。

非裔美国文化的表达形式。第一代移民往往选择借鉴家乡的社区文化表现形式在东道国来塑造他们的群体身份。通过对家乡现行的传统进行积极创造和再创造，无论社区成员之间还是在公共场合，他们都把传统作为建立其社区的一种工具。他们重视对传统文化的取舍与改造，尽量与东道国的文化相一致。例如在索马里，氏族内的妇女负责为将要结婚的年轻女子做婚前筹备，准备工作还包括写诗，以便在所有女性聚会时用来朗诵和舞蹈。许多妇女是因索马里部族之间的内战来到美国的。在美国的几个城市，妇女们自发地使用这种诗歌结构吟唱她们的流亡生活，为婚礼庆典进行创作诗歌的社会形式可以把不同的氏族团结在一起，共同策划并参加每个女儿的婚礼庆祝仪式。

每当来到一个新地方，第一代非洲移民会积极而又自觉地试图重新创建文化，以维持他们与非洲的亲属及在美国出生的孩子之间的文化联系。家庭膳食及集体活动（如独立庆典）都采用传统的饮食方式。父母自发地资助学校和营地举办周末文化活动，学校放假时送孩子回老家，甚至回老家上学和亲戚一起生活。

目前美国重视文化的多样性与民族的自觉自信能够促进民族的发展。从指甲花的艺术运用到传统的剪裁再到社会服饰，身体艺术的运用成为民族认同的彩色符号。在美国除了潘尼日利亚组织（pan-nigerian），还有许多尼日利亚民族社区组织，比如，宗旨是促进约鲁巴文化且其分部遍布美国的约鲁巴人组织（Egbe Isokan）、豪萨族组织（Zumunta）、阿可瓦—艾博姆组织（Akwa-Ibom）等。这些组织的建立模式仿照了美国的市镇协会，成为近年来非洲移民创意社一部分，为非洲新移民社群的文化创造力提供了一个孵化器。

新移民社群文化不仅是家乡文化的再现，也是原传统文化与当地文化的混合、再生和升华。现在新的传统和文化进程漂洋过海又回到家乡，把所在城市的影响力带了过来。思想观念、做事方法和表达方式在现代社会中不断循环流通的过程中，在几百年的传统沃土中扎下了根。

美国海岛上的非洲移民社区。从北卡罗莱纳州南部到佛罗里达州北部的东南沿海及内陆地区被称为海上岛屿或低洼地。除了居住地和耕地，该群岛主要由盐沼、海滩和大片茂密树林组成。较为著名的岛屿有南卡罗来纳州查尔斯顿附近的约翰岛、杰姆斯岛和瓦德玛劳岛；埃迪斯托有着棕榈成行的海滩，乘船就可到达格鲁吉亚的圣玛丽 3 个岛屿；哲基尔已经发展成为一个会议中心；奥萨博岛上建立了一家私人作家会所；圣西蒙是丽迪雅·帕里什（Lydia Parrish）的“格鲁吉亚海岛的奴隶之歌”的创作地，到了 20 世纪 50 年代，该海岛已发展为一个豪华度假海岛；希尔顿·海德岛也已被开发，包括它附近的达陶岛和其他较小的岛屿。

20 世纪 30 年代以前，人们只能坐船去这些海岛。现在一些岛屿和大陆之间修建了堤道和桥梁，岛民的生活发生了重大变化。从历史上看，岛民有 3 个主要种族群体：非裔美国人、欧裔美国人和印第安人。最初印第安人和亚马逊人及其他土著美国人居住在一起，他们曾先后被西班牙人、英国人和法国人入侵、探索、攻击。印第安人被杀害或被迫退出之后，就把掳掠来的非洲人带到地里劳作，从事大型的单一经济，如为英国种植靛蓝、大米、水稻和棉花以及后来的土豆、西红柿、大豆和白菜。

在夏季这些岛上的蚊子泛滥，岛上的欧裔居民为了躲避疟疾就暂时离开这里，仅留下非洲奴隶在岛上。许多非裔人具有红血细胞基因，可以保护他们免受昆虫传播的疟疾。这种地理、经济和社会的隔离，使得这些居民成功地保护了许多非洲民俗物质文化与生活传统，从他们的被子上用丝绸和棉布编织的独特图案可以明显看出其祖先文化的连续性和继承性。再比如，使用天然材料编制篮子的方法、妇女盘头的方式、烹饪、结网、撒网、收网习惯。非洲影响也体现在海岛居民的保险和殡葬行业、祈祷队伍和社区中被称为“旅馆”（lodges）的秘密非洲社会团体上。海岛的克里奥尔语是非洲克里奥尔语的一种英语变体，说这种语言的人还包括加勒比海人，如牙买加人和巴贝多人。

海岛上的孩子们在游戏中常唱一些英语游戏歌曲，伴随着动作、舞蹈和游戏互动而具有典型的非洲社会特色。用过的罐头盒、衣架、沙子、木头等，以及用草栓联起来的玩具颇受孩子喜欢。妇女也使用制作被子或其他家庭缝纫时剩下的废布料制作儿童玩偶。这些玩偶有时穿着殖民地时代的服饰，有时穿着非洲独立海岛上女工人穿的典型分层式服装。

有关该地区的书籍内容包括游记、小说、民间传说汇编、探险者日记、教育和宗教传教士的日记、军事记录以及有关历史、语言和社会学的研究等作者都是欧裔美国人，主要有夏洛特·恩格里姆克（Charlotte Forten Grimke）、艾伦（W. F. Allen）、露西·盖瑞森（Lucy McKim Garrison）、托马斯·哈金森（Thomas Wentworth Higginson）、威廉姆·吉尔摩尔（William Gilmore Simms）、艾比戈尔·克里斯坦森（Abigail Christensen）、查尔斯·琼斯·科尔科克（Charles Colcock Jones）、埃尔西·克鲁斯·帕森斯（Elsie Clews Parsons）、朱丽亚·彼得金（Julia Peterkin）、盖伊（Guy B.）、古伊恩·约翰逊（Guion Griffis Johnson）、盖伊和坎迪·卡拉瓦恩（Guy and Candie Carawan）等。还有许多其他作家，如新近移民美国的蒂娜·麦克尔伊（Tina McElroy Ansa）和尤金妮亚·普瑞斯（Eugenia Price），分别从非裔美国人和欧裔美国人的角度描写了这一地区及其居民的魅力，他们的传统生活值得世人关注和尊重。

最近几年，非裔居民曾经高度集中的状况发生了很大改变，其主要原因有两个：一是为寻求更好的经济机会，非裔岛民向北方移民；二是因为郊区化、度假和商业发展，有大量欧裔美国人涌入。在开发建设卡瓦、希尔顿·海德和南卡罗来纳群岛过程中，看似为海岸土地付出了大笔费用，其实受益者主要是开发商。这种开发破坏了优美的风景、文化的完整性和当地的传统。

第二节 主要语言

非洲大约曾有 1772 种语言，占世界语言总数的三分之二。约瑟夫·格林伯格（1966）等非洲语言文化学家把非洲语言大致分为 4 个语族：尼日尔－科尔多凡语族、亚非语族、克瓦桑语族和尼罗－撒哈拉语族。

一、尼日尔－科尔多凡语系

该语系由尼日尔－刚果语系和科尔多凡语系组成。尼日尔－刚果语主要用于居住在尼日尔盆地和刚果河盆地的民族，分为以下亚类：①阿达马瓦－乌班吉语支，分布于非洲中部的部分地区，包括和巴亚语、班达语和赞德语。②（新）贝努埃－刚果类语支，包括前东克瓦－约鲁巴语、埃多语、努佩语、伊多马语、伊博语和班图语（细分为语非班图和广泛班图语）。斯瓦西里语、基库尤语、祖鲁语和科萨语属于贝努埃－刚果语。③古尔语支主要用于西非的象牙海岸、加纳、多哥、贝宁和布基纳法索，可细分为莫西语和格鲁西语、古兰语、瓦力语（达嘎力）、达戈巴尼语、布利语、库萨尔语、巴萨里语、纳特堡语、格森语、西萨拉语和那法拉语。④伊乔语支的主要使用者是尼日利亚的伊乔族，包括伊乔人和德法卡人。⑤克鲁语支包括格雷博语和巴萨语。⑥曼丁哥语支主要用于马里、科特迪瓦、几内亚、塞拉利昂、几内亚比绍、毛里塔尼亚、尼日利亚和加纳的部分地区，分为马宁卡语、克佩列语，布萨语、里格比语和博波语。⑦（新）克瓦语支包括阿坎语、埃维语（及其他戈比语）、加族语和残存的多哥语等。在历经繁复的分类和重新分类后，囊括了加纳南部、科特迪瓦、多哥、贝宁和尼日利亚东南部的语言。⑧西大西洋语支的覆盖范围从塞内加尔河一带南下直到利比里亚，包括富拉语、沃洛夫语、朱拉语和提姆语。

科尔多凡语主要用于苏丹共和国的努巴山区。这类语言含有齿音[t d]和卷舌音[rr，nr]。元音之间的爆破音（如[t]）变成了擦音（如[s]），而名词类系统却也只能让人想起尼日尔－刚果语系中名词分类。

尼日尔－刚果语系的语言具有以下主要特征。元音弱化（一种元音分布系统，其中所有的元音为圆唇元音、非唇化元音、紧元音或松元音）、声调系统（有 2～5 个调不等）、重音（斯瓦希里语）、鼻音（伊博语和约鲁巴语）、气嗓音（埃多语）、异化、诸如协同发音的辅音（如[kp]，[gb]）和内爆音（如 bhabha/ bab /葫芦；baba——切音；外爆音；软腭擦音[kh]）等在内的辅音以及由于相邻辅音导致特定辅音序列变化的辅音变化（如[mb]变成[mm]）。除克鲁语和曼丁哥语之外，大多数语言中都有连动结构（用既定语言中的两个及以上的一连串动词表达另一种语言中的某个动作），形容词放于名词后，以及主语－动词－宾语的语序。然而，曼丁哥的句序为主语－宾语－动词。伊乔语和里格比语等极个别语言具有性别系统。

在贝努埃—刚果语支中，名词被分类，在同一个句子中，每一类名词在其他单词的前面或者后面都要加上特定词缀。但新克瓦语等一些语言已经失去了大部分的类别形式。

二、亚非语系（闪含语系）

该语系属亚非语族，是北非和中东的重要语族，有近 200 万使用者，可细分为六大语系：闪语、埃及语、柏柏尔语、乍得语、库希特语和奥摩语。古埃及语在 14 世纪消亡，现在埃及人使用古阿拉伯语和科普特语等方言。

乍得语分布于撒哈拉以南的中非和西非，其中包括豪萨语，它是尼日利亚的官方语言以及加纳、多哥、贝宁、喀麦隆、乍得和尼日尔等国的主要语言。以乍得语为母语的人口要远多于其他撒哈拉以南的非洲语言，比如恩吉津语、瓦吉瓦语、博乐瓦语、科图科语（恩加拉、洛贡等）、巴塔—马尔吉语（巴查马、加尔比恩等），以及希那语等。

库希特语用于东非埃塞俄比亚的撒哈拉以南地区，索马里、红海沿岸和肯尼亚。其中重要的语言包括：加拉语、索马里语、奥罗莫语、贝贾语、哈迪亚语、贝加语、波哥语、卡米尔语、德拉桑语和坎巴塔语。

闪语包括阿拉伯语、希伯来语、阿姆哈拉语（有 500 多万使用者，是埃塞俄比亚官方语言）、阿拉姆语，阿卡德语和么瑞语。其他在北非使用的闪语包括厄立特里亚的提格里尼亚语和提格雷语，古埃塞俄比亚语和已经灭绝的格兹语。

柏柏尔语分布在非洲北部和西北部（埃及以西）的国家，如摩洛哥、阿尔及利亚和突尼斯。柏柏尔语包括努米底亚语、图阿雷格语、依兹纳慈恩语、加达米斯语、里夫语、希洛语和卡拜尔语。柏柏尔语的使用者可使用柏柏尔语或阿拉伯语。埃塞俄比亚南部使用奥摩语。

亚非语系重要的语音特点包括重音、音调、内爆音（[bh]，[dh]，[gh]），和后辅音，特别是软腭音（[k]，[g]，[kh]，[gh]）和牙音（[h]）。亚非语系为主语—动词—宾语结构，并带有阴阳声变化。

克瓦桑语系

该语系的使用者主要在南部非洲，特别是纳米比亚、博茨瓦纳、南非共和国和坦桑尼亚的科埃人和桑族人。该语族分为 3 个亚族：南部非洲的科瓦桑语

（SAK）、桑达韦语和哈特撒语。科瓦桑语有北部、中部和南部 3 个亚语系。北部科瓦桑语（布什曼人）包括徐语和奥恩语等。中部科瓦桑语包括霍屯督语（科埃人和桑人）、那马语（近 4 万名使用者）和肖语。南部科瓦桑语包括修语和其他语言，其中一些已消亡。哈特撒语分布在坦桑尼亚的坦噶尼喀湖和印度洋之间的区域。 桑达韦语和哈特撒语的使用者只有 70000 人，多分布在坦桑尼亚孔多阿地区的布布河和姆蓬化河之间。桑达韦语的使用者则分布在坦桑尼亚的多多马地区，该语言的句子都为主语－宾语－动词的结构，包含 3 种发音过程中吸气的吸气音、舌尖抵上齿的齿搭嘴音（[t]，[l]）、舌面送气的边搭嘴音（[l l]）和舌前部抵硬腭的后齿龈/腭气音。除此之外，哈特撒语还额外包括一个双唇搭嘴音[b]。在哈特撒语中，吸气音[b]的出现频率较低，一般出现在单词中间。桑达韦语和其他科伊桑语中的部分辅音在其他非洲语言中较为少见，其中包括清音和浊音侧嘶嘶音（擦音和塞擦音）如[tl]，[dl]，[hl]，[Hl]。用气声发出辅音可以区分这些语言中的单词的含义。此外，该语系还含有 4 个鼻音：[m]，[n]，[ny]和[ng]。

四、尼罗－撒哈拉语系

尼罗一撒哈拉语系包括 90 多种语言，主要分为桑海语、撒哈拉语、弗尔语、沙里尼罗语和科曼语等，分布在从西非到埃塞俄比亚的尼日尔河沿岸，乌干达和肯尼亚的部分地区以及尼罗河谷上游大部分地区。桑海语多用于尼日尔的尼日尔河上游大部地区、尼日利亚东北部、整个乍得共和国及其以东地区和利比亚的部分地区，包括卡努里语（近 20000 人使用的主要语言）、贝尔蒂语和泰达语。沙里尼罗语用于乍得、苏丹、乌干达、肯尼亚和刚果共和国，约有 100 万使用者，努比亚语言是其中的重要分支。尼罗诺语的使用者多生活在苏丹、乌干达和肯尼亚，包括的语言有丁卡语、努尔语、希洛克语和肯尼亚的马赛语。

尼罗一撒哈拉语族保留着名词分类体系，而且大多数以一种双音系统的调性最为常见，也有少数语言具有三音系统。该语族的语言具有元音和谐的特点，以及 5 位辅音系统（唇音[p b]、齿音[t d]、齿龈音[t d]、腭音[ky gy;hj gj]和软腭音[k g]）和辅音连缀的缺失。通常情况下，鼻音构成这些语言中的最后的辅音。

五、其他非洲语言

南非荷兰语（Afrikan）属于印欧语系，是荷兰语的“非洲”形式，主要使用者为荷兰殖民者在非洲南部的后裔。英语是南非和津巴布韦共和国当地白人殖民者的母语，也是19世纪利比亚遭遣返的非裔美国人的语言。克里奥语是一种以英语为基础的克里奥尔语，使用者为塞拉利昂获得自由的奴隶后裔。马尔加什的波利尼西亚语用于马达加斯加。由于长期的殖民统治，一些非洲国家也使用英语、法语、葡萄牙语、西班牙语和意大利语。图1-4所示为会说南非荷兰语的开普敦大学图书馆员。

图1-4　会说南非荷兰语的开普敦大学图书馆员（2012年摄于南非）

第三节　传统世界观

传统的非洲世界观以唯心主义和经验主义为基础。这些观点表达了对生命、生存和世界上各种现象的传统理解。这种精神世界是由上帝、诸神、祖先、各种精神力量和人类与自然共同组成。在西非，人们普遍持有这样的观点，特别是加纳的阿坎人和埃维人。

非洲很多民族相信，一位全能的上帝创造了人和万物。对贝宁的芳族人来说，上帝雌雄一体，雄性部分的名字叫利萨（Lisa），像太阳；雌性部分叫莫娃（Mauva），像月亮。在肯尼亚的阿巴鲁亚族人心目中，他们的上帝叫维勒（Wele），曾生活在地球上，后升到天上去，他先创造了天空，接着又创造了太阳、月亮、彩虹、人和动物，在非洲人心目中上帝升天的原因多半与人得罪上帝有关。例如，西非加纳的阿散蒂族人故事说，一位老妪每天在臼子里捣甘薯，无意中冲撞了上帝翁颜克庞，上帝不悦，便离开地球升入天空。塞拉利昂的曼德族人认为上帝是在创造了地球后心满意足地返回天界，虽然上帝与人不直接打交道，但他还是给“地球”妻子降下甘露。苏丹的多贡族人与塞拉利昂的曼德族人持有相同的宇宙观和宗教信仰。多贡族人认为，上帝与地球是夫妻，彩虹是巨蛇，曾与人类交媾。上帝与地球生下一对双胞胎，名叫纳莫，半蛇半人，代表着运动和水的能量。多贡族人对宇宙的认识基于他们对物质震动法则和宇宙运动之上。人的重要性在于他是“宇宙”的种子。个人、家庭和社会通过宇宙联系在一起。非洲人一直持有人与宇宙互动的观念，人与宇宙的关系体现在非洲各民族与社会、与祖先、与自然的关系里。

居住在东北非尼罗河上游的希鲁克族（Shilluk）认为，人与宇宙是永远联系在一起的。创建希鲁克族的国王名叫尼埃昂（Nyiang），他是一位永生的人，后来化身为风升入天空。尼埃昂不是凡人，他是有神性的国王，能把上帝、人类与自己联结为一个整体。

生活在西非加蓬的俾格米人被称为是森林居民。他们谙熟各种森林植物，如能治病或有毒的，他们是第一个了解到致幻植物伊波加的部族。俾格米传统医师会用森林的植物和草药来治疗各种疾病，如流感和疟疾、不孕不育，甚至能够治愈因为踩到隐埋到地里的咒符而一病不起的人。

很多非洲人相信，人与宇宙的关系不仅仅包括个体与上帝的关系，上帝不是宇宙中唯一的力量，人类、动植物、物质、非物质都是宇宙中的种种力量。树木、河流、湖泊等所有自然界的组成部分都有神性和自己的力量，它们是由神圣上帝创造的。20 世纪 50 年代非洲最著名的社会科学家布希博士指出，阿散蒂族人相信宇宙中充满了神灵，分 3 个层次和群体，“主神创造了万物并通过诸神们显示出它的力量；其次是给动植物以生命和魅力的诸神们；最后是祖先的神灵，它们与地球上的人类保持联系，把神灵的世界与人类世界紧密联系在一起。”按照布希博士的说法，上帝、诸神、祖先和人的关系可以用金字塔的结构表示：顶部是上帝，3 个侧面分别是诸神、祖先和人，底部是动植物、河流等。

对于非洲人来说，任何地方都是神圣的，因为它们是被神圣力量创造的；每项活动具有神性，因为它发生在神圣的世界里，并由神圣的创造来完成。例如，非洲人就把编篮子等手工活视为有神性的创造性活动，甚至观看日出也是一种能进入“神圣世界”的活动。

非洲人相信超自然力量。非洲人普遍认为存在着一种至高无上的力量，这是一种超越人类的理解能力的力量，是生命的基础。每个民族都对这个力量有各自的称谓，阿坎人称之为 Onyame，埃维人称之为 Mawu，伊博人称之为 Chukwu，约鲁巴人称之为 Olodumare。他们认为超自然力量是世界的创作者，也是世界的维系者，是自然界关键的精神力量，拥有绝对力量，并在道德上是完美的。各种态度、名字、寓言、象征和敬称显示着非洲人民对它的笃信，认为它不但赐予万物生命而且影响生活的方方面面。

非洲人认为，所有的生命都由超自然的神赐予，但各个生命得到的神的力量、程度和思维能力是不同的。普通的神和祖先们的位置处于神和普通人之间，在传统的观点看来，他们从各个方面推动和影响着现实世界。要改变他们的影响只能是在现实的物质世界层面上加倍付出，但这种行为却是对这个意识决定着的物质世界的无知。

非洲人认为，在至高无上的主神下面还有很多诸神，如阿坎族的 Obsom，埃维族的 Trowo 和 Vodu，约鲁巴族的 Orisha 等，这些诸神的力量各有不同，都是源于上面提到的主神，是主神派下来掌控维持自然和人类社会。大多数的非洲人民都相信诸如大地、水域和雷电之类都是神在控制。掌管大地的神被认为是女性，她负责着繁衍并维护着道德秩序，自杀或其他一些不道德的事情都被认为是对她的冒犯。

传统的社会结构单位，如家庭、家族、不同的种族、社区（村或镇），也会有自己的神。在他们心中，这些神引导保护着人们。像阿坎族的题图拉神（Titular），被认为是阿坎族居住区中的父系的水神。在约鲁巴族人眼中一些重要的神如 Orisha，被认为是祖先的灵魂，永远与本族和大自然同在。又如，神、雷电之神 Shango，被认为是当初约鲁巴奥约族的一个头领。有些神则被认为是某些行业或工作的守护神。尼日利亚先前的国王 Ogun 被看作是战争之神，又被看作是冶金业的守护神。非洲人对神灵，尤其是那些小神的崇拜与忠诚往往取决于这些神灵的力量。如果人们认为所崇拜的神没有起作用，那他们往往就会抛弃对该神的信仰，转而去寻找那些新的、被认为更有威力的新神。人们对这些神的描述往往是更加的倾向于用形容人的言语来形容他们，而不会用那些至高无上的超自然力量的第一真神的语言来形容他们。

在约鲁巴神系里，Orise 最初指奥罗·杜麦尔。在约鲁巴的许多地方，即使奥罗·杜麦尔不是众神之一，人们也称他为 Orisha。Orisha-nla 和原始的神都是奥罗·杜麦尔的后裔，他们都是小写的 orise，而祖先奥罗·杜麦尔则写作大写的 Orise。Orisha 来源于 Ori-se 这个词。Ori-se 字面意思是“思想来源”。居住在西非尼日尔河下游尼日利亚的约鲁巴人认为 Ori 象征着精神存在，即灵魂或自我。因此，当约鲁巴人说 ori mi（我的大脑）时，并不是指身体上的大脑，而是他的灵魂。se 是“起源”“开始”“衍生”或“发源”的意思。Orise 则指 Ibi ti ori ti se（ori 的来源）。这个来源指的是奥罗·杜麦尔，是所有 ori 的祖先。

Orisha 和 Imole 不同。Imole 指令人畏惧的灵魂，由于人们害怕受其惩罚而停用了，其圣坛只能在灌木丛和小树林里才能看到；Orisha 则是神圣和受人尊敬的，因而本地化了，人们耳熟能详，甚至在城里为其建造了圣坛。Orisha 的众神共同构成了约鲁巴万神殿，其中奥罗·杜麦尔因身形高大而与众不同。各个神掌管的差事不相同，比如，Orisha-nla 负责创造万物众生（塑造人类）；Ogun 是铁神，掌管战争，捕猎；Oshun 是河神，管理女子生育；Yemoja 是海神，是所有江河湖海之母，掌管着众水神；Jkuta 和 Sango 分别掌管雷和电；Orisha-oko 负责农业丰收；Orunmila 则是约鲁巴的智慧之神。

Orisha 也有凶狠与和善良之分。比如，Ogun 既威力无比又固执蛮横；Osun 却和蔼而温良。每一位 Orisha 都有自己喜爱的食物。其朝拜者须祭祀他们喜爱的食物，若奉献错了食物会引起他们的愤怒。比如，Esu 喜欢的是红油（棕榈果仁外壳的油）而不是树脂黄油或是从棕榈果仁提取出来的油。要是有人要陷害别人，就以该人名义将树脂黄油奉给 Esu，使 Esu 替他算账。每一个 Orisha 都有自己的象征，有时也会有自己的标志性的颜色和数字。

约鲁巴神殿供奉着大约四百位神。而受到全部约鲁巴人崇敬的却寥寥无几。大部分神只是在某些地方闻名遐迩。因此，Orisha 有远近闻名的，也有不怎么出名的。伟大的 Orisha 神通广大，那些不怎么出名的只作是当地的神。Orisha 也可分为原始神和非原始神。原始神指奥罗杜麦尔从天堂上派到人间的神，而非原始神则是后来被人们神话了的英雄人物。

“如果我站得很高，那是因为我站在了祖先的肩膀上。”这是非洲西部约鲁巴族人的一句古老格言，从中不难看出非洲人对长者和祖先的敬重。神在人类位置之上，比神更亲密、更容易成为人和神之间的信使的则是人们的祖先。祖先比神更为亲近因为血缘关系，这些被膜拜的祖先曾是族中的模范，在氏族中是出类拔萃的人们，人们认为他们死后仍然具有某种能量，能够作为生者和神灵之间沟通的桥梁，因而有的地方叫他们“活着的逝者”。对祖先的崇拜说明人们相信死后生命能够继续存在。

非洲的敬祖传统由来已久。在非洲传统文化中，祖先几乎就是“地位”“智慧”与“权威”的同义词。非洲尊重祖先的传统有以下几方面的原因：首先，非洲各部族的传统文化几乎都以祖先崇拜作为重要内容，而长者被认为是与祖先灵魂最为接近的人。因此，传统的非洲人认为，只有尊敬长者，服从他们的命令与教导，才能受到祖先的庇护。在过去，对非洲各部族而言，经验就意味着智慧，拥有丰富经验的长者被视为最有智慧的人，自然成为众人尊敬的对象。其次，在过去以农牧业为主要生产方式的情况下，长者掌管着整个家族乃至部族的财富，年轻的家庭成员只有尊重和服从长者才能分配到田地、牲畜，从而维持生计，并获得嫁妆或聘礼以组建家庭。在非洲传统观念中，家庭规模越大，生育的孩子越多，其财富与地位提高得越快。第三，非洲孩子从小受到的教育就是必须尊敬长者，只有这样他们年老以后才能获得晚辈的尊敬。

很多非洲民族都相信祖先会以肉身或灵魂的形式返回人间。卡路斯·卡迪认为，“灵魂的世界是存在的，它赋予生物生命。非洲存在论最基本的部分是把祖先和后代、人类与自然、动物与植物、海洋与烈焰联系在一起……万物永生……这种连续性是依靠大地母亲和她的孩子保存下来的。大地母亲的胸脯为她儿子提供食粮，她的儿子也是整个非洲的儿子，儿子的死可以使父亲得以存在并且重生”。非洲人信仰中的精神性以及大地母亲和儿子的意象体现的就是非洲祖先文化。曾就任于南非联盟国内事务部的人类学家甘特·瓦格纳写道，“肯尼亚的阿布鲁亚族人认为逝者具有影响他们后人健康和幸福的能力，因而死人被认为对活着的人有潜在的危险”。逝者影响活人的能力在自然界里的表现是复杂的。据信祖先的灵魂会保持其在世时的特点，因而活人必须抚慰祖先的灵魂。津巴布韦的洛乌杜族人相信，祖先能影响其后人交好运或厄运，所以要用祭品和祈祷来安抚或感谢祖先的灵魂。南巴图族人认为祖先是“道德准则的守护者；他们会光顾并惩罚那些违反了道德的后人”。

卢旺达人祭祖和信奉祖先的习俗。卢旺达人相信生者的个性和名字可以延续在死者的灵魂中。祖先的灵魂会返回人间，回到他们生前居住过的地方。祖先可以永远地留在其子孙居住的小屋里，但它们通常会对生者心怀不满。宠儿的身上就有这种信仰的烙印：它返回人间与母亲赛丝和妹妹丹芙住在同一屋檐下，但对她们却怀有恶意。理查德·赖特在《黑色的权利》（1954）一书中记载了加纳的阿散蒂族人的观点，“世界上的每样东西都有其复制品、自我和鬼魂……他们相信神灵住在树上、河里，住在所有的生命形态中。因此，神灵也存在于人体之中。”非洲学者们称之为 Kra。阿散蒂族人相信，一个正常死亡人的灵魂会直接去神灵的世界，但如果一个人因不测疾病或意外事故身亡，他的灵魂就会在人间游荡，然后，麻烦会随之而来，Kra 会投胎于新生儿，再次现身人间。祖先、氏族和家庭对阿散蒂族人极为重要，他们相信宇宙里充满了非祖先和祖先的灵魂，它们都由大神统领，有等级之分。阿散蒂族人的心里总有祖先的位置，因而在他们的宇宙观里，生者的世界和死者的世界紧密相连。在非洲人的生活里，冤魂具有特殊意义。曼德族人认为冤魂会报复任何人。阿散蒂族人认为，人如果正常死亡，其灵魂会直接去灵魂的世界；生前如果受到冤屈，其灵魂就有可能报复后人；如果是暴病身亡或被人杀死，其灵魂会四处游荡，灾祸由此产生。

西非曼德族人相信，除上帝外，灵魂分为祖先的灵魂与非祖先的灵魂两种：前者生前是该社会的成员，后者包括与自然现象联系在一起的如河流、森林、岩石一类的灵魂或鬼怪，并不限制在一个地方。与上帝相比，它们离人类更近。对于曼德族人来说，祖先崇拜是基于这样的信仰之上：一个人死后可以继续存在，但他的人格却去了死人的国度。为了进入一个新的国度，这个人的灵魂必须跨过一条河流，经过某些仪式。祖先灵魂的生活与世人的生活在很多方面都相似，它们似乎保留了一种拟人化的性格以及他们在世时的脾气和气质。曼德族人还认为，祖先可以保护其后代，但也可能伤害他们；如果自己的祖先或别人的祖先生前受到冤屈，它们都可能报复活着的人。在曼德族人的心目中，鬼怪虽然是祖先的灵魂，但却拥有人类的品质和情感，人如果不能控制鬼怪，则会被鬼怪所控制。人与鬼怪之间还可能有性关系。

西非民族世界观中很重要的一点是，先辈们坚信精神王国并非是一个人类无法进入的陌生世界，人死后生命仍会延续，甚至在人死后，死者和其在世的后代之间并没有切断联系。西非的主要种族群体，如阿坎人（加纳和象牙海岸）、埃维人（加纳和多哥）、方族人（在贝宁）、约鲁巴人等认为，那些获得了祖先地位的人就会给予他们很时尚的尊称，如阿坎人的 nananom nsamanfo 和埃维人的 togbi tog-buiwo，这些名称的字面意思就是“祖父”。

一个人要想获得“祖先”的荣誉称号，必须是一位前辈，因为祭仪是由他的子孙组成的。但也有罕见的例外，如果一个人没有亲生子女，但他是这个大家庭的顶梁柱，也能被授予这个荣誉。除了有子孙这一条件，该人的道德还必须值得其他人效仿，并为这个社区作出贡献。传统上认为，年长通常是道德高尚的代名词。赋予了经验和智慧的人就会成为这个社区长者，但这个人必须死于自然原因，因为在西非社区，有些死亡被认为是诅咒，从而否定了他成为一名祖先的可能。在他死亡时，必须为他举行适当的葬礼仪式，以确保他进入祖先的精神世界。所以，在仪式上进行祈祷时，为了与别的祖先区分，后人需喊着他的名字。

在他们活着的后人与上帝的精神世界、诸神以及其他精神力量之间，祖先形成了家族中的精神支柱及最亲密的精神联系，在后人与精神世界之间充当传递者和调解人，以提升后人的幸福。他们从上帝和诸神那里为后人祈求恩惠。于是，后人就把他们的各种诉求，包括求子、繁荣、好收成等一切幸福都寄托在他们身上，他们尤其被视为能使后人繁衍的生命传递者。正如 Dzobo 所言，对性的关注反映了他们对增加家庭人口以确保家族繁衍生息的渴望，他们相信祖先能在自己的家庭中转世。因此，无论是过去、现在还是将来，重视人口繁衍生息对家族的传宗接代非常重要。

祖先是一个集尊重、孝爱、恐惧和依赖后裔为一体的角色。祭祖礼仪包括与祖先沟通、交流、欣赏、回忆和咨询，这样可以与祖先保持和谐的关系。祭祖仪式包括奠酒祈祷、祭品、祭祀动物和节日，加纳阿坎人的阿达伊节日就是祭祖节。对于非洲人为祖先举行仪式是出于尊敬还是真正的崇拜，观点不一，主要的观点包括：①一这只是出于尊敬而不是崇拜；②祭祖仪式中的许多内容和崇拜诸神或上帝的仪式很相似；③非洲人在尊敬和崇拜祖先的心理上非常接近。此外，尼日利亚的约鲁巴人就把祖先奉为神，在塞拉利昂的门德语中，上帝就是伟大祖先的意思。因此，很多非洲祖先享受着神一般受人崇拜的地位和仪式。

祖先是后代思想道德上的引路人和守护神，信奉他们的后代们也借此得到慰藉和保佑，而祖先的保佑作用被看得更重，因为人们认为有各种精神力量存在，有好的也有邪恶的，这就需要祖先来保佑。像伊博人的祖先 Ekwensu 和 Akologeli、加纳文化中的祖先 Sasabonsa 等都会被人们“请来”对付他人。人们觉得这些力量变幻莫测，不道德的人通常会被这些神秘力量侵入体内并成为其利用的工具。

想成为祖先需有道德基础。祖先是后代道德行为的先导者和捍卫者。他们惩恶扬善，对各种传统禁忌实施精神制裁，尤其是性禁忌。如果违反了某种禁忌，摧毁了他们帮助建立起来的社区道德时，他们就会为保全其祖先的称号而迫使其子孙检点自己的行为。祖先还经常在道德方面担负着裁判员的角色，他们是正义的符号，这就暗示着他们能够对后代的善行与恶举进行奖赏或惩罚。审判案件的长老向祖先祈祷，以获得智慧和洞察力，并邀请祖先见证审判过程。在尼日利亚的约鲁巴社区，恩干干人（egungun）对祖先面具特别崇拜，长老可以戴着祖先面具来判案，而他们的决定也被视为是祖先的决定。在履行所有这些角色的任务时，祖先是社会秩序及其连续性的重要宗教力量。基于亲戚纽带的价值观可以在祭祖仪式上体现出来。祖宗秉持孝道理念并辐射他人，使后人对生命的社会基础形成了新的认识，因此，祖先培育了社会凝聚力、向心力和团体精神。祖先还为那些未出生的后人将来维护祖先传统立下了规矩。祖先成为连接人们宗教和社会生活密切关系的主要力量。

在大多数西非社区，只有那些掌握政治权力的人才有可能成为祖先。他们对后人负责，并定期在祭司角色中发挥作用，代表自己和他们所领导的人与祖先保持沟通和交流。祖先最大的作用是作为来世理想的象征，并有可能拯救那些活着的人。大多数西非人认为，人死后必须跨越一条连接着人间世界和祖先世界之间的河流，以进入家族的祖先精神领地，这样一个人可以在与家族的团聚中找到安宁。这就是对死后的理想寄托，这再次确认了他们形成祖先崇拜的共同观念的基础。那些没有跨越这条河流的人就成了“游荡的幽灵”。他们焦躁不安地在人世间生活，且被认为对生者怀有敌意。

对祖先的信仰也能很好地说明西非生活的各个方面与宗教的紧密联系。祖先崇拜与经济和政治生活的联系给予后人以连续和安全的感觉。作为部族的创始人，祖先与土地、后人身份的传统象征联系在一起。祖先使用土地的传统也影响着经济生活，政治权威的合法性也归属于祖先。

人们在这个世界上总要面对积极的和消极的精神力量。因为人类是由物质元素和精神元素组成的独一无二的生物，这些精神力量才能影响到人类。一些非洲人认为每个人都有可以从造物主身上直接获得的精神来源。每个人都是来自至高无上的主，阿坎人的谚语说，“每个人都是 Onyame 神的孩子，没有人是大地的孩子”。尽管大地是母亲和孕育的符号，但她并不是生命的至高来源。

一个人肉体的存在是始于神在男女结合的时候赐予一个生命的力量和精神。生命是神赐予的最伟大的礼物，非洲各族人民都把将生活得尽量充实当成目标。传统的祷告词结尾往往都是祈求能够在奋斗中具有丰富的人生，包括健康、孩子、物质财富、和平和成功。或许这些目标看似平凡，但是这些目标的实现会有着细微的层次差别。物质上的成功通常被看作是精神上成功的一种折射，这些小的进步最终组成了人格的实现。在非洲人的世界观里，生为人类并不一定就是人，人格的完善是一个道德上不断进步的过程。一个人的成长表现在他所倡导并实践的美德，如谦虚、好客、虔诚、耐心、努力工作、诚实等品质会被极为看重，只有做到这些，才会被称为人，否则就会被叫作动物。

西非埃维人通常会把不道德的人称为 Bometsila，意思是虽然他有着人的躯干，但是在行为上从出生起就没有任何的进步，这样的人不成熟，也没有意识到他作为人在这个世界上的潜能，因而他走的是一条没有人性的轨迹，他的人生没有植根于集体的道德中。

非洲各民族对于人生的思考并不仅仅限于道德层面上，传统的世界观必须加上构成人类生存和生活中心的大自然才算完整。大自然源于神的力量并仍在神的掌控中，因而大自然的元素也就是神的力量的体现。大自然被当作是对神的力量的理解和诠释。大自然被看作是人和造物主之间关系好坏的晴雨表。当大自然表现出它的破坏力量时说明造物主此时不悦；而当造物主开心的时候，大自然就会表现出它呵护人类、提供食品和水的一面。在传统的药典中，大自然所提供的草、根和动物是药品的来源。对大自然的各种敬畏和禁忌也是社会道德的重要组成部分。大自然中的元素也是社会凝聚力的象征，比如在西非阿坎族原有的母系部落中对动物的图腾崇拜和在父系部落中水往往被看作是保护神。

大自然尤其是其中的动物世界往往是寓言的重要来源，寓言为人们传承着智慧，并告诉人们何种行为才是正确的。大自然是宗教的组成部分，是富有经验的教育家，人们必须崇敬，而且认识到自己是自然界的一部分，与大自然共生共灭。

“阿坎族人认为家庭是最重要的。”他们认为，家庭和邻居是有血缘关系的群体，集体利益重于个人利益，所有的成员生活得好才是最重要的事。在阿坎族人的社会里，每个人各司其职，因而他们的社会和谐稳定。非洲的很多民族都把自己生活的社区视为头等重要。人们依赖与邻居合作来做很多事情：采集分享食物，生养孩子，甚至缴纳罚金等。邻居就是家庭，社区成员无论有没有血缘关系都属于一个整体。在扎伊尔，莱勒族人相信如果整个社区能够采集到足够的食物，那就意味着上帝对他们满意；如果社区里有人失去上帝的宠爱，那么大伙就都得跟着缺吃少喝；影响一个村民的事就是影响全村的事。在莱勒族人和阿坎族人的社区里，个人没有集体重要，每个人把自己的事做好，集体就能和谐生存。塞拉利昂的曼德族人也相信，如果社区里有人冤枉了别人，大家都跟着愧疚；一人有错，全家族的人都会受牵连。这样每个社区成员为了大家的利益有责任循规蹈矩。社区可以作为一种道德力量来阻止其成员走上歧途。肯尼亚的阿巴鲁亚族人认为，每一个社区都有自己的“集体意识”，所有的社区成员都来自同一个祖先，因而构成一个大家庭。津巴布韦人相信，一个人拥有什么就与人分享什么，邻居们一起收获、一起盖房子。在莱勒族人、曼德族人和阿巴鲁亚族人的词汇里，“家”的意义很宽泛。贝宁的方族人、卢旺达的图西族人和胡图族人把社区和家庭生活看得至高无上。在非洲氏族、家庭和社区是所有社会生活的基本结构。正是这种相同的信仰和社会结构把所有的非洲民族凝聚在一起。

人生的旅途就是一个道德和精神成熟的过程，阿坎人称这一过程为 Obra，埃维人称之为 Kodzogbe，二者都指的是“最后宣判的时间或地方”。最终死神来临，灵魂要回到造物主那里去，所以人活着的时候就要让生命有意义；如果生命有意义，那灵魂就能与祖先们一起安息。

第四节　节日遗产

非洲国家的节日多种多样。

津巴布韦人在传统的节日里会穿上色彩鲜艳的民族服装。男人们身着猎到的鬣狗皮做成的围裙（类似孙悟空穿的虎皮裙），女人们身穿明艳的连衣裙，佩戴艳丽的项链和手镯。酋长们除了身着兽皮围裙，头部还带着显示其身份的饰品，脚穿轻便的皮凉鞋。

赤道几内亚人在每年 1 月 1 号庆祝新年。在赤道几内亚首都，会有游行、放烟火等庆祝活动。在内陆地区的乡下，芳族等民族用非洲竖琴、非洲木琴、大鼓和喇叭等非洲乐器演奏传统音乐，以及讲故事等方式庆祝新年。

坦桑尼亚人也在 1 月 1 号庆祝新年。但这一天是坦桑尼亚每个家庭家人团聚的日子，他们大都选择在家庆祝新年，有些人会邀请亲戚和朋友来家里一同庆祝新年。每年的 5 月，为期 2 天的 Mzalendo Halisi 音乐节在坦桑尼亚原首都达累斯萨拉姆东北部的克吉托尼亚马市举行。该音乐节都是由本地乐手表演，极富坦桑尼亚特色，同时还举办艺术和文化展览。每年的 6 月，在原首都达累斯萨拉姆举办的坦桑尼亚音乐电影节，为期 14 天，高潮是其中的东非国际电影节，这是东非国家的电影盛事，期间展播东非各国创作的电影作品。另一个很有传统特色的节日是 Mwaka Kogwa 节，在每年的 7 月或 8 月举办，这是此时来坦桑尼亚的桑吉巴尔（Zanzibar）旅行的游客必看的节日盛会。在这几天里，乡下的男人用相互修剪对方香蕉树茎的方式来解决上一年遗留下来的纷争，女人们则盛装载歌载舞，歌舞结束后，烧掉一间草棚子，开启盛宴。每年的 11 月 9 日是坦桑尼亚的独立日，坦桑尼亚独立前是德国殖民地，被称为 Tanganyika，1918 年成为英国托管地，1961 年 11 月 9 日 Tanganyika 脱离英国统治，1964 年 Tanganyika 与 Zanzibar 联合成立坦桑尼亚，成为真正的主权国家。独立日这一天，总统、总理和内阁成员与民众一起在国家体育馆举行庆祝仪式。与此同时，一只火炬传送到坦桑尼亚北部的非洲最高峰乞力马扎罗山，以此象征非洲国家在争取民族独立与自由斗争的决心。这一天大街小巷都洋溢着欢快的气氛，晚上燃放烟火庆祝节日。此外，坦桑尼亚人还在 12 月 25 日这一天庆祝圣诞节。

位于非洲东南部的斯威士兰有很多自己的民族节日，其中最神圣的节日是为期 4 天的 Incwala 仪式。该仪式在每年的 12 月 21 日在全国各地举行，这一天是月圆后第四天，距最长白日最接近（斯威士兰在南半球，季节与北半球相反）。Incwala 在英语里的解释是“丰收仪式”，意思是为新收获的农作物举办的庆祝仪式。但在斯威士兰人的心目中，这个节日是“君王仪式”，因为没有国王，就没有“君王仪式”，而国王品尝新收获的农作物只是仪式的一部分。节日期间每个斯威士兰人都会参与部分庆祝活动，节日的高潮是在第 4 天，国王、国工母亲、王妃们（斯威士兰国王可以娶多个妻子）和王室成员，酋长们和普通民众都来参加仪式，国王会在首都主持 Incwala 仪式。这个仪式结束后，便意味着国家得到了新生，新的一年开始。仪式后人们开始品尝享用新收获的谷物和水果等农作物。

斯威士兰最负盛名的节日是“芦苇舞仪式”，每年吸引着世界各地的游客来观看。“芦苇舞仪式”是在 20 世纪 40 年代，由当时在位的国王索博哈扎（Sobhaza）二世设立。今天这个节日依然在斯威士兰和祖鲁未婚女性心目中占有最重要的位置，不仅仅是因为在这个仪式上姑娘们能展示自己各种过人的劳动技能和高超的舞技，还因为国王会在这些姑娘里面挑选一位新王妃。图 1-5 所示为芦苇舞仪式上的姑娘们。

图 1-5 芦苇舞仪式上的姑娘们（斯威士兰学生提供）

“芦苇舞仪式”持续 7 天。在仪式开始之前，王室选出一名公主做姑娘们的领队，通过广播和电视告知全国本年度“芦苇舞仪式”的具体日期，姑娘们会从全国各地赶到 Ludzidzini 村去参加这个仪式。

姑娘们在 Ludzidzini 村集合，登记身份，分配集体宿舍。宿舍可能是教室，也可能是帐篷。第二天，姑娘们步行 5～15 公里，去收割高条的芦苇，并且要在割芦苇的地方住宿一个晚上。第三天，姑娘们要步行赶到位于 Engebezweni 的国王的住地，把她们收割的部分芦苇献给国王，然后载歌载舞。第四天是姑娘们的休息日，她们会利用这一天准备传统服饰，包括色彩艳丽的服装，珠饰项链、足铃、肩带和帽子等。很多姑娘们还会佩戴丛林刀，丛林刀是用来割芦苇的，同时还表示其处女身份。第五天，姑娘们把割来的芦苇献给国王母亲，这些芦苇用来修缮村庄，或者为国王的家族修建更多的屋子。在向国王母亲敬献芦苇时，姑娘们还会载歌载舞，表示感谢国王母亲，王室成员中的长者会与姑娘们一起唱歌跳舞。第六天是斯威士兰国家休息日，人们从全国各地、甚至世界各地赶来观看“芦苇舞仪式”的高潮部分。这一天，姑娘们按照部族分组，人人都有机会展示自己的歌舞才艺，不少非洲国家还提出请求希望参与这一天的歌舞表演。歌舞表演等活动结束后，国王会从中选择一位新王妃。第七天，姑娘们打起行装返回家乡，路费均由政府买单。“芦苇舞仪式”的意义在于鼓励姑娘们自重、自洁、自爱，还要团结合作。

埃塞俄比亚几乎每个月都有一个节日。埃塞俄比亚的圣诞节在每年的 1 月 7 日，新年是 9 月 11 日。除了宗教节日外，每年的 3 月 2 日，是埃塞俄比亚的 Adwa 胜利日，庆祝埃塞俄比亚人民在 1896 年抗击意大利入侵者的胜利。每年的 5 月 5 日是埃塞俄比亚爱国者胜利日，纪念海尔·塞拉西皇帝于 1941 年重新执政。

一、非洲节日里的面具舞蹈和假面舞会

非洲的面具、节日里的面具舞蹈和假面舞会是非洲艺术创作和表现最具代表性的符号。非洲假面舞会无所不含，其中有人脸假面、精心制作的衣服、舞蹈、音乐伴奏使假面舞会具有审美力和神秘感。通常术语面具的含义是隐藏人脸或头部。然而，在仪式或礼节性的情况下，为了充分理解整个表演的意义和意图，学者们对整个服装包括面具、服装、舞蹈、音乐和歌曲伴奏进行了研究。在非洲大陆上首次出现面具表演的时间还不太清楚，但阿尔及利亚南部、莱索托和其他地方的岩石雕刻和彩绘装饰表明，假面舞会的历史非常古老。例如，在阿尔及利亚南部，岩画表明面具表演出现在公元前 4 或公元前 5 世纪。

今天，在撒哈拉以南的非洲大陆的许多地方也能发现面具和面具舞蹈。在某种程度上，这涉及古老的班图人民运动，它占据了非洲大陆的撒哈拉大沙漠以南的广大地区。在这一地区，面具、服装和其他用具，只能由男人来制作。即使实际上是由妇女表演的面具舞蹈文化中，如塞拉利昂，也只有男人制作面具。这在某种程度上是和非洲的劳动分工有关，男人要雕刻木制品。这还涉及在许多非洲国家的社区治理结构中，男人秘密社团的主导地位。正是这些社团往往会制作面具。面具往往是男性统治和权威的一个公开的说法。然而，在某些地方的假面舞会，妇女仍可能是重要的参与者，即使她们只作为一个被动的角色出现。

许多人认为假面舞会是世俗纯粹的娱乐，但更多的时候假面舞会给蒙面舞者注入了强大的精神力。假面舞会掩盖了人的身份，它将舞者变成一个全新的，常常是强有力的实体，具有了超自然的境界。首先是祖先的灵魂，被认为是在时间隧道中返回，以帮助居住成员。其他的都是局部性质的精神，像祖灵，但是要求

被尊重，同时也具有回报社会、身体健康、丰收、多子多福的含义。在这些变形中创建的人物并不是任意的。在一个特定的社会或文化层次结构中，他们遵循等级制度。面具、服装的形式和风格与动画人物的性格有关。刻画的人物包括人类与动物、男性与女性、善的与恶的、华丽的与年轻的、庄重的与年老的。他们可能也代表了重要的统治者、战士或其他的历史人物，或与此相反的代表人性的弱点、或受到轻视或嘲笑，如妓女与醉汉。刻画的面具也可能代表特定野生或家养动物、或人类和动物的特点，与代表尊敬祖先的或令人恐惧和危险性的精神相结合。面具的名称可以表明是死者的祖先、著名的人物或动物，如鸟类、鳄鱼、羚羊或集体精神力量。

非洲工匠们具有巨大的创造力，他们企图掩饰和改变人体的形状、大小和颜色。身体特定的动作和声音被假面舞会所遮掩，以创建一个新的动画精神存在。通常遮挡面部的面具往往是用木头做的，所以博物馆和收藏家认为是非常珍贵的。面具也可以部分或完全地由易腐的有机材料，如纤维或布制作。其他类型的面具可以遮掩舞者的整个头部，甚至整个身体。还有使用鸡冠、兽角、羽毛或更精细的物品装饰的面具，安放在面具的顶部，以增加审美力以及辅助显示特定人物所代表的特殊性质。通常情况下，面具综合了人类和动物的特点，或放大或缩小，以创建全新的、富有想象力的动感雕塑。舞者使用高跷、长棍或其他装置随意增加身高。舞者表演时，可能会突然打滑，使舞者的身体变胖，然后突然倒在地上，使观众以为动态的舞者身体会突然消失。使用这样的技巧，即使反复观看，仍然会使观众感到惊喜与兴奋。

一方面，面具和舞者的服装和装饰品都具有象征性，代表时间或超自然的领域。例如，面具与随身携带的物件，如弓箭、长矛、狩猎网或铃铛可能与森林有关；另一方面，面具可以体现树叶、纤维、颜料、动物身上的刺、鸟喙、羽毛、动物或被认为是居住在森林或河流、湖泊中的祖先和自然神灵有关。其他戴面具的形象可以表示他们的象征性权力，比如生活中和地位的提升有关的一把利剑，办公室员工，或与领导相关的所有对象。对假面舞会的形式和风格的描述，可以唤起他们对超自然世界的渴望。在许多非洲文化中，一个人外在的形体美和他（或她）内心的道德和精神之间被认为是有直接联系的。假面舞会形象常常描绘良好的品格和道德，以显示社会地位、财富、成就和身体健康。相反，有些形象体现了人类的退化或疾病，黑暗而且外观怪诞，那是邪恶的力量在发挥作用。

无论其代表了什么人物形象，蒙面舞者进行相应的舞蹈动作、手势、声音等全套的特性表演。如果面具舞者代表野生动物或自然的精神力量，则可能是危险的或不可预知的，在这样的情况下，可能会威胁到观看者，所以需要控制其行为。如果面具被视为不文明或愚蠢的，则可能代表着欺骗，其行为完全是不合适的。面具舞者如男扮女装，就需要戴假乳房、着女装、模仿女性行为，如准备食物或哺乳孩子。

假面舞会需要精心准备蒙面舞者的外在装束。假面舞会是许多个体舞者的技能表演，由于蒙面舞者往往不单独出现，一些面具和服装需要重新制造或翻新。技艺高超的工匠在一个僻静的，远离非舞会演员的窥探的地方准备面具和服饰。其他人还必须选择表演舞者的陪伴人员。陪伴人员是很重要的，因为他们要做的是确保在整个舞蹈过程中舞者不会跌倒，并且确保每个舞者的面具和服装安全地保存在某个地方。音乐伴奏在假面舞会中是另一个重要的方面。事实上，鼓或其他打击乐器、弦乐器、管乐器是指导假面舞会的速度和持续时间的。歌手，甚至整个合唱团也可能是蒙面表演。观众或许不会对蒙面歌手提出演唱哪些赞美歌曲的要求，但他们很可能非常熟悉与蒙面舞蹈有关的赞美歌曲。在葬礼上，蒙面歌手通常演唱一些歌颂逝者及其家人优良品质的歌曲。

假面舞会不像西方戏剧表演那样设置舞台。在非洲的假面舞会上，观众和参加者有时可能会打成一片。例如，可能会留下一个鼓手和现场观众之间进行替换。或者不带面具的人也可以进入舞蹈和哑剧中蒙面舞者的表演中，假面舞会是动态的。蒙面舞者、音乐家和其他参加演出的人员是一个松散的组合，但遵循表象风格和礼仪文化的规则。舞蹈的变化形式多样，具有创造力和创新性。与非洲的个体舞会相比，社会或家庭组织的面具舞会也是一个重要的和有活力的假面舞会。假面舞会能持续一整天或只在某个夜晚进行，这取决于表演的性质。通常一个以上的蒙面舞者可能会出现在某一个场合，完成假面舞会序列内的一个特定的角色或功能。当几个假面舞会的表演者在同一场合，有可能是一个特定序列的活动，会持续数天。

表演往往在一些严肃而隆重的场合进行，社区人员都参加。这些情况包括葬礼仪式，或如种植、收获这种周期性的场合。在非洲西部和中部最频繁的假面舞会场合是葬礼仪式和纪念已故社会成员的场合。在葬礼过程中，面具被视为现有社会成员和那些已经离世的成员之间的连接纽带。假面舞者具有悼念死者的功能。

面具也与久负盛名的王权贵族统治者和他们的家庭有关，并出现在节日或壮丽的宫廷仪式中。在喀麦隆的巴姆宫廷和刚果民主共和国的库巴王国中有精心制作蒙面表演的记录。在库巴，面具已成为统治者的遗产的组成部分。

假面舞者也参加政治或宗教庆祝活动，如圣诞、元旦及旅游贸易节日之际出现。由于外部影响和内部变化，一些非洲面具的传统已经失去了最初的仪式性和重要性，如今出现在更多的世俗或娱乐中。然而，人们不应该忽视非洲假面舞会所具有的重要性的一面和创造性的一面，如它的幽默感。在最阴暗的仪式场合，如在一个受尊敬的酋长葬礼中，可能会出现一个具有讽刺意味的假面形象，以帮助减轻场合的压抑与沉闷。

综上所述，假面舞会经常与社会上的政治中心或精神权威有关，或受到他们的赞助。这些秘密或半秘密的社会要求成员接受一段时间的训练。其他的面具为某些重要的家族或宗族所控制，来制定它们的外观和保障非使用期间的安全。假面舞会最终承认社区内的领导地位，并表现出秘密社会认可的价值观念，以及整个社会的审美价值，见证了这一非洲艺术表现形式中最引人注目的地方。

二、美洲节日中的非洲文化遗产

20 世纪末的美洲狂欢节有以下特征：一个由化妆者组成的游行队伍、音乐、规定的时间段、有开头和结尾、有组织的活动、一群表演者、观众、表演地点和场合。政府文化机构和私人企业是狂欢节活动最主要的倡导者和赞助商。每个国家狂欢节的时间以及具体的名称因各个国家兴趣和宗教风俗而各有差异。比如，在特立尼达和新奥尔良，由于受法国天主教殖民化的历史影响，狂欢节在复活节前的第七个星期三的前一周举行；为了不与纽约市区的其他庆典冲突，布鲁克林的狂欢游行在劳动节的周末举行；在牙买加和巴哈马群岛，受英国殖民者庆祝活动的影响，狂欢节在圣诞节至新年举行；在古巴的圣地亚哥和波多黎各，狂欢节与这些城市的守护神一圣徒圣地亚哥的纪念日（七月二十六日）同一天。

（1）非洲遗产。每逢狂欢节，有数以千计的参与者，如庆祝仪式一样，参加者使尽招数，把各自的才艺表现得淋漓尽致。在美洲大多数庆祝活动已成为一种具有审美功能的表演形式。在活动中，化装形式和风格都以不同的方式体现了对非洲遗产的传承。特别是由音乐家、化装者、歌手组成的浩浩荡荡的游行队伍充分体现了非洲狂欢节的传统。并非任何人都可以随意表演节目，有些节目是由那些获得表演继承权的人来表演的，如非裔古巴人（Cabildos）的宗教社团成员。其他成员属于附近社团，如新奥尔良地区的印第安人部落黑人狂欢节的参加成员。还有一些狂欢节向公众开放，参加者只要支付费用即可参加，如特立尼达乐团的化妆舞会。还有许多文化组织是以种族身份认同为前提的，因此，狂欢节期间的种族身份的表露经常会因碰撞而产生共鸣，而这恰恰促进了文化的民族化。

最初在古巴圣地亚哥的非裔古巴人狂欢表演者必须有纯粹的非洲血统。从历史上看，非裔古巴人充当了君主的角色，可以对所有的成员和社团实施权力。在圣地亚哥，1898 结束的十年战争和独立战争中的一些著名的非裔古巴人都是自由斗士。在今天的公众表演中非裔古巴人的权性也为所有社会成员所了解。无论有没有潜台词，非裔古巴人就是权威的象征。虽然非裔古巴人的服饰模仿了欧洲宫廷服装和等级，而且权威也不能被模仿，但非裔古巴人还是试图用一种形式或风格来支配它。

因为非裔古巴人权威可以挑战政府权威，所以，通过在狂欢节上对威严壮观的皇室权威的表演，非裔古巴人成员就能确保他们继续存在以及在当今古巴社会可以颠覆权威的可能性。事实上，这些狂欢节表演为非裔古巴人在当代古巴生存提供了一种解救方法。从狂欢节的传统中，威严壮观的皇室队伍似乎在表面上可以唤起牙买加人对英国皇室权威式的敬畏，但由于复杂的相互交织的历史，潜在的审美和表演规则似乎是非洲和牙买加的混合体。也就是说，狂欢节在形式上是英国式的，但组合起来的审美和舞蹈风格却深深地来源于非洲。

（2）现代元素。美洲狂欢节表演中不断纳入许多新的元素。在古巴，狂欢节中的舞蹈妇女必须配有彩车。1989 年，当 15 个古巴男孩表演了太空舞时，人们的心理就在悄然变化。之后 12～18 岁的男孩中就开始流行霹雳舞和太空舞，因其优美的舞姿在舞蹈系列中独占鳌头。这两种舞蹈在黑人青年这个更广阔的世界文化群体中流行起来，并不断地进行公开表演，表达着这种非土著文化。

（3）服饰。非裔美国人的狂欢节表现了多种多样的传统，但个别折衷主义者根据相对标准的规范为每一个民族的狂欢节传统做了调适。如果对狂欢节中的某些服装进行研究，就不难理解 20 世纪的复杂风格了。在许多情况下，服装设计必须遵循相当严格的规范。例如，在巴哈马群岛，所有服装都是由带边饰或加穗的皱纹纸剪切后用金属线溜缝成型，之后粘贴到纸板框架上制成。在特立尼达，乐队指挥者和设计师在大斋戒庆祝会之前先碰头见面，商定服饰的主题和设计。每个乐队负责一对“国王和王后”，来支持他们在不同的类别中进行竞争。特立尼达以“国王和王后”服饰设计最为著名。近年来，这些服饰的设计越来越大，“国王和王后”的身体必须附架上一些杆子才能支撑住服装的结构。狂欢节规定，允许在服装的底部安装车轮，只要演员的脚和身体在的比赛期间通过舞台时能自由地“舞蹈”就行。

特立尼达水手是一个传统角色，主要是由非裔特立尼达人组成。在传统的水手面具范围内，有一个宽泛的试验区域，其中有大量的面具显示出个人的独创性。例如，1984 年举行的外星航行中所包括的服饰有流浪水手服饰、飞碟驾驶员服饰以及哥伦比亚宇宙飞船发射台服饰；1988 年老式水手的神秘和传奇航程中，包括在皇家礼服基础上改造的头饰以及源于军服的服装装饰品。

跳着高跷舞的午夜强盗服饰是特立尼达重要的服饰，包括穿着加穗的牛仔裤、长袖衫、装饰斗篷、墨镜、加穗阔边帽子或奇特头饰。另一个角色是皮埃罗（Pierrot），一个走江湖的丑角，他的服装上装饰着布条和心型护胸甲。虽然皮埃罗是一个法国式的名字，但这个名字来源于一个著名非裔特立尼达的角色，一个手持棍棒的战斗者。今天，虽然不再允许皮埃罗在狂欢节中出现了，但他带权杖的形象仍能让人联想起他以前的角色，一个有竞争力、时而有危险性的战斗者。

在加勒比节日中，布条服装和以美洲印第安人的模型为基础进行改造的服饰无处不在，所以，大多数加勒比狂欢节中，都有非洲裔男子穿着美洲印第安人服饰进行表演的人物角色。在特立尼达，有两种美洲印第安人，一种印第安人（Red Indian）在死亡时上身赤裸，腰间遮上一块布并盖上各种各样的羽毛，另一种印第安人（Fancy Indian）无论男性或女性，在死亡时都穿着各式各样有些像平针印度花式的服装（A Vague Plains Indian Model）。

在海地、牙买加、维尔京群岛、多米尼加共和国、百慕大群岛、巴哈马群岛和圣基茨－尼维斯，特别是在加勒比海的新奥尔良，非裔美洲印第安人的游行队伍显示出进取、自豪和傲慢的精神气质。毕竟，无论在精神上还是政治上，非裔美国人和土著美国人比较团结。随着移民劳工的迁移，源于尼维斯岛上的印第安人造型逐渐蔓延到其他岛屿。在 20 世纪初的尼维斯，荒野跳舞已经流行。美洲印第安人的原型服装包括加穗裤、短裙、高帽子、像围裙及孔雀羽毛头饰，由纸板制成的圆形头饰，上面贴着棉纸，镶着镜子，上面插着高而直立的羽毛。所有乐队成员的服饰都是这个样子。

在牙买加，美洲印第安人的服饰特色是非洲新年乐队中的“寻祖”部分。在大街上举行的新年节（Jonkonnu）特点是成群结队的戴着丝网面具和着盛装的男性舞蹈演员，按照规定的舞步进行哑剧表演。“寻祖”新年节不仅包括美洲印第安人，还有牛头、马头、布条面具、魔鬼及武士。“寻祖”乐队表现出“强烈”的审美情趣、浓厚的乡土气息和乐观向上的进取精神。奇装异服乐队则显示出强烈的欧洲风格，服饰布条上还印有粗犷的彩色印刷文字，但在模仿宫廷服饰上，他们又吸收了很强的非裔加勒比美学韵味，所以这称得上是一种真正的混合体。每个表演者的宫廷服装都与她/他（国王、王后、公主和大臣）的等级相吻合。

古巴狂欢节包含了一些极为独特的服装类型。古巴人认为，圣地亚哥的狂欢节是所有庆祝活动中最具古巴特色的，毕竟在圣地亚哥的非裔古巴人口最多。狂欢节有三种类型：康茄舞（conga）、康帕尔萨舞（comparsa）和帕塞奥舞（paseo）。它们都因杰出的音乐和服饰而著称。康茄舞由双簧号角乐器引领。一个小乐队演奏鼓和金属敲击乐器，附近居民则穿着时尚服饰为其烘托气氛，宣示表演主题。在1989年哥伦布的登陆表演中，音乐家穿着配套的裤子和衬衫，戴一顶特殊的帽子。在1989狂欢节上，领舞者戴着由黄金薄片制成的棒球帽，舞者可以根据团体爱好进行着装，装扮成忍者、小丑、羽毛人或吸烟老智者。

康帕尔萨舞的特点是舞蹈者都成双成对，且有圣地亚哥著名的卡佩罗斯（caperos）乐队韵味。男人穿着精心装饰的斗篷和帽子。卡佩罗斯乐队以波浪线方式形成复杂的8字形阵势。每个卡佩罗斯小组的斗篷风格都是独具匠心，以圆形闪光装饰片绘成不同的场景。舞蹈者的服装是由舞蹈主题决定的，可以是墨西哥帽子舞、或赞颂匈牙利民间文化、或牙买加舞的古巴版本，所有这些都是用服饰和舞蹈来叙事的。

（4）舞蹈。古巴狂欢节中最新型的舞蹈是帕塞奥舞。其舞蹈团队比其他团队的规模大，男女舞蹈演员加起来能达到300～1000人，服饰设计更为精心，节目更具灵活性。有些舞蹈仪式可以用来歌颂诸神和源于约鲁巴人的萨泰里阿宗教。每个舞蹈者穿着与诸神本来颜色一致的服装，有蓝色和白色，有红色和白色，有黑色和红色。舞蹈特色还经常用于热带风格的夜总会节目中，如由圆形闪光亮片装饰起来但又衣不蔽体的服饰风格。

狂欢节中的服饰种类可谓是不胜枚举。海地乐队中有圆形闪光亮片装饰起来的斗篷和手持旋转棒的专业鼓手；有圣多明戈的长角魔鬼；有波多黎各的骑手和大头人物；还有伯利兹独木舟舞蹈演员。北美城市多伦多、纽约、旧金山的许多狂欢节就是由加勒比移民带动起来的，这些城市的庆祝活动如同其人口成分一样混杂，但是，狂欢节的内核是非洲遗产在美洲的反映。在旧金山，最大的狂欢节表演团服饰沿袭了巴西或特立尼达风格。在布鲁克林，特立尼达风格的乐队和海地风格的乐队混在一起游行。所有这些狂欢节都是欧洲殖民主义和非洲文化遗产的共同混合体。无论如何创新，美洲狂欢节的表演仍然表现出强烈的非洲传统。

三、宽扎节

宽扎节（Kwanzaa）的名称来自于古斯瓦希里语。这个如今被许多非裔美国人庆祝的节日源于非洲传统的收获节。宽扎节的整个庆祝活动从 12 月 26 日开始，至次年 1 月 1 日结束，以歌颂非裔美国人的传统、自尊、社区、家庭与文化。它的仪式和符号将传统非洲人的务实精神与非裔美国人的抱负、理想主义精神紧密地结合在了一起。

1965 年洛杉矶发生种族暴乱性质的洛茨暴乱，毛拉纳·卡伦加博士（Maulana Karenga，后成为美国加利福尼亚州州立大学长滩分校教授）随即在第二年创立了宽扎节，以纪念和确认非洲人身份和非洲祖先的美德。该节日源于非洲人对收获第一个果实的庆祝，Kwanzaa 则来源于斯瓦西里语 Matrtnda Ya Kwanza，意为“第一个果实”。

按照卡伦加博士的说法，宽扎节是由五项同非洲“收获节”庆祝仪式类似的基本活动组成。①将人们集合起来以增强彼此的联系，尤其是朋友之间、社区之间、文化之间的联系。②对造物主及其创造物表达特别的崇敬，感激土地的慷慨恩赐，并保佑丰收之永久。③追忆过去，缅怀祖先，让非裔美国人继续学习和重视非洲的历史文化传统。④强调非洲文化、伦理、精神的最高价值，而这一切是对非洲和非洲人民的最好展示。⑤庆祝生活中一切好的现象，无论是发生在家庭中、社区中、文化中、亲属中的，还是年长者与青年人中的、抑或是有关知识与分享的、工作与奇迹的，总之一切值得称颂与祝福的事情都值得庆祝。

除了包含这些同庆祝非洲收获节相似的元素外，卡伦加博士还提出了能够表明宽扎节意义所在的 7 个理念，这七项理念被称为 Nguzo Saba，同时卡伦加博士也规定了庆祝节日的一些基本仪式。为期七天的宽扎节，每天代表一项原则。

12 月 26 日：Umoja 团结，为了争取家庭与社区的团结而奋斗。

12 月 27 日：Kujichagulia 自主，发展和界定自己，不忘自己的非洲血统。

12 月 28 日：Ujima 共同工作与责任，为了共同的目标与利益一起工作，互相扶持。

12 月 29 日：Ujamaa 经济合作，同社区居民与所有黑人同胞分享资源与财富。

12 月 30 日：Nia 目标，创造和发展属于自己的社会。

12 月 31 日：Kuumba 创新，持续发展表达自己音乐与艺术的新方式，同时在工作中与工业领域中保持创造力。

1 月 1 日：Imani 信念，相信自己的人民。

（1）宽扎节基本仪式和习俗。12 月 26 日及随后的 6 天，每一个家庭成员乃至整个社区的居民都将参加一个庆祝仪式。这需要在布置好的餐桌上放置一个有 7 支蜡烛的烛台，每一支蜡烛代表宽扎节七项理念中的一项，其中 3 支红色蜡烛象征着非裔美国人的努力，而 3 支绿色蜡烛代表着他们的希望。在餐桌上，每一个家庭放置一篮蔬果以表示对共同工作的回报，为孩子们每人准备一穗玉米以象征希望（如果家族中没有儿童，一穗玉米则代表对于拥有后代的希望），还要放有一个团结杯，以及其他有象征意义的物品，如书籍、家族合影、宽扎节七项理念的复制品等。同时悬挂由红黑绿三色组成的美国黑人旗帜，悬挂时注意红色部分应在上方，如果是垂直悬挂，红色部分则应置于旗子的右侧。自从强调应规避圣诞礼物的过分商业化问题后，宽扎节期间，人们通常只在第一天晚上，或最后一天晚上为孩子们准备礼物。但只允许互相赠送一些特定的礼物，如手工艺品、有关非洲及非裔美国人的书籍和其他一些和非洲文化有关的礼物。

在宽扎节的每一天都有一位年长者将家庭成员召集在一起，人们以“Habari gain？”互相问候，意为“有什么事发生吗？”，而对方将以这一天所代表的原则作为回应，如在 12 月 29 日，人们需要回答“Ujama.”。人们将团结杯中的水或果汁倒出来为长者的身体健康和家族的未来祈福，一个孩子或年轻人点燃蜡烛后，家族中的每一个成员将饮用团结杯中的水或果汁。为帮助人们重新认识非洲的历史和文化，人们通过讲故事、诗歌或非洲以及非裔美国人的历史来表达自己对于宽扎节的七项原则的理解。在假期接近尾声的时候，通常是在 12 月 31 日的晚上，整个家族甚至整个社区将聚集在一起参加一个名为卡拉姆（Karamu）的盛大聚会。在聚会上，人们将身着非洲传统服饰，品尝具有非洲风味的大餐，并尽情享受非洲或非裔美国人的音乐、舞蹈以及其他艺术表演。这场大聚会将以传递团结杯，并高呼“Harambee!”（意为共同努力！）和祈福结束。

（2）宽扎节的意义与影响。宽扎节是有史以来第一个没有英雄主义色彩的非裔美国人的节日。在 20 世纪 60 年代美国黑人运动的推动下，非裔美国人自 1965 年开始庆祝这个为了缅怀非洲祖先而创立的节日。而在 20 世纪 90 年代以来，这个节日迅速流传开来，每年都有来自美国、加拿大、英国、加勒比海岸以及非洲大陆的超过 2500 万人开始庆祝这一节日。

对于大多数非裔美国人来说，宽扎节并不同于 1 月份的马丁·路德·金纪念日或 2 月份的黑人历史月，它实际上是要从 20 世纪 60 年代中后期的美国黑人的文化认同与政治对抗运动中寻求共鸣。然而，尽管宽扎节起源于 20 世纪 60 年代的非洲黑人运动，80 年代后在非洲中心主义论的影响下得以确认，并最终于 90 年代为美国流行文化所接受，它却越来越脱离了节日创立的初衷，而是一步步被整合，或者说是吸收进入市场。宽扎节对黑人祖先及非洲精神的纪念，逐步成为了贩卖给美国民众的宽扎节庆祝卡片与包装、有非洲特点的服装与装饰布料以及电视、广播、广告、公告和节目中的口号，成为了公共图书馆、博物馆、表演节目、学校等场所中公民庆祝活动的一部分。

第二章　非洲口头文化传统

文化人类学研究证明，最早的非洲人生活在东非。200 多万年前在埃塞俄比亚、肯尼亚和坦桑尼亚就有人类的活动痕迹，他们早期使用过的工具和武器，以及后期发展起来的习俗、语言、口头传统、岩画、写作艺术等都成为非洲灿烂文化的见证。悠久的历史、辽阔的地域、众多的民族使得非洲的传统文化纷杂多彩，但有一定的内在相似性。早期的非洲传统文化都是非洲大陆的原始产物，近代以后，伴随着西方国家对非洲大陆扩张侵略和奴隶贸易活动，欧洲各主要国家的语言和文字，开始向黑非洲各部族社会传播，非洲传统文化融合了外来文化的元素。同时，非洲传统文化也随着散居到世界各地的非洲人而传播到世界的各个角落——南美、西印度群岛、北美、欧洲和亚洲。非洲音乐对南美、北美的音乐影响很大，美国黑人的圣歌就是融合了非洲音乐和宗教而发展起来的。

非洲的传统文化有 3 个基本特征：部落文化、口头文化和大众文化。部落文化是黑非洲传统社会的结构，是以一定血缘关系作纽带联结在一起的部落为基本单位的。很多非洲民族在 19 世纪才有了本民族文字，传统文化的遗产主要由人们口耳相传、口授心记而保留和继承下来的。传统的非洲文化以大众为主要载体，黑非洲的民间文化、大众文化是十分丰富和发达的，体现了黑非洲文化广泛的大众参与特性。非洲历史上很少出现过像古希腊的亚里士多德或中国的孔子这样的哲学家，所以他们的祖先就是本民族的智者。非洲谚语展示了非洲传统文化中的经验和智慧、人生信念和准则。

第一节　神话

一、非洲神话综述

非洲大陆的多元文化特性也鲜明地体现在类型和流派都很多元的神话故事上。非洲很多神话是宗教叙事，是关于诸神、超人、祖先、人类观察和体验世界过程的叙述。这一定义主要强调内容，而非形式。部分非洲神话是带有些喜剧色彩的溯源叙述作品；有些是更注重形式化、仪式化、只有特定受众才能理解语言的神话作品。对于界定一篇非洲故事是神话而非民间故事或传说是有规定的。首先是语境，专门的叙述者、仪式场合及其他类似前提，这些要素标志着该叙事神话元素高于其他普通故事。其次是宗教信仰，如今神话是已经灭绝的信仰体系。但在非洲，神话不仅用于溯源，同样用于现存信仰系统的基本叙事构建。然而非洲术语无法用来区分非洲之外的神话故事与其他文学类型。

目前有关非洲神话的文献资料和描述仍然不足，也不完善。虽然一些研究已经明确了撒哈拉以南的非洲地区的叙事主题，例如死亡的起源不仅是由迟到的使者所引发，还可能来自于“可怕顽童”的故事，但是此类叙事主题数量相对较少，也没有收录在权威选集之中。此外非洲神话到底通过什么途径来形成其特定叙事，是通过狩猎故事、占卜系统的溯源、对治病神力的膜拜、皇家仪式等，还是其他途径有待后续研究。然而，无论以地域还是语言，抑或是两者的结合，撒哈拉以南非洲都为比较神话学研究提供了充足的空间。

非洲神话分为创世神话、宪章神话、崇拜神话和溯源性叙述。创世神话是最受广泛认可的神话，叙述世界的起源；宪章神话的社会重要性更强，解释社会组织和人类机构的建立；崇拜神话经常运用创世神话的象征符号来解释特定信仰和习俗的起源；溯源性叙述出现在各种非正式场合，反映讲故事人的态度和诠释。

非洲大陆有背景不同、版本各异的创世神话。有的信口说来，还有的则充满了宗教的神秘性并且只能在特殊场合进行表演，如曼丁哥民族卡玛·布罗修房顶的故事。造物主的形象多远离他们所创造的世界，常在现代世界发挥作用，充当占卜师，是预知世界秩序的见证人，例如方族万神殿的马乌·丽莎就是这样一位占卜师。世界可能起源于混沌，或水域分离，抑或是简单存在。从古埃及至今，许多故事都描述了创世者回到天上家园的原因：人们忘恩负义，人们虐待他，他已年迈或生病。在创世神话的一般分类中，陆地出现的重要性要远小于空间的划分和责任分配，比如世界的规则和降雨的调节。创世者能以各种形态存在，如单身男性或女性、夫妇、雌雄同体，偶尔也会半人半物。

造物主、第二代神、文化英雄和骗子形象可能比创世者更为活跃。他们的故事构建了人类在这个星球上生存的各种方式，从食品和生产模式，到亲属关系、婚姻和性别关系规则，他们的迁徙确定了后人的空间世界。其中的一些在地球上并没有先例，例如曼迪斯人的典型猎人团体的科埃一桑族形象；还有一些人物是圣人的后代，例如希卢克人的尼康，他带领自己的民族沿尼罗河迁徙并定居到现今的居住地，一般过程都会包括沿着绳索、链条或树藤从天堂滑下的场景。文化英雄以后可能会回归世俗，其他的冒险活动会包括深入地狱或死亡世界的过程。众多有文化英雄特色的个人故事，可能会形成一个松散的系列叙事，如蒙戈族英雄利安加的故事。

文化英雄基本不是普通人物，他们具有精灵形象特点，他们指导人们认知世界的观点显示了其超凡能力。精灵形象可以是人类或兽形，或不确定的形象。在非洲比较普遍的精灵形象是蜘蛛，如阿散蒂人的阿南斯，赞德族的图雷，喀麦隆的恩登一勃博在。另一个常见的精灵是野兔，如塞内加尔的勒克和赞比亚的卡卢卢。精灵形象在挑战或颠覆现存世界秩序中发挥着重要的作用，由于它们所展现的不确定性，因而在占卜系统中也尤为重要。阿南斯蜘蛛在吹捧天神尼亚美的同时，为世界带来了太阳、月亮和黑暗。在古代达荷美（现贝宁）保留下来的方族故事中，精灵雷格巴兄弟间相互攻击带来了如今飘忽不定的降雨。在一个有关伊法占卜的约鲁巴神话中，精灵厄术为占卜神奥巴塔拉找到逃离命中注定的棺材的办法。精灵形象也可以作为对禁制令的反抗或者偶然的越界，以此来表达和解释现实世界和应有的完美世界之间的差距。

宪章神话部分源自创世神话，但更加以人为本，通常是解释和说明人类社会秩序建立的神话，讲述了民族迁徙和历代祖先的故事。曼丁族的桑介塔和布干达王国的贝奇维莰等形象都是此类宪章神话的鲜明代表，但神话故事并非都具有严肃性和历史性。有关婚姻起源的故事几乎都用幽默口吻叙述，即便描述紧张的亲属关系，也会用到喜剧元素来叙述。

崇拜神话解释和证明本地信仰和习俗。流传在约鲁巴人之间的有关伊法占卜体系的文学作品中有大量崇拜神话，解释和证明占卜的方法和习俗。尼日利亚、贝宁和尼日尔河上游的雷电崇拜依赖信徒的感知力。科族人解释了19世纪接受崇拜神话的穆斯林形象。曼丁哥猎人协会保存了大量有关萨农神和孔特伦神的起源神话。崇拜神话还可能包括一种具有非洲本土形式，但在内容上是伊斯兰教和基督教的新型宗教叙事，以及非洲各离散民族的混合信仰。

溯源性神话一般带有民间故事色彩，以其不同的题材为特征。与崇拜神话不同，这种叙事极少有权威性，但在聚焦某个特定机构的功能、某些动物的行为或外貌、地理位置及人类行为要素的同时，反映了创世过程中的普遍信仰。溯源神话还涉及性主题以及人们对性征和性行为的认可主题。许多此类叙事通过动物来反映。对人类描述的重心集中在特定行为或道德原则上。

非洲神话有以下几个显著特点：①多种信仰系统共存，该特点在《达荷美叙事文集》（赫斯科维茨和赫斯科维茨，1958）中可见一斑。不同的崇拜神话，如神谕、占卜、土地、雷神、猎人等神话多通过人物的特殊兴趣反映出来。②非洲神话体系的适应性特点，以及在相对较短的时间内，信仰和习俗发生的变化。③外来宗教像基督教和伊斯兰教都对非洲神话产生了影响。非洲东南部的许多民族都叙述相同主题的神话故事，比如人类试图建立一座可以升入天堂的塔，但由于动机各不相同，几经尝试仍不能成功。这是圣经“巴别塔”的非洲版本，这还是一个类似但无关的故事，基督教和犹太教是否充当了传播媒介有待研究。

非洲神话研究的经历。早期非洲神话叙事多由传教士、殖民地统治者，或改教者搜集而成，描绘了他们对所记录的非洲神话的轻蔑和厌恶，如塞缪尔·约翰逊主教的《约鲁巴历史》。在不少神话文集中，动物故事过多，关于人类的、更有哲理性和启迪性的神话故事较少，对创世人物评价过高，对传统信仰夸大。种族主义和对原始非洲文化的漠视导致神学界一直沉迷于研究欧洲和其他古老文明的神话，非洲神话在相当长的一段时间内没有纳入到世界神话研究体系中，约瑟夫·坎贝尔的研究也深受其影响。学者们可以在维尔纳（1933）、泰格纽斯（1950）、亚伯拉罕姆逊（1977）等人的研究中找到所需资料。在全面研究非洲神话的研究中还有大量工作有待完成。

二、宇宙起源神话

在宇宙起源神话中，主角或配角通常是动物。在一些神话中，动物或貌似动物的生物在人类出现以前就已经生活在地球上了，它们创立了社会生活模式。马里的多贡人称原始人类为Nommo，他们和泥鳅、蛇共享食物，那时候的动物经常被认为是“模糊的和虚拟的”“一切事物尚未定型”。根据著名的多贡圣人奥格特麦里（Ogotemmeli）的说法，Nommo是一群说话口齿不清、像蛇一般能盘曲着身体的原始人，性别尚未分化，其他特征尚未确定。一个Nommo决定违背神的意志，他偷了一块太阳，把火带到地球，从而奠定了人类文明的基础。Nommo建造了储藏窖，作为后裔的一个方舟，里面有世界所需要的各种植物、动物和人类种子。当他开始沿着彩虹向下行走时，上帝发现了 Nommo 的背叛行为，于是疯狂地投掷闪电束，从而加速方舟的行进速度，使它坠毁在地球上，于是动植物和人就分散到现在的位置。Nommo 的蛇形手臂和腿被打断，成为人的肩、肘、手腕、臀部、膝盖和脚踝，也就是多贡人农业生活方式所需要的身体主体和支体。现在 Nommo 的形象常出现在黑人文学里，代表了原始力量和人类的潜能。

（1）金属与神话。前殖民时期和早期殖民非洲社会，金属和复杂的金属技术还依赖于民间传说来了解和强化金属的社会意义。民俗对此的合理解释是，在某些情况下人们产生了生产和使用金属的想法。铁和铜在整个非洲有着悠久的历史和广泛的意义。金、银、铜和合金，如青铜和黄铜，在社会和生活中也很重要。

神话、民间故事、歌谣、传统口述和更正式的口述历史都涉及金属加工、金属工匠和金属物体。重大主题包括社会的起源、王权和皇家朝代的起源、金属和冶金的起源、金属工人的社会地位和活动，以及金属生产成功或失败的原因。许多人都记录了冶金的历史，包括传统政治和社会精英、官方历史学家、讲故事的人、村民和金属工人自己。在这种背景下，根据所需要信息的目的，有人采用讲述的形式，而有人则采用唱的形式。

首先，金属，特别是铁和铜在这些不同民族神话中出现，主要归因于以下 3 个因素。首先，这些金属在日常生活中受到高度重视。几个世纪以来，铁一直是许多非洲社会，包括农业、狩猎、建筑和准备食物的基本生存活动的关键。铜被用于个人装饰，象征着重大的生活变化，社会地位和政治权力。此外，这些金属的价值体现在其生产过程中涉及的复杂的技术：至少需要开采所需的矿石，在熔炉中冶炼矿石变成原料，并在锤砧上锻造成所需的物品。

其次，铁和铜的特定属性，如颜色、亮度、延展性、耐腐蚀性、耐藏性和声音都具有象征性的意义。在许多非洲社会，这些物理性质经常被用作描述隐喻的故事和演说。红色的铜被广泛地应用于与血液相关的战争和生育、热量和电源有关的传说，但也有很多其他的意义，这主要取决于使用它的语境。铁经常被使用是由于它的强度和硬度。一些民间传说，甚至是解释金属材料的物理特性之间的差异。在尼日利亚约鲁巴人的起源神话里铁、铜、铅是一母同胞。当告诉他们要为对方做出牺牲时，铜和铅服从。铁没有服从，天神宣布，一切都将永远持续下去。为了惩罚其不服从，随着时间的推移，铁会生锈，而铜和铅从不生锈。

最后一个因素是与普遍的信仰体系联系在一起的，解释在人类繁衍中铁和铜的生产。整个非洲，尽管有很多的方式来表达铁或铜的矿石，在有光泽金属的熔炼过程中涉及人类的怀孕和生育。虽然钢铁冶炼是一个精心控制的技术操作，它也经常有仪式和歌曲来杂其中。

（2）金属的象征意义。此外，熔炉的各部分常常有与女性的身体部位相同的名称，特别是那些和性与生育相关的部位。绍纳语（津巴布韦）、绍奎语（安哥拉城）和其他文化则更加明确，把熔炉建成女性的形象。

所有民族都有解释人类的起源和社会的需要。在这样的故事中，金属和金属工人有时扮演着重要的角色。在马里的多贡人神话里，铁匠是半神，和 Nommo 是一对双胞胎，造物主上帝的儿子和大地从 Nommo 的胎盘中被创造出来。铁匠从天而降，他给社会带来了 3 种基本物质：铁、种子和火。在喀麦隆的传说中，人类是从宇宙的母亲石中产生的。

铁匠是生命起源的关键，因为他给非洲社会带来了文明。铁匠成为卡拉维坦桑尼亚的第一位国王和所有王室一样，王权传递给他的继任者，在口头文学上被称为“铁匠国王”。喀麦隆的创立者也是铁匠。在刚果民主共和国的卢巴，打猎高手卡拉拉伊隆加与一位东方来客和没有文化的康格鲁争夺王位。卡拉拉伊隆加赢得了王位，他宣传卢巴文明，包括建立冶炼厂。尼日利亚的文化英雄也教当地人如何冶炼铸造铁和铜。

第二节　史诗

至今在不少人的印象里，非洲仍然是一片广袤荒野的大陆，有着丛林、草原、沙漠等多样地形，其中生活着说着不同方言、互不往来的民族，其物质文化还处在原始状态。其实，非洲各民族都有其各自的文化传统，人口较多的民族都有史诗来流传其历史记忆。现代非洲文学更是不可小觑，至今已有 3 位作家获得了诺贝尔文学奖，分别是：索因卡（Soyinka，1986）、马赫福兹（Mahfouz，1988）和考尔迪莫（Cordimer，1991）。还有阿迟伯（Achebe）、恩古吉（Ngugi）、赛姆伯恩（Sembene）、森格豪（Senghor）、库汝马（Kourouma）、巴（Ba）等作家的作品经常出现在欧美大学的必读书目上。要想抓住非洲文学中的非洲特色元素，就必须研究非洲文学的口头形式，而史诗则是非洲口头文学中最具代表性的体裁。

熟悉史诗的中外读者多对欧洲史诗比较了解，但对非洲史诗了解甚少。首先是由于非洲语言的多样性，非洲有 1772 种语言。即使一位研究者懂得其中某一种语言，也很难在非洲史诗演唱现场把诗词完整地记录下来，近 40 多年来，研究者们都是根据演唱的现场录音来整理文本。以前的记录多是把主要情节记录下来，这不能准确反映史诗演唱艺人现场演唱的诗词。其次，由于非洲有些民族在地域上的相对独立性，相互间的交流有限，与外界交流更少，结果就造成了非洲史诗在欧洲、北美和亚洲很少有完好的文献记录。因此，非洲史诗对外国读者都比较陌生，在我国对非洲史诗的译介和研究相对就更少了。事实上，非洲史诗源远流长，其想象之丰富新奇，意象之清新瑰丽，语言之多样寓意，表演之多彩魅力，堪称是非洲口头文学中最璀璨的明珠。在非洲传统里，每逢大型聚会，如节日、婚礼、孩子的起名仪式、葬礼等，都会演唱史诗。

就史诗定义而言，它指古代叙事诗中的长篇作品，这些里程碑式的不朽作品，是一种比现实生活高大、并且交织着神圣启示的叙事诗，内容以严肃重大的历史事件为题材，以英雄人物为中心，风格崇高，结构宏大，富于戏剧性，突出英雄的悲剧性格。此标准也可被用来衡量荷马史诗、欧洲中世纪史诗以及至今还在流传的阿拉伯、土尔其、波斯、斯拉夫的口头史诗，但用它来定义和理解非洲史诗时，就会产生问题，原因是欧非史诗在文体、历史背景和表演风格上相差甚大。

非洲史诗的外延可以扩展到关于某一历史题材、公开表演过、有音乐伴奏、由史诗艺人表演的英雄叙事作品，英雄或英雄们用超越凡人的力量在超自然世界里建树功绩，反映了某时期一个民族的文化或政治的发展，因而非洲史诗多是在乐器伴奏下、艺人用歌唱形式表演的口头史诗。欧洲史诗与非洲史诗中的英雄主义概念不等同，英雄主义是一种有文化范围的概念，英雄是某一价值观体系和叙事传统之内的产物，欧洲史诗中的英雄主义观念体现在反映欧洲中世纪贵族对战争嗜好的史诗里，而非洲人却经历了被劫掠做奴隶的惨痛历史。非洲文字史诗的历史较短，据说最早的非洲史诗手稿注明的年份是 1728 年，20 世纪后才出现正式出版的非洲史诗文本。从非洲史诗的形式来看，它与基于文本之上的关于文学史诗的概念不同，非洲史诗是乐器伴奏下的口头表演，声音与音乐相互影响。确切地说，非洲史诗的“文本”是源自于口头表演的记录、翻译和再叙述的文件记录，都不是史诗艺人表演的脚本。

非洲各民族对于史诗的叫法不同。比如，居住在塞内加尔北部的沃洛夫人（Wolof）称史诗为 cosaan；居住在西非塞内加尔向东至苏丹、以及在马里和几内亚的福拉人（Fula）称史诗为 hoddu；居住在西非的曼丁卡人（Mandinka）称史诗为 tariko；在几内亚史诗被称为 tariku；居住在西非尼日尔河谷中部的巴马拿人（Bamana）和曼宁卡人（Maninka）称史诗为 wasala 或 maana；居住在尼日尔河以东的松海人（Songhay）称史诗为 deeda；而在喀麦隆海岸地区人们称史诗为 farisi。

就题材而言，非洲史诗多叙述帝国与民族、英雄与猎人、国王与武士的故事。例如，根据 13 世纪马里帝国的创始者松迪亚塔（Sunjata）的故事创作的史诗在其古代的马里帝国、现今的西非国家马里（Mali）、几内亚（Guinea）、冈比亚（the Gambia）及塞内加尔（Senegal）等国家广为流传。1960 年由几内亚历史学家德吉伯里尔·塔姆斯热·尼阿讷（Djibril Tamsir Niane）用法语创作的关于松迪亚塔国王的散文产生了很大影响，正是由于这个版本的传播使得松迪亚塔国王在世界范围内成为西非口头史诗的原型人物。另一位与松迪亚塔齐名的非洲英雄是姆温都（Mwindo），也是非洲史诗中一个著名的原型人物，是一个超自然的“一出生就会走路的小东西”。他是生活在东非国家刚果（Congo）东部的巴恩颜加部族人（BaNyanga），这是一个基本上以狩猎、采集果实、捕鱼为生的小部落，但姆温都的故事却深刻体现了人与环境等复杂问题。

就地域而言，从西非的塞内加尔（Senegal）和冈比亚（Gambia）向东至加纳（Ghana）、贝宁（Benin）和卢旺达（Rwanda）、再向东南至坦桑尼亚（Tanzania）大致有一条非洲史诗带。非洲史诗多在此地域产生和流传。在北非，由于伊斯兰文化的影响，有非洲特色的史诗比较少。在南非，由于欧洲殖民者和传教士进入该地域的时间比较早、人数比较多，他们开办学校教当地人民学习使用英语或法语的时间较长，有些口头文学还没有来得及用文字记录下来就已经失传。在非洲中部，由于交通不太便利，欧洲殖民者和传教士去的时间较晚、去的人比较少，很多民族的口头文学得以保留下来。

在非洲人口较多的几十个民族中都有其各自的史诗和英雄人物，由各民族语言创作的非洲史诗有数百个版本。如在非洲中部的刚果、喀麦隆（Cameroon）和加蓬（Gabon）的沿海地区，有蒙高族（the Mongo）的《利安加史诗》（《Lianja》）、杜阿拉人（Duala）的《杰基·拉·恩扎姆贝》（《Jeki la Nzambe》）以及芳族人（Fang）的配乐诗朗诵（mvet performances）（芳族人的史诗）等。这些史诗中都有复杂的神话世界，叙述了发生在这块具有魔力的大地上“普通人与永生的部族之间的无休止的争斗”（Belcher: xii）。在西非，除了马里的关于松迪亚塔的史诗，瓦加杜族（Wagadu）的《索宁克传奇》（《The Soninke legend》）也久负盛名，这是一组叙述发生在赛格（Segou）的巴马纳地区（Bamana）历史事件的史诗，此外还有关于福拉族（Fula）英雄哈姆伯德底奥（Hambodedio），也叫红人哈马（Hama the Red）和斯拉马卡（Silamaka）的冒险经历。在冈比亚，有一首史诗叙述了背运的科拉法·萨恩（Kelafa Sane）所遭遇的困境：他要么选择在战斗中与死神相遇，要么选择与简克·瓦里（Janke Wali）战斗，后者在攻陷卡恩萨拉城（city of Kansala）之战中身亡。这些史诗都有各自的风格，展示了各民族的习俗，以及他们对历史的构建和对未来的展望。

正是这种多样性使非洲史诗独具魅力和活力。在非洲的任何一个地区，无论哪一种民族的文化都会展现出与其他民族文化在反映艺术和社会方面的千丝万缕的联系。比如，西非的曼德人与邻近松海人经过两千多年的战争、通商、移民、干旱和饥荒等，在文化上有诸多相似之处。所以，如果单挑出一个英雄人物，或者一种文化传统来加以研究或欣赏，就如同从一个图案复杂的织毯中抽出一根线，它会失去其独特性和与母体的联系，变得孤立单薄、毫无生机。因而，从社会、历史和艺术传统的角度来理解和欣赏非洲史诗才会深入其精髓，此外，由于地域间的相对独立性，非洲史诗与非洲之外其他民族的史诗在概念或叙述上很少有参照和联系。非洲各民族史诗风格不尽相同，如松迪亚塔史诗崇高，中非史诗神话色彩浓重，赛格史诗灵动，而索宁克史诗则比较呆板。

19 世纪时主要是西方文学研究学者前往非洲大陆去搜集史诗。到了 20 世纪中后期非洲史诗的搜集队伍扩大了很多，里面不仅有文学家，还有民俗学家、人类学家、语言学家、历史学家，甚至研究文学的大学生，他们把史诗演唱记录下来，整理成文本出版，有时候某些史诗演唱是专门为学者们进行，目的就是让他们把演唱词记录下来。冈比亚的史诗演唱艺人（jali）巴姆巴·苏索（Bamba Suso）就曾专门为一群学者演唱松迪亚塔史诗，坎库·马蒂·加巴提（Kanku Mady Jabate）专门为撰写国史的政府代表团演唱“官方版”的松迪亚塔史诗，而瓦·卡米·索科（Wa Kami Ssoko）专门为历史学家解答问题。

尽管如此，对于非洲史诗真正意义上的学术研究始于 20 世纪 70 年代。早在 1939 年诺拉·查德维克在调查了世界的口头文学分布后，就强调要研究那些未受到其他文化影响的口头传统的紧迫性，他指出口头文学可以说是人类学研究的灰姑娘，未来一项伟大的工作就是收集和分类世界各民族原有的文学记录。这些记录被独立收集，尽量与那些高雅文化，特别是流传甚广的希腊和罗马文学、阿拉伯文学和印度文学区分开。只有在那些没有受到这些伟大文化影响的偏远地区，土著文学才能幸存。这些土著文学对于整个人类智力发展的比较调查是非常重要的。而非洲正是诺拉·查德维克调查口头文学的理想之地。虽然诺拉只是对非洲诗歌的韵律进行初步研究，但她提出了颇具前瞻性的学术观点，“似乎近期我们将能够更好地理解非洲韵律的本质和非洲诗歌的基本特点，因为人类学家正在把他们的注意力转到土著诗歌研究上”。她与丈夫黑克特·查德维克（Hector Chawick）合著了关于非洲口头文学研究的第一部里程碑式的著作《文学的成长》（《The Growth of Literature》，1932-40）。

1970 年人类学家露丝·菲尼根（Ruth Finnegan）在主要基于对数篇博士论文研究的基础上，对非洲口头文学做了开拓性的调查，并在这一年出版了另一部关于非洲口头文学的里程碑式作品：《非洲的口头文学》（《Oral Literature in Africa》），她用亚里士多德对于史诗的判定标准对这些文本中的非洲史诗做了界定：①史诗是诗歌，不是散文；②要有足够的长度；③要有统一性，是连续的叙事诗，而不是一堆互不关联的篇章；④必须具有英雄特色的主题，比如英雄的出生、他的历险和经历、是民族的领袖、英雄之死。

从菲尼根研究的几篇博士论文中呈现的非洲史诗文本看，非洲史诗很像是历史传奇或民间故事。的确，在 1970 年菲尼根出版这部里程碑式的著作之前，对于在非洲有史诗存在的证据寥寥无几。首先是出版的史诗文本很少；其次是所有的非洲史诗记录文本都是编排成“小说式”的散文形式；最后，虽然有几位学者出版了史诗文本，但都是编排成民间故事形式的赞美诗。据此，菲尼根得出的结论是：撒哈拉以南的非洲地区没有史诗。

此言一出犹如一石激起千层浪，引发了很多学者的质疑和回应。丹尼尔·别布克（Daniel Biebuyck）在 1976 年发表了论文《非洲英雄史诗》（《The African Heroic Epic》）、艾斯多恩·奥克伯胡（Isidone Okpewho）在 1979 年出版了著作《非洲史诗》（《The Epic in Africa》）、约翰·威廉姆·约翰逊（John William Johnson）在 1980 年发表了论文《是的，弗吉尼亚，在非洲有史诗》（《Yes，Virginia，There Is an Epic in Africa》）。更多的学者对非洲史诗研究产生了极大的热情，对非洲史诗的严肃的学术研究从此开始，学术成果也随之产生。

美国学者约翰·威廉·约翰逊首先对非洲史诗的特征进行了研究。他于 1979 年完成了博士论文《松迪亚塔史诗：尝试界定非洲史诗》(《The Epic of Sunjata: An Attempt to Define the Model for African Epic Poetry》)。他在论文中总结了曼德史诗的八个特征：诗歌性、叙事特征、英雄特征、传奇特征、(他认为这 4 种特征不仅曼德史诗有，其他史诗也有)、长度（开放性结尾)、多功能、文化与传统的交融、多元属性(他认为后 4 点是曼德史诗独有的特征)。约翰逊以上的总结主要说明了非洲史诗在结构方面的特点，在做比较研究时很有用。约翰逊对非洲史诗特点的总结在其他学者的研究中也都有体现。其他学者在这几方面的研究综述如下。诗歌特点、叙事特点和多元属性特点是非洲史诗在形式上的 3 个主要特征。菲尼根（1970 年)、别布克（1978 年)、约翰逊（1978 年）和奥克伯胡（1979 年）都对此持赞同意见。上述学者对非洲史诗具有诗歌特点都没有异议，但对于非洲史诗和其他诗歌里使用的修辞手段，如暗喻和暗示等，以及口头文体特征存在争议。约翰逊认为，曼德史诗的形式是一般结构框架下的词语置换；别布克认为非洲史诗的形式丰富多变。总之，非洲传统决定了非洲史诗的结构、形式和叙事内容，史诗演唱艺人在个人和历史知识层面上决定了史诗的艺术特征。

几乎所有的非洲史诗都是英雄叙事。非洲史诗的叙事特点包括叙事发展与情节、结构关系和叙事声音。菲尼根认为，利安加是民间故事，不是史诗，因为它由一堆互不相干的篇章组成，而不是一个完整的叙事结构；更多学者认为，非洲史诗的结构的确不统一，有的是循环式结构，有的是有意设计的结构。约翰逊、布别克和姆勒克兹持此观点。叙事声音有三种：报道性的、扮演性的和参与性的。就非洲史诗中的英雄和传奇特征而言，在某些社会对英雄的看法主要聚焦于描述英雄与他人的关系，特别是与对手的关系以及英雄如何去实现他们的远大目标。奥克伯胡把非洲史诗英雄与欧洲英雄作了比较，指出非洲英雄不是命运的玩偶，他们是自己命运的主人。此说法得到库尼尼、伯德和约翰逊的认同。非洲一些民族把时间和空间、过去和将来视为一体，统一到现在，把诸神和法术看成社会的仆人而不是主人，肯定一个人在他人帮助下能创造自己命运的潜力。

因此，纵观非洲史诗，英雄的成败颇有传奇色彩。失败的英雄不是败在诸神的手里，而是败在比自己法术本领高强的对手之下。因此，在非洲世界观里，英雄成功的三大法宝是：个人能力、法术和众人的支持。个人能力指体魄、武艺和心智能力。所以非洲英雄都是体格健壮、武艺高强、聪明智慧的人。法术指用魔力来征服对手。大部分非洲英雄都是靠使用法术来战胜对手，因此有的战争看起来不是在拼体力和武艺，而是拼法术，颇有现代战争中使用高科技来战胜对手的意境。姆温都（Mwindow）、松迪亚塔（Sunjata）和卢奇扎（Rukiza）史诗就是很好的例子。英雄要想干成事业，必须有众人的支持，所谓众人拾柴火焰高。

就非洲史诗的文化与传统的交融而言，“传统”一词用在非洲史诗上有两层意思，一是“历史传统”，非洲史诗一般含丰富的历史元素，不仅指国家和民族的历史，还指神和政治的历史，它是贯穿非洲史诗的主线。有意思的是即使是同一首非洲史诗，由于演唱艺人会按照自己的想法去演唱，结果史诗的主线不变，但细节表现上会有不同，于是出现了很多变体文本。此外，同一个历史叙事，在公共场合和在私人演唱会上版本也会不一样。所以，从史诗渠道获得的历史知识统一性较差。二是“表演传统”，这里指演唱方式和风格，它们会因史诗演唱艺人而异，历史“事实”会让位于当地居民的观点。非洲史诗的文本与民间文学不同，因为无论如何，史诗中的历史纪录都极有价值，这也是历史学家最看重的。

非洲史诗的多元属性体现在类型和形式上：谚语、谜语、歌曲、颂歌、赞美名字、编年史、历史和家族史等。非洲史诗大都包含这些元素，使得非洲史诗像一部百科全书，纪录保存了非洲各民族的智慧、知识和艺术形式。学者们还对非洲史诗的研究做了进一步的拓展。菲尼根、赛都、奥克伯胡还就基于语境的史诗表演研究做了进一步的研究。他们认为口叙史诗传统是特定语境之中的社会和艺术活动，依赖于史诗演唱艺人、观众和史诗文本之间的互动。姆勒克兹（2002 年）不仅关注史诗的社会和艺术语境，还关注史诗的演唱语境。他认为，相比较而言，社会历史语境是比较稳定的，而史诗演唱语境是每每不同的，每次演唱史诗都会有一些变化。他总结了非洲史诗创作的 3 种形式：诗篇、叙述和音乐；3 种主要内容：英雄史诗、历史传奇史诗和神话宗教史诗。

非洲史诗多是神话、传奇与历史，宗教与历史的融合体。有的非洲史诗神话色彩很重，有的非洲史诗则以传奇、历史或宗教为主要来源材料，还有的非洲史诗里的历史有虚构成分。实事求是地说，史诗演唱艺人提供的历史材料绝大部分是真实可信的，有的史诗中的重要人物和主要事件都有真实的历史记录，但一些次要人物和次要事件会有虚构成分。史诗演唱不可避免地会带上史诗演唱艺人的个人观点、艺术风格和演唱环境的烙印，他们会根据史诗文本的艺术类型、内容和演唱环境来解释或重构历史。就非洲史诗长度而言，学者们看法不一。非尼根认为，长度是判断史诗的基本标准之一；罗德认为长度不是判断史诗的标准；姆勒克兹认为史诗的长短基本固定，但演唱时的长短不固定，同一首史诗由不同史诗演唱艺人演唱时或者同一个史诗演唱艺人在不同的时间和场合演唱时，其长度是不一样的。姆勒克兹的结论是，非洲史诗的长度不取决于行数多少，而取决于演唱时间的长短。

对非洲史诗在语言上的艺术性问题，学者们看法不一。一些学者认为，非洲史诗中的语言就是日常用语，谈不上艺术性；另一些学者认为，非洲史诗的语言丰富多彩，象征、暗喻和暗示等修辞手段在诗行里经常出现。从很多非洲史诗文本看，其语言的确多样。史诗演唱艺人在心里很明白，他们必须要在演唱中创作诗意盎然的英雄形象才能感染观众，起到史诗应有的缅怀英雄、回顾历史、传承文化、升华道德、陶冶情操、激励斗志、娱乐大众的多功能作用。

非洲史诗按照地域可分为中非史诗、猎人传统与史诗、索宁克传统、松迪亚塔与曼顿传统、赛格与巴马拿史诗、福拉传统和近百年来形成的传统七大板块。从地理、语言学和历史的角度看，中非史诗最具多样性，最难定性。从地域上看，刚果盆地的蒙高族和班研加人、喀麦隆、加蓬和尼日利亚爱焦地区的芳族和杜阿拉族是各自独立的部族。虽然各部族之间互不联系，但史诗传统、表演风格、对神话或对祖先英雄事迹的表现却比较相近。中非史诗的文本是散文和歌曲片段的混合体，其表演是一种集体性、大众化的艺术活动，包含文学、音乐、舞蹈和哑剧等元素，史诗艺人的表演充满激情，观众也可以参与表演。

中非史诗表演有几个显著特征：①史诗艺人要有天赋和信念，能唱出泛音。刚果东部的班亚恩加人相信，史诗艺人是神的信徒，因此，他们的史诗表演训练实际上是一种仪式，具有祭拜习俗的特点，祭拜把史诗艺人与呼之欲出的英雄和表演神灵联系在一起。有些民族的史诗训练是对名师表演的观察和模仿。中非史诗的主唱艺人多为男性。②史诗艺人在表演时可能手持鼓和铃或者长矛、权杖等作为道具或象征物，由一位乐师或徒弟陪伴。中非史诗表演时最常用的伴奏乐器称为 mvet，是一种四琴弦，鼓也作为伴奏乐器。中非史诗艺人的表演活泼并富有戏剧性，艺人可以随意走动，史诗的内容不仅可以通过语言和音乐表现出来，还可以通过舞蹈和哑剧形式表现出来。最后，中非史诗艺人在演唱史诗时，通常不把它全部演出来。人类学家丹尼尔·别布科曾对此做过考察并报道，一位叫肯迪·鲁勒科的非洲史诗艺人说，他从未把《姆温都》史诗全部表演下来，也从未有艺人把《利安加》或《杰克》史诗全部演下来。在非洲，史诗被视为无尽的宝藏，故事的海洋，不可能在一场演出中全部演完。因此，每次演出时史诗艺人只演唱一部史诗中适合某个场合、能激发他灵感的片段。例如，《利安加》有 56 个片段，史诗艺人只随意表演其中的几个片段。法国学者德·罗普认为这样一来既有利于艺人即兴发挥，也使演出材料更适合观众。史诗片段的任意组合并不影响史诗的连续性。

中非史诗的代表作有：蒙高人的《恩松加·利安加》，巴恩颜加人的《姆温都》，杜阿拉人的《杰克》和爱焦人的《奥兹蒂·撒嘎》。它们的共同特点是有一个主要的英雄人物，其经历决定了史诗的主体。《姆温都》最早的文本于 1961 年出版，现有 4 个版本，这首史诗最被英语国家所熟悉。不少非洲史诗的故事都始于英雄出生之前，姆温都的父亲是酋长，禁止妻子们生男孩。母亲怀上他后，父亲先是设法阻止儿子出生，之后又要杀死儿子。英雄的出生多不同于常人，姆温都从母亲的中指上出生。后来他与父亲进行了数次较量，战胜了父亲，成为酋长。史诗描写了姆温都从一个骄傲自负的战士变成一个贤明慷慨的统治者的历程，磨难使他变得善良宽容，有人性和同情心。

总之，中非史诗聚焦的不是历史，而是社会和环境，其传统脱胎于民间故事及其人物，从这点上说，中非史诗比猎人史诗更流行、更民间故事化。

非洲史诗的第二板块是猎人传统与史诗。在西非有些猎人群体有唱叙事诗的习俗，这些诗被定义为猎人史诗。猎人在非洲民间故事和传统里无处不在，其身份可以是神话祖先、食物的供给者、杀死妖怪的勇士、受人拥戴的英雄，或现代冒险家和探索者。猎人意象在文化上的重要性源于打猎能提供食物，能补充和替代农产品。在西非人口稠密地区，猎人们常成立协会组织。过去协会的作用在于训练新猎手，有效避免猎物资源的枯竭，组织猎人集体狩猎大型危险动物。现在猎人协会的社会功能变得日趋重要，其主要活动之一是举行猎人的葬礼。在葬礼上歌手们唱的挽歌不仅表达感情，还可以消除已故猎人身上的不吉祥因素。

猎人史诗有 3 个特点：①它们不涉及家族或政治历史，国王可能会以祖先的形象出现在史诗里。②猎人史诗的演唱艺人不是世家出身，其身份也非世袭。③猎人史诗是由在猎人葬礼上唱的挽歌演变而来，不少猎人史诗中有民间故事的成分。史诗演唱是集体活动，猎人史诗艺人演唱时身穿演出服，有数位乐师伴奏，徒弟们充当合唱队，师徒呼应。

猎人史诗按地域可分为尼日尔河猎人史诗、曼德猎人史诗和塞内加尔渔夫史诗三类。

第一类是尼日尔河猎人史诗。在尼日尔河流域居住着索尔科、博左和高等民族。他们把猎人视为自然和神秘力量的驾驭者，尊他们为预言家或医治者。尼日尔河猎人史诗的代表作是《法拉·马卡和弗诺》和《姆撒和希拉》。法拉·马卡是猎人史诗中最著名的人物，他是索尔克渔民的祖先。弗诺想娶马卡的女儿米丽亚姆为妻，马卡不愿让女儿出嫁，因为她知道父亲打猎捕鱼的秘诀。在女儿发誓不外传秘诀后，马卡同意了这桩婚事。后来翁婿外出打鱼时，马卡总是满载而归，弗诺却空手而回。米丽亚姆请教一位伊斯兰教圣人，她应该偏向谁，圣人说她与丈夫的关系更紧密。于是，米丽亚姆把父亲的狩猎捕鱼秘诀传于丈夫，结果弗诺成了成功的猎人。米丽亚姆因泄密被父亲杀死，为此弗诺与岳父决斗，两人同归于尽。马卡与弗诺的冲突反映了几个主题：对手间的竞争；人际关系问题；性别及忠诚等。

第二类是曼德猎人史诗，这是目前被研究的最深入和广泛的猎人史诗。其地域包括自象牙海岸北部，经马里、几内亚到冈比亚一带。曼德猎人史诗是曼德人文化的核心。其表演以猎人的仪式和葬礼为主要内容，是一项集体性的活动，除歌手外，还有乐师和合唱队，艺人们还佩戴护身符等饰物。演唱的形式有叙事诗、歌曲和赞美谚语，内容多是关于人类社会和自然世界。代表作有：《斯拉莫里》《法莫里》《马哥翰·简》和《马姆比和鳄鱼》。

第三类是塞内加尔渔夫史诗。生活在塞内加尔河流域的图科罗和哈尔·普拉雷恩一带的居民都有演唱史诗的传统。渔夫与从事其他职业的人地位不同，他们被视为是自由的人。塞内加尔渔夫史诗中不少因素与猎人史诗相近，但不如后者的基调明快。代表作是《派卡尼》，这是一首庆祝鳄鱼节的史诗。

非洲史诗的第三板块是索宁克史诗传统。索宁克人现多居住在以下地区：加纳、冈比亚、马里、尼日尔河沿河地带和贝宁北部的波尔古地区。现存的关于索宁克的历史材料基本上来自于殖民早期当地名人的手稿，一些旅行者和管理者搜集并发表了其中一部分。这些材料记载了下述王国的兴衰：瓦加杜、马里、加拉、赛格和卡拉。尤马·托尔和他的儿子们是19时世纪中后期索宁克人的统治者，托尔父子是伊斯兰教徒，他们把阿拉伯文化带入了自己的统治区，后来法国文化和基督教也渗透到索宁克文化里。在某种程度上，索宁克史诗是一种多元文化的复合体，包含丰富的历史成分，其表演具有阿拉伯人的风格。

索宁克史诗的代表作有《瓦加杜的传说》《马雷恩·加杜》和《库撒人的离散》。其中《瓦加杜的传说》最广为人知，它讲述了瓦加杜王国的兴衰。丁格旅行到库姆比王国（现今的毛里塔尼亚）西部某地时，向井神讨水喝被拒绝，就与井神打了一仗，得胜后娶了她的三个女儿。妻子们各生一个儿子，但小儿子是半人半蛇。两个大儿子性格相反，哥哥冷漠，弟弟善良。丁格年迈眼瞎后，自觉死期临近，让仆人把大儿子叫来，可来的是二儿子西斯。西斯冒充哥哥得到父亲的一个秘诀：用七桶水洗了身子后在沙地里打滚，身上沾了多少沙粒就意味着他会有多少臣民，但骗局还是露了馅。大儿子从父亲那里学会了造雨的本领。西斯出走作了牧羊人，一天他得到父亲的口谕：去库姆比王国。在那里西斯找到半人半蛇的弟弟比达，兄弟俩商定：每年西斯献给比达一个少女和一匹马，作为回报比达下金雨，还下铜、铁、银、金四把斧子，结果只有西斯能把金斧子捡起来，西斯成了国王，他的王国叫瓦加杜。史诗的下半部分讲述多年后一位被祭献少女的爱慕者杀了比达，少女毁婚约后被辱死去，瓦格杜王国也随之衰落。

这首史诗有明显的多元文化痕迹：西斯是圣经中雅格的翻版；很多地名源于阿拉伯人说法；井边的战斗、造雨的能力、比达死前诅咒天将大旱，都与水有关，这显然出自西非神话里生命创造于水的说法。索宁克文化影响之大以至于《松迪亚塔》中的一些赞美名称就源于索宁克语。

非洲史诗的第四板块是松迪亚塔和曼顿史诗传统。曼顿是空间和时间，还是一种观念。在地域上曼顿指尼日尔的河源地区及其流域，马里西部地区和几内亚东部地区，马林卡人现居住在这里。从时间上，曼顿人的历史可上溯到 13 世纪早期松迪亚塔在位时期国家统一和辉煌的时代。松迪亚塔把塔多、科里、塔邦和西比统一成一个国家，并在 1235 年结束了苏曼古鲁人和索索人的压迫。松迪亚塔的统治使曼顿文化成为一种观念，在马里帝国留下了长久的影响。由于政治上不稳定，马里帝国于 15 世纪衰落，其地位被经济上强大的马林卡人所替代，马林卡人不仅建立了商业网络，还传播了伊斯兰教。曼顿文化是本地文化和外来文化的复合体，《松迪亚塔》就是这种文化的典型产物。早在印刷成书籍之前，《松迪亚塔》在西非就已广为人知，从殖民时期（1895 年）开始，历史学家、旅行家、民间文学研究者和统治者就研究展示曼顿多彩的口头文学，结果有了很多种不同版本的《松迪亚塔》文本。《松迪亚塔》很少一次全部表演下来，只有在康加巴地区每七年一次的重做屋顶的仪式上才表演全本的《松迪亚塔》史诗。这个仪式为把口头传统过渡为固定文本提供了机会，结果阿贝特家族在此仪式上演唱的版本就成为《松迪亚塔》史诗的“标准”文本。

非洲史诗的第五板块是赛格和巴马拿史诗。赛格王国于1700年左右崛起，民族语言是巴马拿语，属曼顿语系，与马林卡语非常相近。其历史、人种史、宗教和艺术都留下了详尽的纪录，为研究其文化提供了丰富的资料。赛格的历史由口头传统，欧洲旅行家的纪录和 “当地”的阿拉伯历史学家记录下来。据记载，赛格王国的创始人是比顿・库里巴里，他于1710年左右称王，其王国在1810年左右达到全盛，在1860年左右被伊斯兰教军队灭亡。因此，赛格和巴马拿史诗具有强烈的反伊斯兰教的异教色彩主题和奴隶主题，如喝酒、用人做祭品等。表演史诗时艺人边演奏乐器边演唱，不管演唱哪一段，都从比顿・库里巴里唱起。代表作有《比顿・库里巴里》《尼可罗・蒂阿拉的继位》和《达・芒宗的战争》。

史诗《比顿・库里巴里》讲述了比顿・库里巴里个人和建立王国的经历。库里巴里早先是个猎人，一天晚上他从秃鹰和土狼的谈话中得知，如果自己要称王就得去赛格。他和母亲到了赛格，一天晚上库里巴里捉住了偷他家西红柿的河神法罗，他向统治江河湖泊的法罗的父亲要了一些小米。库里巴里种下小米，成熟时留给鸟儿作食物，因为预言说凡是吃过他地里小米的鸟儿飞过的地方都将是他的国土。库里巴里参加了当地的猎人组织，通过拈阄当选为领导人。库里巴里带领众人征服了邻近的村子，赛格王国由此开始。这首史诗反映了人命天定的观点，选举制度和国家的形成。赛格史诗还涉及勇气、暴力、自负傲慢等主题，这些主题在福拉史诗里也有所体现。

非洲史诗的第六板块是福拉史诗传统。福拉人是指居住在从塞内加尔的福塔・图罗到尼日利亚北部，以及喀麦隆和乍得的部分地区，在西非地区语言相近的民族。在英语区，他们被称为福拉尼人，在法语区他们被称为波尔人。福拉人认为他们的祖先是牧人，来自于尼日利亚北部，因此牛群在福拉人的生活中有重要意义。1780～1870年间，伊斯兰教渗透到西非人的生活里，并产生了一定的影响。福拉人的史诗传统主要来自于尼日尔河畔的马斯那，赛内加尔河流域的福塔・图罗地区，以及几内亚河流域的福塔・加龙地区。福拉史诗中的英雄与历史和地域没有关系，他们是史诗艺人想象和创作的产物。福拉史诗的演唱艺人分为maabo（宫廷艺人）和 gawlo（普通艺人）。宫廷艺人演唱时是自弹自唱，演唱速度快，用四弦琴伴奏。至今还没有集体演唱和女艺人表演的纪录。

福拉史诗的代表作有《红人哈马》《斯拉马卡·普罗里》和《撒姆巴·盖拉蒂奥》。红人哈马是 1800 年左右住在库那里地区的一个历史人物，他因为一天内征服 4 个村庄而出名。在福拉文化里，他是很多故事的主角，一个传奇英雄，象征着福拉人伟大、英勇、暴力的时代。如今红人哈马已成为福拉人的一个文化符号，他的故事就是对福拉文化和福拉人价值观的诠释，在他身上寄托着福拉人对伊斯兰文化入侵之前的本民族历史的眷恋。“红人”意指福拉人的肤色与其他部族人的肤色不同，已成为集体身份的象征。史诗这样叙述红人哈马的故事：撒的统治者十分钟爱他的狗群，任何人不得碰它们。西尔年轻貌美，每天她家门口都聚集着一群她的爱慕者。一天西尔的母亲在集市上打了国王的狗，被国王命人用钝剃刀剃掉头发，并在伤口上洒胡椒粉和灰。西尔发誓要为母亲复仇，但那些爱慕她的贵族青年没有一个挺身而出。西尔听说了哈马其人其事，她请哈马为母亲复仇，哈马发誓会帮助西尔，后来果真实现了其诺言。这首史诗叙述了哈马豪侠式的冒险经历，对比了真假英雄主义，表现了对受害女性的同情。

总之，福拉史诗是数种文化的复合体，史诗中很少有针对个人或部族的赞美诗，与历史也没有太大的关系，主题多表现自我表现价值与自豪、自我表现反省。史诗中的每个片段都结构完整，有一个功勋卓著的英雄，具有小说的特征。音乐在演唱中有重要的作用，英雄人物通过音乐就能表达他的思想。

非洲史诗的第七板块是近百年来形成的史诗传统，它涉及两个地区的民族：一个是马里东部尼日尔河流域的索尔克人、松海人、扎马人；另一个是马里西部的塞内加尔和冈比亚人。它是非洲史诗中最年轻的成员，有两个特点：①突出近代历史。它以 19 世纪在当地战争中涌现出来的英雄为中心人物，如扎马地区的以撒·科罗姆伯，冈比亚撒拉地区的简克·瓦里等；或以与欧洲人作战中涌现出来的英雄人物如冈比亚的福德·卡巴等为主角。②缺少鲜明的当地表演特点。松海史诗掺杂了索宁克、曼德、赛德等多种文化，其中有赞美诗和叙事诗，与祭礼有关。近代史诗的演唱艺人被称为 gesere，常见的伴奏乐器是鼓。代表作有《英雄及其故事》《帝国的传统》等。塞内加姆比亚史诗杂糅了伊斯兰文化和欧洲文化，反映了当地 18～19 世纪的历史 。伍罗夫人居住在冈比亚北部至赛内加尔河一带，他们的赞美诗融合了福塔·图罗，索宁克和曼德史诗中的一些因素以及乔罗夫人起源的故事。伍罗夫人的史诗演唱艺人被称为 gewel，史诗中包含很多的历史信息、王朝的更替、国王的家史都是演唱的保留部分。赛内加尔人的历史记录完好，从中可以看出民族主义和泛非主义传统的深远影响。近代非洲史诗中的英雄人物是公式化而非个性化的人物。

非洲史诗是了解非洲文化传统的最好途径，是非洲历史的窗口，因为非洲史诗是非洲各民族的文化身份的概述。非洲史诗告诉读者，非洲的世界与小说、戏剧所描述的是不同的，因为非洲史诗提供和描述了鲜为外界所知的关于非洲各民族的社会、历史、宗教、艺术等多方面的文化元素，通过这些历史事件和人物反映的是当今非洲各民族的价值观。非洲史诗是了解昔日和今日非洲文化的窗口，也为研究带有非洲文化和传统色彩的美英和加勒比海地区黑人文学提供了广阔的背景知识。如今非洲各民族依然守护着祖先留给他们的文化遗产。随着二战后非洲各国的独立，在后殖民时期古老的非洲史诗不再需要臣服于“高雅文化”，已焕发出时代光彩。

非洲史诗证明自己是非洲各民族人民不可羁绊的自由之声，今天它依旧回响在祖先的故土上，现在是殖民者被非洲史诗的歌声“殖民”的时代：

人们都将离去，但他们的美名将世代流传，

正是这美名使故人在被遗弃的家乡让人怀念。

第三节　传说和寓言

一、传说中的动物

动物总是非洲民间传说里的主角和话题，其原因正如詹姆士·费尔南德斯所说，若是没有其他动物作为人类行为的参照，人类很难认识自己是人类，因此人类下的定义通常是通过自身跟动物的对比得出来的。

当人们在讲述故事的时候，人们经常讲述的是人类自己，至少是动物和人类之间的故事，因而出现了与动物相关的寓言、故事、歌曲、习惯用语等形式的记叙性文体，人类就可以借此来间接地分析自己或者是别人。乔治·奥威尔（George Orwell）1945 年出版的著名的寓言故事集《动物农场》，就是通过看似不相关的小故事来犀利地表达他的政治观点。人们之所以通过这些形式来表达自己的观点，这是因为使用动物来作为民间故事的主角和主题能够达到间接性的效果，在不用直接发生冲突的情况下，人们可以对某些人或是某些团体的小缺点和一些杂念进行审视和深思。通过这些小小的、面对面的交流，在避免直接冲突的同时，人们能够注意到一些不和谐的表现。因此，民间传说在展现非洲人民的性格特点时起到一个非常重要的作用。

二、传说中的妖怪

在传说和寓言故事里经常会出现妖怪，其实这种神秘的吃人妖怪只存在于非洲人的集体记忆中，是虚拟的，是高于生活的。至于那些妖怪比生活中的动物高大多少、有多么吓人，那就得看听故事人的想象力了，正所谓民间故事能塑造每个人的人格。这种想象力也适用于解读诡计多端的妖怪赫拉坎亚纳和披着人皮的妖怪依姆布鲁。这些妖怪的名字存在于传说和寓言故事里，它们可都不是友好的家伙。

三、传说中的骗子

在非洲民间传说中，动物常常被说成是骗子。兔子、小羚羊和其他一些动物常常会参与一些很可笑的冒险活动。在活动中，他们往往会出乎预料地运用智慧战胜表面上远比它们强大和重要的动物。通过这些有悖常理的故事，寓言教会了人们什么才是道理和规矩。于是孩子们学会了大人们所肯定的社会规范以及正确行为。

最著名的非洲动物骗子叫安娜斯（Anansi），是加纳阿散蒂人传说中的蜘蛛，它在人们心中的地位远远超过它在自己家乡加纳的名声，并且还随着奴隶贸易来到美洲。在牙买加等许多地方，它是活泼可爱的；在美国，它化身为正义勇敢的蜘蛛侠形象。在非洲亚热带的部分地区，真正的蜘蛛居住在裂缝空隙中，它们的织网纵横交错，行为也是来无影去无踪。安娜斯是无所不能的独行侠，具有拟人化的特征。它可笑的冒险行为就成为教育人们的幽默故事。

不是所有的蜘蛛骗子都是织网侠客。例如乍得南部萨拉人传说中的骗子苏是一个体型大、红色、毛茸茸的狩猎蜘蛛，它居无定所，总是急匆匆地到处寻找猎物，其中一个冒险故事就让人领略了所有非洲动物骗子的才智。一位酋长的美丽女儿能说话，但就是不开口说话。因此没有人愿意与她结婚，这就阻碍了她父亲想通过她的婚姻来实现政治联盟的愿望。酋长承诺，谁能让他女儿开口说话，就把她嫁给谁。一个个英俊帅气的求婚者都失败了，当苏愿意尝试时，所有人都笑了，没想到貌不惊人的苏居然有如此野心。苏背着一大捆稻草，走进她的房子。苏在室内用这些茅草为她盖房子。苏无视地球引力，从上往下盖房子，于是稻草就非常滑稽地掉落到它的身上。年轻的公主忍不住笑出了声，说苏是个傻瓜，酋长很高兴听到女儿说了第一句话，于是就把女儿许配给了苏。这个看似简单的故事强调了这样一个道理：人都有愿意交流的基本需要，同时还告诉人们，最卑微的人物常常拥有最了不起的思想。

非洲民间传说中还有两个有趣人物：克鲁皮拉（Curupira）和萨西（Saci）。克鲁皮拉是一个双脚朝后的小丛林魔鬼，在许多西非的故事里都有这个人物。他的脚是他欺骗别人的利器，凡是想跟随他的人都会被误导到相反的方向上去。他是一个丛林守护者，他欺骗、误导、恐吓猎人。矮人萨西是一个头戴红兜帽、用烟斗吸烟、独腿的非裔巴西男孩。在一些传说中，他手上有洞，有神奇的力量，他可以像旋风般消失或出现。从许多关于巴西民间传说的研究中可以看出，对萨西这一人物仍有一些争议，对其起源也没有准确的记录。其中一篇文章把萨西的起源追溯到尼日利亚的约鲁巴地区的一个名叫埃罗尼（Aroni）的丛林神灵，这是一个矮小独腿的男人，长着螺壳，常叼着烟斗。他就是非洲的普罗米修斯，因为在一则神话里，他盗天火给人类。他还有高超的医疗技术，会用草药治病，还把这种神奇的技术教给人类。

数百年来，巴西的非洲遗产从来没有被视为正规的民俗文化。比如，非裔巴西人在节日集会上跳的桑巴舞一直被压制，直到20世纪初才得到认可。从20世纪50年代开始，随着巴西民俗保护运动的开展，非裔巴西人的文化遗产保护与传承情况有了很大的改善，在里约热内卢建立了民俗博物馆。近年巴西历史和艺术遗产研究所对“坎东保”集会旧址进行了研究，这为研究巴西的非裔文化迈出了关键性的一步，非洲遗产在巴西文化形成中的影响力和价值得到承认。

非洲寓言中常见的人物是牧童。曾经有一个牧童常常抚慰那些看起来不像母山羊孩子们的小山羊，鼓励母山羊给这些小羊喂奶。有一天他和他的羊群被一群偷羊贼带走了。后来他看见一些来自家乡的勇士，便准备了一大桶牛奶给勇士们喝。牧童被一个疑心很重的女人看守着，他就给他的山羊唱歌来给勇士们传递消息，牧童对那个女人说他们那里就是这样抚慰山羊的。得到消息后，勇士们杀死了盗羊贼夺回了羊群。

非洲寓言中的主角多是动物。在一则寓言里，一只乌鸦装扮成人娶了一个女孩，并威胁说只要女孩离开它的视线就吃掉她。女孩唱了一首歌，被她哥哥和其他几个人听到了，他们给了她一根木棒，女孩把木棒藏了起来，后来寻找到机会把乌鸦打死了，那个女孩也回去和她的爱人结了婚。因此，在非洲寓言和故事里，乌鸦扮演的往往是魔鬼或怪物的角色。

非洲寓言中的老鹰。萨依阿莱尔在一次战斗中丧生，他的伙伴们把他丢弃在战场。一只老鹰用翅膀拍打他并把他救醒了。他的妻子在家乡哀悼丈夫，拒绝改嫁他人。萨依阿莱尔返回家乡后杀死自家的一头肥公山羊献给老鹰，还给老鹰唱赞美歌。他的妻子听到萨依阿莱尔唱的赞美歌后，意识到自己的丈夫回家了，便穿上她最好的衣服去迎接丈夫。老鹰在这则寓言里是一个半神半鸟的意象，一个帮手，甚至是救星。这则寓言故事阐述了有神性的动物与人类之间的关系。

非洲寓言中的鸽子。一群饥饿的战士杀死并吃掉一只狗，只有一个人没吃狗肉。那些吃了狗肉的人担心此人会告发、羞辱他们，便把他扔到井里让他等死。斑马、鬣狗、豺、犀牛都想从井里喝水，战士说把他的困境告诉别人使他获救，它们就能喝到水，但动物们无法做到这一点，只有鸽子告诉他自己能通过唱歌告诉别人这件事，它要了 8 条带子和 8 个挂钩。鸽子喝到了水，然后跑去呼救。战士的乡亲们理解了鸽子传达的消息，战士被救出后宰了公羊献给鸽子，并成为鸽子的好朋友。这则寓言阐述了鸽子就像老鹰一样是人类的朋友。

非洲寓言中的野兔。野兔、大象、蛇、龟和土狼拥有一群牛和驴。一天趁大象外出放牧时，野兔告诉其他动物，为了避免牛和驴被大象偷走，它们应该杀死大象。于是趁大象饮水之际，蛇攻击了象鼻，致使大象死亡。轮到蛇放牧的时候，野兔告诉其他动物蛇如何厉害，它会将所有牛和驴据为己有，所以也应该杀死蛇，于是乌龟便从山上爬下来杀死了蛇。当它们为了寻找更好的草原准备搬迁时，野兔跟大家说乌龟行动缓慢，应该把乌龟丢在后面，大家便照做了。之后野兔建议土狼把牛群分成两部分，并请求自己去带领那些失去角的牛和驴，这样就不会被牛角撞到，然而土狼坚持自己带那些没有角的牛和驴。后来土狼吃掉了野兔的妈妈。为了报仇，野兔对土狼说："占卜师要求我们从大火上跳过去，火冒烟时我跳，大火燃烧时你跳。"土狼一头跌进火堆，请求野兔救它，这时野兔却用耙子给土狼翻了个个儿，说道"你不是让我给你翻个个儿吗？"故事到此结束。

在肯尼亚马赛人的寓言故事中，普通的鸟类和动物极少会被赋予个性。社会状况往往由动物世界演绎出来，例如兔子、土狼、蛇、大象、狮子、豺狗、长颈鹿、犀牛、鸵鸟和龟等。会说话的动物被赋予了人的个性、机智和弱点。马赛的寓言故事多是由一个幽默和狡猾的主角，如野兔、豺、猫鼬来抵抗一个贪婪的恶霸如鬣狗和狮子。主角总是通过诡计或在其他动物的帮助下，战胜了恶霸，而恶霸常常被杀死。在更轻松的寓言中，虽然没有坏人，但主角往往有坏人贪婪的特性，它们会戏弄那些体型较大、头脑较愚蠢但心怀好意的动物，失败后便逃之夭夭。坏人会试图利用一些个头大但不伤害别人的动物，但终究被狡猾邪恶的动物挫败。体现了马赛人以恶制恶、恶有恶报的观点。

马塞人的寓言故事既有虚构性的也有寓言性的。动物被赋予的角色一般在行为上合情合理，富有说服力，从而使寓言成为人类和动物的连接点。动物形象人格化，它们可以说话、共谋、开会和放牧，也喜欢装饰自己，这些都体现着人类的特征。通常主角是男性，而弱势群体或当作陪衬角色的多由女性扮演。在马赛寓言故事中常见的主题是弱小年幼的动物战胜庞大强壮的成年动物，受到限制但很聪明的主人公与冲动、贪婪、残忍的对手形成鲜明的反差，这种反差类似于马赛人与非马赛人的对照，马赛人认为他们优于非马赛人。寓言既可以是对人格化动物世界的阐释，也可以是对兽性化的人类世界的寓言象征。动物和人类互为彼此象征，他们不仅表示自身也表示对方。

非洲寓言中的动物主角都是中等个头，很人性化，通常具有人的掠夺性消费特征，喜欢吃肉。而天真的野兽往往身材比较大，如大象或鸵鸟。相貌普通、无害、容易受骗的动物多是奶牛或羚羊。最常见的戏剧性对手是兔子和狮子。天真的大象经常和狡猾的蛇或鸟演对手戏。寓言中的动物往往是大小搭配、高低搭配、轻信和精明的搭配。

寓言在马赛文化中发挥着重要作用，它关乎身份问题，马赛人构建了一系列人物形象来使某些特征扩大化，而这些特征通过对照、相反、讽刺等手段使某个人的特点明晰化。借助这种方式，即使是截然不同的文学题材间也贯穿着同一性，从而将狩猎者与铁匠在社会生活中联系起来，将超自然的食人兽与怪物联系起来，将胆小鬼与自私自利的人联系起来，在寓言里将各种物种人格化。

第四节　戏剧

即席创作是大多数戏剧形式的起源。宗教和仪式虽然不是非洲戏剧的起源，但在其发展过程中起了重要的作用。大多数研究尼日利亚戏剧的学者认为，尼日利亚 14 世纪的国王桑格（Sango）创立了穿戏服的演出，这标志着约鲁巴悲剧的开始，也是非洲戏剧的开始。

约鲁巴（Yoruba）既可以指尼日利亚西南部民族，包括数个城邦在内，也可以指其语言和口头艺术形式。约鲁巴戏剧是其民族口头传统的一部分。在皇家陵墓进行的祈祷和崇拜是约鲁巴悲剧的一部分。尼日利亚的历史记录表明，奥瑶（Oyo）时期，桑格国王在其居住城市的郊区修建了皇家陵墓（Bara），他任命了一位高级女祭司来负责管理祖父的墓室，女祭司（Igamode）被认为是有魔力的人。她能在仪式场合唤醒祖先的灵魂，这些被唤醒的灵魂以身穿戏服的人物形象出现，他们也是约鲁巴历史上奥瑶时期恩干干（Egungun）化妆歌舞会上的原型人物。非洲很多民族相信祖先去世后会变成神灵。只要后人记得他的名字，他就存在，能保护也能伤害后人，这取决于后人对待祖先的态度。所以在非洲传统文化里，尊祖祭祖的仪式很重要。

根据尼日利亚史记的叙述，桑格国王就是一个有魔力的人，是会玩火的魔术师，是会变戏法和制造奇异景象的人。萨缪尔·约翰逊（Samuel Johnson）对桑格国王做了生动的描述，说他生性狂野，脾气火爆，擅长变戏法，有从嘴里往外喷烟喷火的习惯，这一手大大增加了臣民们对他的畏惧，因此，他是把各种元素融入约鲁巴多彩纷呈戏剧艺术的人。桑格国王还是第一个把女声合唱队引入崇拜仪式表演和各种戏剧之中的人。他还极有可能把女性角色引入了神秘剧，这标志着女声合唱队的形成。女声合唱队经常参加宫廷演出，主要在幕间剧里合唱。女声合唱队在国王去世和王储必须现身的屠宰仪式上演唱，她们的演唱也是皇家葬礼仪式的一部分。1829 年，凯莱泼顿船长（Captain Clapperton）记录下了女声合唱队演唱的情形。女声合唱队至今在约鲁巴的戏剧表演里还保留着。奥干德（Ogunde）创作的戏剧中所使用的埃居巴（Ijuba）合唱队就脱胎于这种古代的女声合唱队。奥干德和大批同时代人的主要贡献就在于把程式化的戏剧从宗教崇拜、教会和国王的桎梏下解放出来。这使得戏剧成为大众喜闻乐见的娱乐形式，它在集市、电影院和公共场所都能生根开花。埃本·克拉克（Ebun Clark）在 1979 年出版的《尼日利亚戏剧的形成》(《The Making of Nigerian Theatre》）中对此做了详细描述。

艾萨克·德拉诺（Isaac Delano）在他所著的《尼日利亚的灵魂》(《The Soul of

Nigeria》，1937）一书中记载了他观看的一次在公共场合举行的故人现身仪式，是约鲁巴人的葬礼崇拜活动。按照传统，故人的现身仪式在他死后的第四十天进行。漫长的守夜仪式之后，在鼓声中故人由两位卫士陪同出现在所有亲戚、哀悼者和祝福者的面前。在祝福灵魂的仪式上，女声合唱队的演唱也不可或缺，起先妇女们跳舞，之后歌声响起，音乐震撼人心，舞蹈再继续。这时候一位男演员从房子里出来，围着女舞蹈演员组成的圆圈跳起了舞，然后回到房子里去。他们回去时，由几位女舞蹈演员陪着，似乎在护送他们。之后她们出来加入女伴中去。音乐和歌舞停止。两位女演员开始各自的花腔女高音独唱，歌词像是在唤醒故人的灵魂。在长长的祈祷后，男演员再次出现，此时仪式场地上一片寂静。这个男人缓慢走来，人们注视着他的步态、动作、姿势和装束，甚至他拄着的拐杖！他全身的骨头好像变成了一块似的。拐棍不是用来支撑他衰弱的双脚，而是起到某种视觉效果。这个男人走得很直，很优雅，后面跟着他的卫士。他的脸上没有面具，但精心化了妆，脸上画的纹路和疤痕是他身份的证明。那个男人查看了他以前的卧室，然后去了墓地，他接受祈愿，也默默地祝福生者。上面提到的卫士也象征着祖先，任何人都不能接触他，也不能诬蔑他。故人由身穿戏服的演员扮演。约鲁巴大部分的戏剧表演，特别是诸神和英雄的悲剧性表演，都属于各种崇拜仪式文库里的“版权”材料，部分材料只有在庆祝丰收的节日场合里公演。

奥文林斯（Owqnrinse）曾经记录过一个在阿拉芬（Alafin）宫廷作艺术崇拜的古代家庭，他们来自驼背家族。该剧最初的主演是一位来自森林的驼背老头，该形象展示了扭曲的人格和审丑概念。为了表现扭曲的自我和命运，面具出现了。起初面具只在仪式和庆典上使用，渐渐地有了掩饰和表现故人、展示个性的另一面、表现时空等多重涵义。埃帕（Epa）面具和约鲁巴地区的格勒德族（Gelede）人的面具就展示了上述意义。在尼日利亚北部古代的诺克（Nok）文明遗址发现的陶土面具与格勒德族人舞蹈时使用的一些面具惊人地相似。戴面具的戏剧表演具有神性，神性大小不一。约鲁巴的恩干干（Egungun）面具是“高级”面具，演员全身包括脸部都被绣着艳丽色彩和图案的戏服遮住，这种面具最具神性。约鲁巴人在 18 世纪和 19 世纪的面具戏剧叫阿拉林蕉（Alarinjo），起源于贵族的娱乐活动，后来巡回演出剧团把阿拉林蕉面具戏剧带出宫廷，在约鲁巴城镇的公共广场上演出，受到大众喜爱。

14 世纪桑格国王把祖先祭拜故人的传统进行了创新，来祭拜自己的父亲。约鲁巴悲剧的本质是意识。它是连接和沟通生与死、人与非人、喜悦与悲伤的桥梁，人类世界里的这些矛盾体构成了约鲁巴悲剧里的美学观念。所以，单从仪式和庆典的角度审视约鲁巴悲剧起源会削弱其智慧内涵，但仪式和庆典上表现出来的动感和时空概念却激发了非洲人创作雕刻的艺术灵感，这也是为什么在非洲大陆上木雕和其他雕塑作品比任何其他地方都多的原因。

约鲁巴悲剧源于在崇拜仪式场合上对故人个性和形象的再现，以及女声合唱队轮流吟唱的哀歌，这也是尼日利亚戏剧的源头。这已经被在埃勒一埃弗（Ile-Ife）和欧沃（Owo）出土的随葬文物证实。整个非洲戏剧历史就是起源于尼日利亚西部的约鲁巴人传统的面具戏剧。

非洲戏剧历史经历了 3 个阶段：前殖民时期、殖民时期和后殖民时期。前殖民时期指 17 世纪欧洲和穆斯林入侵非洲之间的时期，主要戏剧种类有面具戏剧和口头叙事戏剧。前殖民时期的面具戏剧有约鲁巴人的恩干干（Egungun）和艾科（Ekoe）、西非的奥库克姆帕（Okukmpa）、中非的马吉士（Makishi）和恩颜（Nyan），演员基本为男性，鲜见女性。在崇拜者的眼里，戴面具的戏剧演员就是祖先的神灵，他们返回人间把生者与故人的灵魂连接在一起，并且还荡涤人们身心的污垢。这个时期的口头叙事戏剧源于仪式剧。在马里的一些农庄里，晚上收工后，年轻人就会演出口头叙事戏，基本上是讽刺剧，嘲讽懒惰的农夫或“妻管严”的丈夫等，乡土色彩很强。非洲戏剧发展的第二个时期是殖民时期，17 世纪至 19 世纪欧洲殖民者入侵非洲，殖民者包括军人、传教士、行政官员和教师。这个时期的非洲戏剧主要是军国主义笑剧和约鲁巴歌剧。前者讽刺殖民者的军队，在 19 世纪被殖民者统治的非洲沿海城市最流行。后者融合了音乐、歌曲和笑剧的元素，主题基本是关于历史、国内战争和大自然等。20 世纪 60 年代后大部分非洲国家都获得独立，进入了后殖民时期。由大学生组成的巡回剧团成为非洲戏剧演出的主力军，如艾巴丹（Ibadan）、利根（Legon）和马克勒勒（Makerere）大学的剧团都很有名。大学巡回剧之后广播剧和电视剧进入大众生活。戏剧的音像制品在商店很方便就能买到或租到。很多戏剧演员华丽转身成为电视剧和电影明星。现在欣赏舞台戏剧演出反倒成了稀罕的娱乐活动。

非洲戏剧演出传统中最重要的 3 大元素面具、歌曲和舞蹈，均来自于约鲁巴悲剧。非洲戏剧主要就是这 3 种元素的集合展示，再加上特有的动作和戏服，用艺术形式表现了非洲历史、非洲美学和非洲各民族的特性。约鲁巴悲剧内容在各方面深深影响了非洲戏剧：预言；神话、传说和故事；口头艺术；视觉艺术；表演艺术。非洲各民族的预言都带有深奥的传统特色，包括神谕和祭拜诸神的仪式表演等，预言内容来自神话、传说和历史，这些内容在戏剧里用姿势和抑扬顿挫的节奏与韵律表现出来。比如，约鲁巴人崇拜埃法神（Ifa），该神体现了约鲁巴人的宗教与哲学观。

首先，非洲神话多在仪式或节日上叙述，反映自然现象和历史事件，过去统治者用神话来统治教民的行为和信仰，因而宗教色彩强烈。传说叙述国家创立者的英雄事迹，他们的勇敢与智慧具有历史和教育意义，每逢节日都要在纪念仪式上叙述英雄传说。传说多根据伟大人物的民间故事改编，主要用来规范人们的道德，兼有娱乐作用。其次，非洲人善长口头艺术，主要是口头叙述，有时也辅用音乐、舞蹈或鼓。约鲁巴人的赞美歌最有名，用来叙述人物家世、风物传说、与人们生活有关的动植物故事等，谚语、谜语、警句等算作口头艺术。再次，非洲大部分视觉艺术都与雕塑有关，包括雕刻、切割制品和用模具作的艺术品。非洲雕塑具有历史价值，反映神话、历史人物和历史事件，现在漫画也算在内。非洲人的服饰、装饰、生活中的各种物资和习俗都反映了他们的视觉艺术。最后，非洲人的生活离不开表演。宗教仪式、节日、神父和酋长就职典礼等场合都要表演。其作用是取悦神灵、净化心灵和回顾历史等。尼日利亚的埃迪节（Edi Festavel）非常有名，逢此节必表演关于女英雄莫勒米（Moremi）的事迹，她用生命保全了埃弗族人的性命和整个城市，所以人们缅怀她。

约鲁巴悲剧传统在当代尼日利亚最著名的剧作家、诗人、小说家沃勒·索因卡（Wole Soyinka）的戏剧作品中得到传承。由于索因卡在戏剧、诗歌和小说领域展现出来的卓越才能，于 1986 年获得诺贝尔文学奖。索因卡的代表剧作是《死亡与国王的骑师》(《Death and the King’s Horseman》，1975)。1967 年 8 月至 1969 年 10 月的尼日利亚内战期间，由于索因卡直言不讳地谴责阿巴恰将军（General Abacha）的军事统治而被抓入狱，释放后被迫离开尼日利亚。1975 年索因卡在英国剑桥居住期间，根据 20 世纪 40 年代发生的一起真实的历史事件创作了该剧。1944 年 12 月尼日利亚西部的奥瑶（Oyo）国王阿拉芬（Alafin）去世。按照民族传统，他的首席骑师埃莱森（Elesin）应该为国王殉葬，陪伴国王一起去祖先的世界。1945 年 1 月，埃莱森准备进行仪式自杀，但就在此时英国地方官介入此事，阻止了埃莱森的自杀行为，因为自杀非法。埃莱森的儿子因为父亲没有尽到对神灵和民族的义务，羞愧难当自杀身亡。这个事件被另一位尼日利亚剧作家杜罗•拉迪普（Duro Ladip）在 1964 年用约鲁巴语创作了一部名为《国王死了》（《The King is Dead》）的戏剧。索因卡把该事件的时间、地点、情节上做了改动：时间在二战期间，地点在英国，当事人埃莱森的儿子在英国学医；威尔士王子出席了在自己家举办的奇异服装舞会。虽然这些是虚构的，但作品反映的主题包括神灵世界和政治问题。

该剧受约鲁巴悲剧的影响很大，可以看成是一部奥干式（Ogundian）的悲剧。奥干（Ogun）是约鲁巴神殿中的一个神，他在创世时就建立了神灵与凡人的世界，他的壮举在于他可以凭借自己强大的毅力穿行在地狱里、穿行在神灵与凡人的世界之间，并且把这两个世界结合在一起。埃莱森本应该像奥干一样，穿越地狱，陪伴国王去祖先的世界。奥瑶民族相信埃莱森自杀去穿越地狱、陪伴国王去祖先世界的仪式，能保证本民族继续繁荣富裕，而不能完成此举就意味着终结奥干的功绩、阻碍了阴阳两界的通道、危害了已故国王的神灵和人民的前途。面对如此重大责任，埃莱森的儿子选择自杀为本民族人民避灾禳祸。这出剧表面上看是赞美神灵，实际上政治主题鲜明：国家的政治领导人如同埃莱森一样，缺乏意志力；他们在政治上的无为已经威胁到国家和人民的利益。在此，索因卡借神话影射尼日利亚在后殖民时期的政治失败，从本质上说这是一出约鲁巴式的悲剧。

图 2-1　小剧场（2012 年摄于南非）

在崇拜仪式上再现故人个性和形象以及女声合唱队的演唱形成了约鲁巴的悲剧，开创了尼日利亚戏剧历史；约鲁巴悲剧中的面具、歌曲和舞蹈构成了非洲戏剧演出传统中最重要的三大元素；尼日利亚诺贝尔文学奖获得者、戏剧家索因卡在他的戏剧作品里用约鲁巴悲剧传统来表现当时的尼日利亚政治现实。

非洲木偶戏。从埃及到南非、从塞内加尔到坦桑尼亚，从古到今，非洲 40 多个国家都有表演木偶戏的传统，木偶戏已成为非洲大陆一道亮丽的人文景致。非洲木偶戏的形式多样，有手和脚木偶、杆木偶、牵线木偶、影子木偶、全身木偶等。它们用于仪式的开场或结束、游戏和戏剧，主要功能是娱乐。现在的木偶戏在教育、指导社区政治、公共卫生和发展问题等重大事物上发挥着越来越大的作用。

历史和仪式。从历史上来看，在非洲中西部人民的生活中，木偶在占卜仪式上扮演了重要角色。在象牙海岸和加纳区域，占卜师把两个木偶用一跟线连接起来，用脚趾操纵木偶，他提出问题，根据木偶的动作解释答案；在刚果松耶族（Songye），占卜者也是把木偶的两条腿用线连接起来，他根据木偶的身体姿势来判断问题答案。如果木偶身体前倾，答案是肯定的；如果后倾，答案就是否定的。

用占卜寻找有罪的一方。在刚果的盆德族（Pende），占卜者用木偶寻找罪犯。他把木偶嵌到一个活动的金属框架上，占卜者透露罪犯的身份时，木偶就会射向罪犯的方向。在尼日利亚约鲁巴人社区，木偶的腿、胳膊和眼睛在占卜仪式中扮演着主角 Osanyin（意为“神的草药”）。在仪式上，木偶高调尖叫地进行关于草药、药品和治疗的占卜。

木偶也会出现在葬礼上。在坦桑尼亚，据扎拉莫族（Zaramo）的长者回忆，用小木偶人来赞扬死者，曾经是墓地仪式的核心部分。在刚果毕文德族（Bwende）首领的葬礼中，人们抬着比真人大的木偶跳舞穿过村庄，木偶包裹着死者遗体。木偶由 6 个人从下面操纵，送葬队伍跟着木偶前进。男人鸣枪向死者致意，女人走上前唱歌致意。居住在多哥北部的巴萨人（Bassar）会为已逝的女性举行第二次葬礼。在葬礼仪式上，木偶指示着抬棺人的前进方向和步行速度。

木偶的娱乐作用。过去在仪式场合进行的木偶表演现在已被纳入娱乐活动。到 20 世纪 60 年代，木偶表演已经成为一种非常受欢迎的娱乐性比赛。在象牙海岸，森努弗族（Senufo）男性的木偶装表演比较有特色。杆木偶代表羚羊的头，盔甲代表动物的身体，操纵人身穿戏服，牵动木偶头部上下左右移动，木偶表演如同化妆舞会。

在尼日利亚西部的约鲁巴社区和贝宁，妇女们经常举行简短的木偶表演。在马里，巴马拿人（Bamana）和科莫（Komo）的男人在年度化妆仪式上用杆木偶表演。木偶头混合了几种动物形象，鸟的羽毛粘在木偶身上。科莫族木偶表演者身穿动物服装操纵杆木偶，有的杆木偶有 1.8 米之高。

非洲广播剧和电视剧。虽然很多非洲无线电台始建于 20 世纪 20 年代，但是直到 20 世纪 40 年代初，专门为非洲听众设计的节目才大量出现。非洲电视台始建于 20 世纪 50 年代。从殖民时期开始，非洲语言和欧洲语言的电视剧就成为重要的广播内容。

电视剧是最受欢迎的广播题材之一。好的电视剧会吸引很多忠实观众，在吸引大众方面，只有关于足球赛和总统新闻发布会的广播才能与之媲美。在南非，以民歌为素材的祖鲁音乐剧在 20 世纪 40 年代首度播出，到 50 年代晚期已定期播出。最长的音乐剧是赞比亚广播电台播出的《马力可波》，该剧讲述了一个都市人的历险记，时至今日该音乐剧仍在播出。

非洲广播剧和电视剧的形式和内容多种多样。有些节目是对传统民间故事和神话的戏剧化改编，有些则是原著的广播版本。这些原著起初是为剧院创作，或以小说形式呈现。此外，还有不计其数的专门为电视和广播创作的剧本，其中有很多是长期播出的情景剧。在南非广播电台第一批播出的连续剧中，《戴立维》在 1964 年 3 月播出了 25 集，在之后的两个月又播出了 59 集的续集。情节剧主要围绕人际关系、婚姻与浪漫、权利的角逐、金钱的诱惑、家族的争斗、道德的沉沦及野心与背叛这几个方面展开。埃及的广播剧《希尔米亚之夜》讲述了一群人在 40 年间相互交织的生活和命运，从 1988～1992 年，这部长篇连续剧每年在穆斯林神圣的斋月期间播出。该剧深受拉丁美洲和美国情节剧的影响，以其富有魅力且时尚的女性形象和华丽场面而著称。除了情境剧，非洲广播剧还有许多其他戏剧体裁，包括戏剧、罗曼史、悬疑剧、社会现实剧、神话和历史剧。

在非洲，戏剧不仅仅是一种娱乐形式，还是一种社会和政治交流的工具。有些戏剧传播做良好公民、接受正规教育、学习知识文化和培养艺术鉴赏能力的重要性；有些戏剧则是通过批评政治环境或社会不平等现象来挑战权威，这些信息多是通过暗喻或寓意间接传达。虽然现在非洲国家对媒体的监管非常严格，但是这些批判性的言论经常能逃过审查，有两个原因，一个原因是意思传达的间接性，另一原因是审查员可能不了解一些非洲语言的细微差别。

近些年，人们已经开始用广播剧和电视剧来倡导计划生育和传授艾滋病的预防知识。坦桑尼亚广播电台播出的肥皂剧《做现代人》就是一个例子。该剧讲述了不同的生活方式和健康态度所带来的后果，强调一夫一妻制、夫妻间的交流、共同决策和性健康的重要性。这个故事构建了积极、消极和过渡型 3 种基本的人格。积极型人格的人欣然接受教育；消极型人格的人则拒绝接受教育；而过渡型人格的人会随着剧情的发展经历态度和行为上的积极转变。

南非制作的电视剧《灵魂之城》也涉及健康问题。这部反映社会现实的剧作广受好评。以主人公逐渐展开的生活为背景，像吸烟、艾滋病、儿童保育以及家庭暴力等主题被提及。除了主题，该剧的语言也是一大亮点，因为它折射了城镇的社会现实。剧中使用了南非英语、祖鲁语、塞索托语等其他多种语言。《灵魂之城》是以一个社区诊所为背景，该剧是杂合类型，融合了来自美国情景剧、好莱坞惊悚大片、美国肥皂剧以及说教剧中的视觉和叙述元素。

非洲广播剧和电视剧中的娱乐内容大部分来自美国和西欧国家，也有部分来自拉丁美洲、印度和中东地区。当电视剧初现非洲时，人们发现很大部分剧作不是本土产品，都是舶来品。其中有一部红遍非洲的美国连续剧是《大胆而美丽》，背景设在时尚都市洛杉矶，向人们描绘了一个可以躲避现实的五彩斑斓的奇异世界。据报道，埃及男女都非常痴迷于剧中人物，剧中角色的相貌、行为已经成为了粉丝们的日常交谈内容。南非的女性观众也非常喜欢该剧，但是对于南非女性来说，《大胆而美丽》还包含着启发她们思考自己人生的座右铭，她们尤其喜欢剧中的坚强女性角色，把剧中人物的行为和抉择联系到自己和朋友身上。

非洲一些广播剧和电视剧评论家担心这些电视剧会取代以前的非洲娱乐形式，比如听老人讲述传统故事，或者是听史诗演唱艺人吟诵歌颂民族英雄的史诗。他们担心非洲传统文化受到侵蚀，害怕外来文化的影响。但是也有人认为非洲传统的娱乐方式在大多数情况下只适合男性，所以电视剧和广播剧在广大群众中的普及是一种进步，值得肯定。非洲电视剧和广播剧中的喜剧揭示了社会问题，使人们反思。非洲广播剧和电视剧以其独特的创造性得以繁荣，这些剧作包括了当代主题，也包括永恒的主题，还有新式的和传统的叙事策略。在欧洲主流语言已经渗透到非洲广播和电视台中的情形下，用非洲语言播放的广播剧和电视剧对于促进这些语言的运用、提高这些语言的价值起到了至关重要的作用。如图 2-2 所示为学生社团在拍摄校园电视剧。

图 2-2 学生社团在拍摄校园电视剧（2012 年摄于南非开普顿大学）

第五节 演讲

演讲在非洲口头文化中极其重要。非洲的一些民族认为语言来自于动物。马里的多根人把语言的来源追溯到狐狸；加蓬的方族人相信鹦鹉是第一个教会人类说话的动物；在阿根族的传说当中，鹦鹉有崇高的位置。在他们 8 个群族中，有一个族群流畅的语言能力，是很久之前由鹦鹉咯咯的说话声拯救的。鹦鹉的语言拯救了这个族群的语言能力，鹦鹉便成为那个族群的图腾。阿肯人的谚语说，“语言是用来保护脑袋的。”的确，明智的语言可以拯救性命。

加纳的阿坎族人认为他们的口才部分来自于自然环境。他们相信是比利姆河水给了他们演讲的天赋，所以产生了“饮比利姆水，阿肯姆人活下来。”的谚语。约鲁巴谚语说，“演讲是一枚鸡蛋，掉到地上就破了。”阿坎人说，“如果嘴巴打滑了，比脚打滑要致命得多。”

在非洲人的日常生活中，那些有演讲能力的人很受社会的尊重。孩子们经常参加一些辩论的论坛，通过倾听年长者而获得演讲能力、口头传说和宗谱知识。演讲的技巧也跟社会和政治地位有关。一些传统的职位在行使职责时，要求有辩论技巧。酋长、族长和陪审团成员等这些职位都需要在处理冲突时具有相当的语言修辞能力。首领们在上任之前都要花几个星期与外界隔绝，集中精力学习一些口头交流形式。大部分首领和长者都是在工作中获得了语言修辞能力。在加纳，偶尔也有首领因为演讲能力太差而被迫让位。布隆迪的图西族对孩子们进行一些演讲训练。贵族男孩从十岁开始受到有关演讲的正式教育。训练的内容包括即兴演讲、向上层人士请求馈赠、葬礼致辞和自我防卫演说等。因此，图西族贵族以演讲优雅而著名。西印度群岛的圣文森特人认为“说话要甜”，因此父母们不仅鼓励孩子学习演讲技巧，他们还与演讲高手签订协议来训练孩子在公开演讲中的得体致辞、流利程度和自我风度。

在非洲，往往是权贵者来培训人们的语言修辞能力。职业演说者多代表赞助者的利益，他们多是首领或其他重要人物。这在西部非洲的阿坎族、库鲁族、噶族、乙酉族和加纳北部的布基纳法索族，以及贝宁和科特迪瓦的一些族群里很常见。在加纳，演讲者被称为 okyeame，过去很多学者称其为“语言学者”。首领们先通过演讲者从听众那里得到信息，然后再通过演讲者把自己的意思转达给听众。演讲者可以修改首领们的话语，用比喻、谚语或其他修辞手段使话语完美。如果首领们的话语很好，演讲者重复即可。没有演讲者的补充，首领们的正式演讲就不完整。

（1）演讲者的性别问题。在很多非洲社会里修辞由男性独占。在一些非洲部族文化中，女性在公开场合禁止表达自己。在阿坎族中，完美女性的美德包括在公开场合自觉禁言。女性被认为是智慧和知识的仓库。在很大程度上，社会抑制了女性的声音。作为公共辩论的主要场所，首领官邸并不总是对女性开放。当女性生理期内禁止进入这些地方。在男女都可出席的场合，交流的角色经常由男性承担。阿肯人说，“母鸡知道天将破晓，但要公鸡打鸣宣告。”现在的流行趋势是女性在演讲中的地位逐渐得到承认。不仅偶尔能发现女首领，而且还有不少男首领根据演讲者的优秀程度，指派女性作为他们的演说者。

（2）演讲的场合。需要使用修辞演讲的场合包括法庭诉讼，律师用说服性演说来影响陪审团，西印度群岛的男性发言人在宴会和茶话会上做的甜美致辞。在圣文森特，家庭仪式和送行都是做演讲的适合机会。在茶话会上，演说者会用华美的语言来讲解福音和拯救的故事。在非洲的一些种族群里，布道、葬礼、婚礼和公开捐赠场合都是演说者展示演讲技巧的合适机会。对于阿坎族人来说，公开捐赠或喝酒的礼物都不是仅仅送达就可以了，需要有充满了谚语、古语、成语和其他修辞手段的演说。演说者的微薄捐献可被视为“苍蝇的捐献”，“我虽然很穷，不能献上一份奢华的礼物。但即使苍蝇无法献上礼品，它也会把脚上刮出东西献上。”同样接受者和他的演说者都会发表完美的接受致辞。

在马达加斯加，结婚请求会使用大量的礼仪用语和引经据典。代表双方的演讲人似乎开始了一场比赛，试图在演讲技巧上超过对方。一般情况下，修辞占据了大部分语言交流。布隆迪的一名乞丐乞求别人出钱给他买一双新鞋子，把他用曲别针连在一起的一只旧鞋子，诗意地描述为“一只不能掩盖它的不幸的鞋；如果试图去掩盖，很快会露陷”。

（3）政治演讲和其演讲艺术。政治演讲是公开演讲的应用。在西方文化里，政治演讲要使用正式优雅的语言，而且经常用书面形式发表。在传统的非洲社会环境下，大部分政治演讲没有记录也没有发表。政治演讲的基本目的是影响听众的政治信仰和态度。非洲社会的政治演讲与听众现场互动。政治演讲包括政治领导人的演说，表扬诗文，宣传法律等体裁。

非洲是一个多种族、多语言的大陆，社会形式、政治形态和经济系统也各有特点，所以非洲政治演说类型也多样化。加纳阿坎族的政治演讲被称为 okyeame，津巴布韦修纳人的政治演讲称为 marombe，这两种政治演讲在撰写、演讲形式和风格方面都不同。加纳阿坎族的政治演讲的演讲者可以是一位首领，有自己的权利，还可以是一位多角色的政治演员，可被视为首领的外交家、顾问和演说者，帮助创造和维持首领的力量和神秘。津巴布韦修纳人的政治演讲的演讲者是部族首领的赞美诗演唱艺人，他的主要任务是奉承首领，用夸张的语言来夸大首领的权威。比如，将首领称为“太阳月亮之主”“陆地河流之王”。祖鲁族人的沙加王即位后，用文学来肯定和批评国家，赞美诗人不仅赞颂首领，还会根据他们的行为做出批评和评价。尼日利亚的约鲁巴人有一套相似的系统。他们的王 Oba 被看作是神的代表，统治着所有的生物。王 Oba 也使用赞美诗人对臣民传达信息，自己很少公开演讲。南非阔萨族人的赞美诗人被称为 imbond yesizwe，意为“人民的喉舌”，他们的职责是根据情况的需要，对首领或赞扬或批评。

总之，非洲的政治演说是为了歌颂首领的成就，在重要场合进行，在仪式中完成。大多数非洲政治演说者都使用传统的语言艺术，目的是为了改变听众的性情，或者是为了加强他们已有的信念和态度。通过语言艺术的使用，政治演说者鼓励听众对他们的演讲作出积极回应。

第六节　幽默

一、闲话与传闻

“闲话”（gossip）从“流言蜚语”的层面上讲，既创造了一种社会集体准则，也创造和保持了一种公众联盟，这种负面“舆论”创造与增强了社会关系的亲密性。加纳人自从有了舆论事件的知情权和谈论权后，普遍认为了解新近舆论事件能够增强他们的社会威望、声誉和地位。一些组织和个人还使用“舆论”作为一种政治策略来增强自身利益和说服他人。因此，“闲话”作为一种话语和一种社会行为，包含 3 种关系：“闲话”本身与“闲话”主题之间的关系；“闲话”与其诞生地的关系；“闲话”与“闲话”之间的关系。

尼日尔的图阿雷格人的“闲话”在解决和处理纷争的过程中发挥重要作用。“闲话”或间接或委婉地涉及家庭事务、社会以及政治方面的纷争。对于图阿雷格人来说，“闲话”是对社会经验和社会关系的另类表达法。“闲话”中的不同观点也为个人制订策略以及集体制订规则提供了依据。

“流言”（rumor）是人们间接地评论人或事。社会学家说“流言”是一种“合作型解说、即兴表演”，是“一种反复性的交流方式，使人们利用各种资源为含糊不清的情境找到一种合理解释”。“流言”的定义有几个侧重点。首先，“流言”具有反复性特点，其流传过程中人们会对它进行粉饰、夸大或歪曲。其次，“流言”不是某个人创作的，是集体作品，没有确定作者。最后，当可靠可信的信息越少时，在大众的潜意识里，恐惧和担忧心理在对事件解释过程中产生的作用就越大。

“流言”的内容涉及神话、民间传说、口述历史故事、巫术、魔法及世界范围内的事件。彼得·加斯切尔（Peter Geschiere，1997）在喀麦隆的研究工作表明一些有关神秘习俗的“流言”往往与国家和当地一些政治活动有关联。有关巫术和魔法的“流言”标志着该社会正经历着政治及经济的变革或动荡，也标志着人民试图控制由变动带来的腐败的意图。当人民对于国家与地方政权的不安与恐惧日渐增加时，“流言”就会在此时传播，内容多是一些政客利用魔法和巫术积聚权利和财富。加斯切尔说在非洲一些地区很难区分暗示权利有问题的“流言”以及暗示神秘学的“流言”。

路易斯·怀特记录了在非洲中东部殖民地出现的关于吸血者的“流言”。这些在民间不间断流传的“流言”说殖民地白人雇佣的消防员、警察、测量员和狩猎监管员捕杀当地非洲人来取血。坦桑尼亚在殖民统治时期就有“流言”说，当地政府官员逮捕人民，然后将他们头朝下吊起来，吸干他们的血。在肯尼亚的内罗比和蒙巴萨岛，传言说消防队员逮捕当地非洲人抽干他们的血。这些“吸血者”使用西方的科学技术和工具来完成其恶毒行径，这些技术和工具包括汽车、消防站、黑色工装、水桶以及注射器。怀特认为这些“流言”显露出殖民统治下新经济秩序的建立带来的一系列矛盾和问题。

布莱德·维斯（Brad Weiss）对于坦桑尼亚哈亚人的人种学研究显示，关于偷血卖血的“流言”依然在当今的东非国家流传。哈亚人用这种“流言”来解释暴富的原因。比如，某人新建了一所房子，会有传言说他是通过偷血换钱盖的房子。所以类似“流言”表明对财富与权力的不当追求常会引发社会问题。“流言”还表现了人体和商品之间的关系、“流言”的表层语义以及实际的经济交易之间的关系、农村与城市民生问题之间的关系、本地经历以及全球事件之间的关系。“流言”中各种奇幻生物和情景，如尼日利亚流言中的吸血鬼和偷窃生殖器官的巫师，说明一个事实，那就是“流言”是源于置身于各种社会、政治、经济事件中的人们的真实经历，而且这些事件人们无法掌控。所以，“流言”是人们为了获得控制感而采取的认知策略。

在非洲，“新闻”“流言”和“传闻”通过非官方口头方式传播，被戏称为“人行道无线电”或“路面电台”，是对非洲，特别是非洲乡镇时事的非官方讨论，话题源于一些恶意炒作的新闻或绯闻，很少谈及风云人物及政要的正面事件。“路面电台”也向一些经常受审查、被忽视、没有信息含量的电视台、出版社和电台媒体提供另类新闻。“路面电台”存在于口头文化中。“路面电台”是民主媒体，只要人们觉得自己提供的内容有趣且意义重大，它就采纳。所以时至今日，“路面电台”已帮助人们形成了一种大众意识。在大众眼里通过“路面电台”散播一些恶意绯闻或流言可视其为自我防御手段，因为这些流言可以帮助人们遏制一些经常不受法律约束的官员行为。对于非洲人来说，“闲言”与“流言”对于了解某些人最私密生活、他们的恐惧、经历和忧虑是非常重要的。

二、谩骂和粗话

戏谑式的侮辱或伤害的话语常会出现在有些民族举行的一些面具活动，在活动中年轻人通过歌曲、挑衅性舞蹈及使用面具等形式来嘲讽对方。

在尼日利亚约鲁巴地区一个叫河湾的小镇子里，有一副面具，上面画着一条狗用后腿站立着试图去咬吊在树上的一只蝙蝠，而一只鸟在树上试图从上面袭击蝙蝠。一首戴着这个面具来唱的歌曲就是嘲笑像蝙蝠一样的人，嘲笑他们似鸟非鸟、似兽非兽，而且还身处险境、没有任何特殊地位。比起类似无恶意的戏谑，侮辱要严重得多。例如，在美国如果有人称呼对手“猪”“老色鬼”“狐狸”或“母狗”，谁都知道接下来会发生什么。对刚果金的塔布瓦人来说，让人愤怒的最快捷方式是骂对方“野兽”，这是在调侃戏弄对方，说对方不是人连被鄙视的资格都没有。

在谈论生育问题时，非洲人不想用淫秽或过于有表现力的语言。他们相信生育问题是自然界特意赋予的模糊归隐，自然不适合广泛谈论，但是那些可以用干净善意的语言表达这一主题的人，就被认为幽默且有智慧。非洲文化明令禁止描述性和与生殖器官相关的语言。但非洲语言中的确有关于身体功能的粗俗语言，在有些文化中青年男子使用这些语言辱骂他人，大多数成年人认为只有没有接受过教育的年轻人才用此类语言。在尼日利亚南部，谈论身体部位和性功能是禁忌。他们只能用模棱两可的方式表达侮辱性语言，这通常被看作是无知和缺乏教养的表现，而不是真正令人痛苦的诋毁。在整个非洲，当有人说另一个人长着动物脸或者举止不当时，他们就认为是在骂人，例如说某人是猴子、鬣狗和羊是最常见的骂人话。尼日利亚人认为最犀利的辱骂是称自己为某人的父亲，对于尼日利亚南部的居民，最狠的辱骂就是诅咒某人家人死光，这很可能导致暴力冲突。非洲民俗学家及语言学家指出非洲长者更有权使用粗俗语，年轻人则不能，比喻性的文字只有长者才能使用，尼日尔三角洲的伊索科人称之为 emcdidi（深度文字）。非洲人能艺术化地使用性描述，这是整个非洲都有的仪式。在此类仪式上，男男女女争相高唱辱骂性的歌曲，最显著的特点就是这些歌曲都描写了彼此的性器官，气氛活跃，欢歌笑语。无论在何种文化里，粗语最能表现大众普遍接受的价值观。

三、笑话

幽默的笑话能引人发笑，但是进笑话的人一定要注意讲笑话的时间与场合。在非洲不合时宜的笑话不但会使谈话双方的关系恶化，而且可能会使讲笑话的人被印上能力不足的标志，影响其社会声誉。好的笑话能让人开心释怀。笑话作为一种民俗流派，在民俗学中有多个叫法，包括幽默的民间故事、诙谐的民间故事、幽默逸事、美好的传说、滑稽的传说和说笑等。在 20 世纪 70 年代初，笑话仍然是非洲最难收集与理解的民俗学形式之一。

加纳阿坎族的笑话和开玩笑的研究显示，每一个成熟的阿坎族人似乎脑子里都装着大量的笑话，需要适合的听众或者交流才能把笑话引到对话中。两人或两人以上聚集在一起，谈笑中他们就会想起和说出一个听过的相关笑话或者见过的有趣情景。通常的做法是让个人保持幽默，在适当的时间与社区的其他成员进行交流。在阿坎族里，年龄是在讲笑话的方式上是重要的社会学因素。由于笑话通常是在成年人之间传递的，或者是从成年人向小孩传递的，但很少会从小孩传给成年人。当然，小孩之间传递笑话也是很正常的，但性别与阿坎族说笑不相干。一个男性能向男性或者女性说笑话，反之亦然。

四、戏谑

戏谑关系、戏谑伙伴关系或戏谑同盟等术语被人类学家应用于一定的惯例社会关系。在这种关系中的参与者，在一定条件下能放肆地开玩笑，甚至是下流的玩笑，包括相互之间的家庭、个人习惯或者职业，还会从对方那里“抢夺”些私人物品。自 20 世纪 20 年代～70 年代的 50 年间，人类学家对世界上许多地区的戏谑关系都进行了研究，多以亲属关系为基础进行戏谑关系的研究，认为戏谑行为是用来缓和关系中某些潜在的不安情绪或是隔阂，比如女婿与岳母之间、祖孙之间，或是舅表、姑表之间等。

之后的研究集中于非家族关系中的团体或个人间的戏谑，如同龄人、部族、街坊邻里、职业人群以及整个社会。这些研究表明这类戏谑也许是基于除了潜在冲突以外的原因，例如历史原因、地理位置或是否会产生竞争的共同兴趣以及单纯的友谊。在非洲，社会间的惯例戏谑广泛存在，这从多方面解释了起于支配、胶著状态的敌意或者早期的友善交往。最亲密的友谊关系尤其产生于同龄人之间，在他们的戏谑中，他们也许会说到最为亲密的个人好恶。部族成员、邻里街坊、职业人群以及邻近社会的戏谑是关于他们关系的具体方面以及互相之间指称行为和习惯，挑出对方的历史、生态、功能或重要文化特性的方方面面。总之，关系越亲密，戏谑的程度也就越深。

戏谑交流的内容。布瓦提亚（Bwatiye）是尼日利亚阿达马瓦省贝努埃河沿岸的一个小王国。居住在这里的巴查马人（Bachama）通过使用惯用的语言和行为、名词单复数或第二、第三人称代词来识别惯例戏谑的类别，这被称为 gboune。最亲密关系中的戏谑被称为辱骂（dasoto）。关系一般、年龄或地位悬殊或者仅偶尔见面的人，只使用逗弄（ozoto）。

最重要的戏谑类别是原初戏谑关系（gbouno surato），在“时代伊始”就建立了紧密联系的部族之间，神话时代起就居住在此的土著人仍有保持着合作关系。参与者能够公开地用另一方的父亲或祖父来开玩笑，包括用有关生殖器的通用名称。例如，用嘲笑的语气说 vo do bagu(jigu)!（去你太爷爷的个球！）他们会从另一个人身上“抢”东西，仅仅除了身上的布条、拴住的动物或是混合的物体。他们最喜欢的戏谑主题就是对方或他人的特点，“你这没用的东西，从没学过（打猎、捕鱼、做舟、唱歌、用草药等）。我爷爷还得教你怎么做！”ba 这个词（意为“没用的”）在高度重视成就的社会中是一种严重的辱骂。

有着原初戏谑关系的人参加彼此家中德高望重的长者的葬礼时，会提早到达并为死者家属履行重要的职责，但之后葬礼进行时，他们会聚集在死者周围大声喧哗，做出各种形式的怪异举动。人们着正装出席葬礼，而有戏谑关系的人则穿着脏兮兮的破衣烂衫，他们拙劣地模仿流行歌舞，嘲弄死者和他的生平地位以及他的部族，宣扬他们低下的种族，宣扬他们懒惰、吝啬，取笑所知的与其聊天的部族的特性包括历史功绩、名称、主要职业。男男女女穿着异性服装，互相嘲弄，所有人都以嘲弄作为社会中最高尚的评价。他们抢夺死者家属为招待客人所准备的食物，而且还会宣布食物不仅太少，而且还是变了质且不能吃的食物。他们表演到最后就会草草的在葬礼过程中“偷走”遗体，然后带着遗体跑掉。只有在从死者家属那里敲取一笔钱后才会归还遗体。巴查马人崇尚机智的言辞和生动的表演，这种葬礼表演会在家里进行彩排，他们行为的机智与独创性将被部落记住。他们最明显的作用就是缓解悲痛，这种行为仅仅会发生在长者的葬礼上。为讨回遗体所支付的“赎金”被看作是戏谑伙伴为死者家属出力的慰劳。

按照友谊交往的年月长度，同性同龄人间的关系被称为原初戏谑关系。如果是襁褓时期就开始的友谊被称为襁褓同龄友谊（nduwouno bo kuze），他们就会口头上开彼此母亲和祖母的玩笑，甚至是关于她们的生殖器，此时相互间使用第二人称单数代词。提及其他亲戚，他们则用第三人称，例如对方的妻子，“就听你糟婆娘的话吧。”这时其妻子就会笑起来，但仅仅是很淡的回应道，“那么，你俩还是赶快去啤酒屋找另外的女人吧！”同样的口头特许在女人之间和男人之间也同样是允许的。在公共场合，ba 这个标记词也许是可以容忍的最为冒犯的词汇。

戏谑关系产生于生活中较晚相识的同龄人，以及长期有规律关系个人和团体之间，他们基于共同兴趣，或比邻而居，或其他能够将他们定期聚集在一起的因素。个人参与者会直接相互辱骂，使用第二人称代词。但他们沉湎于较含蓄收敛的形式，出于对父亲的崇敬，在开对方母亲玩笑时，他们只会针对可见的生理属性，例如“瞧他妈的腿，他妈是个罗圈儿腿！”或者“看他妈的胸脯，可是摇摇摆摆、上上下下啊！”针对配偶或同龄孩子们，他们辱骂的语言仅会针对对方，不会提及其家庭。例如，“瞧瞧这孬货的老婆（孩子）！”其妻子和孩子便会表示有趣但不会作出回应。

重要的戏谑关系存在于贝努埃河沿岸或其支流沿适应了河区生态环境的人们与居住在内陆或远离河流的人们之间。前者称为河边居民（Ji-zage），后者称为丛林居民（Ji-bawe），不管他们之间是否有其他戏谑类别的关系，单单生态环境就会引发真诚的广为流行的戏谑比赛，通常以歌赛的形式出现。合唱就是一种受欢迎的消遣。当地社区有自己的合唱团体，他们经常见面排练新歌，在各种社交和宗教场合进行公开演出。他们的歌颂扬自己成员的具体功绩，贬损对手一无是处。歌赛能够娱乐大众，树立名望，有时还是一种解决团体间争议的方式。河边居民和丛林居民歌手之间的竞赛非常受欢迎，会吸引大批观众，有时国王会亲自对歌赛进行评判。

以玩耍和戏弄为特点的关系保持在基于周期性非正式会面的关系间，以及在因果友谊得以发展的关系间。这一类别包括那些更加疏远的同龄关系叫成熟的同龄关系（nduwou raano），通常存在于彼此年龄差距在 2～4 岁之内的成年人以及仅在公共社交场合定期见面的异性。在戏谑中，并不提及亲属，提及一个人的形象也总是用第三人称，第二人称仅用于不包含个人身体或着装的戏谑中，身体或着装被提及时最常用的是复数代词。玩耍戏谑的关系建立于长期正式场合见面的人们之间，戏弄在地位不平等但长期合作的人们之间允许使用，聊天时雇主或师傅也许会取笑他的雇员或徒弟，而雇员或徒弟会表现得高兴但不会回应。

戏谑在祖孙之间是被允许的，包括外祖父母、部族长辈和部族谈论其父辈或家庭的亲密朋友。下面是一则比较典型的戏谑交流：

孩子：爷爷，你不该翘辫子了吗？你把几内亚的粮食都吃光了，孙子们都没得吃啦，为啥还想活这么长时间？

爷爷：听听这些没用的孩子们讲的话！世道咋变成这样，连他们的长辈都不尊敬了吗？还是让秃鹫给叼了去好！

这种关系就是亲属间的戏谑，在撒哈拉以南的非洲民族里很常见。

第七节　民间文学

一、非洲民间故事

在非洲听故事的观众有各个年龄段的男女，还包括很多孩子。利姆伯人（Limba）以他们的故事为骄傲，他们认为故事就是他们民族的标记。对于利姆伯人来说，讲故事只是会说话的一个方面。历史叙述通常不会出现在利姆伯人的故事中，而是会出现在没有歌声和掌声的宫廷事件或政治纠纷中。故事一般不探讨人物的内心情感，重点是在情节的构造上。很多故事中也会有道德成分和审美特征，幽默和幻想都是非常重要的。菲尼根对非洲口头文学的研究举世公认，她认为利姆伯人的故事不仅反映出他们的生活，同时也影响着他们的生活。

非洲故事的类型。人类学家菲尼根把非洲故事分为人物类、宗教类（关于主神卡努，也叫卡努·马萨拉，偶尔也叫真主安拉）和动物类。她指出，这种分类会有一些重叠。关于人的故事是最流行也是最详细的一种形式，一般会涉及婚姻或家长和孩子间的纠纷。在这些故事中妇女扮演着一种强悍、好斗及阴险的角色。但在利姆伯人的日常生活中，她们不是这样的人物。在这些故事中，爱情和竞争的主题很常见。谋杀、虐待、复仇、通奸及孤儿的困境也都是经常性的话题，这就意味着利姆伯人潜在的紧张的家庭关系。一些故事涉及首领传位的问题，首领不称职然后受到惩罚，这说明利姆伯人对首领及其权力存在担忧。故事里很少介绍殖民地或现代的政治情形。狩猎故事以及双胞胎、三胞胎的故事也很普遍。

宗教类故事一般解释死亡是什么，卡努为什么会在天上或酋长职位的来源。很少有故事谈到自然现象的源起。在故事里，卡努总是扮演着友好帮助的角色，卡努的故事和基督教及伊斯兰教的信仰融合在一起。有些宗教故事涉及除卡努之外居住在灌木丛里的神灵。尽管在日常生活中祖先起到了很重要的作用，但是在故事中很少提到祖先。在一些故事里，还可以发现利姆伯人相信当地的巫术传说及其相关仪式。

动物故事暗指人类的行为。动物通常有其独自的特征，如羚羊不合群、豹子是危险的、麻雀会预言等。其中蜘蛛是非洲故事里最重要的形象，傲慢且自私，是个不成功的骗子，诡计总会被其他高贵的动物识破，特别是会被它那高大强壮且老实率真的妻子库依（Kuyi）看穿。恶意造谣在利姆伯人的生活中司空见惯，因而也会出现在人物类或动物类的故事中。

讲故事是即兴的活动，通常是在公共社交时进行的，而不是一种私人活动。在特定的场合下，把讲故事理解为一种表演是很重要的。讲故事时，手势、舞蹈、声音、面部表情的变化，唱歌的水平，对人、动物、卡努和其他神灵的模仿、重复，讲述者和观众之间的互动等，这些都和故事本身一样重要。故事讲述者通常是技艺高超的鼓者、歌手和占卜者，有时甚至是铁匠。但是，与音乐家和占卜者不同的是他们并不四处游说，因而讲故事不是他们的职业。在故事的开头、结尾或者中间都会唱歌。除了故事讲述者外，还会有一个拿着木头乐器演奏的人，或者故事讲述者自己拿着乐器。女性通常是活跃的故事讲述者。与旱季村子里进行的表演活动不同，讲故事一般出现在雨季比较偏远的农舍里。

（1）讲故事者。“Kwathi ke kaloku ngantsomi（故事是这样的……）”，讲故事的人讲着这些老掉牙的话，然后把听众引入丰富多彩的过去，引入充满幻想的世界。但在听故事的过程中，听众们从未离开这个可观可感的世界。讲故事的人带他们走进了远古时代，将过去和现在明显的结合了起来。并在结合点处形成了他们对现实世界的认识。讲故事的人一说开场白，听众们就意识到，两个世界间的结合就要开始了，此刻是令人着迷的，因为历史将被重新体验。

讲故事的人偶尔会停下来，重复最后几句话或让听众补充，随着故事接近高潮，讲故事者便激动起来，提高了说话的分贝，还增加了肢体动作。一个优秀的故事讲述者在重复讲一个大家都熟知的故事时，会让大家围着火把坐得离他近一点，这样就不会遗漏任何细节。阿巴德里·阿里·司果是非洲一位著名的讲故事人，面对着迷的男女老少听众，阿巴德里·阿里·司果会给大家讲故事、唱赞美诗一直到深夜。他是一个非常有魅力的人，他的故事和赞美诗似乎能吸引蹲窝在一旁的骆驼，它们会一边听一边懒洋洋地嚼着食物。苏丹的阿巴卡·哈撒恩既是音乐家也是演员，他弹奏的是二弦乐器，表演的时候加入了摹拟音和谚语，并用心把虚构的故事和人们的日常生活联系起来。刚果恩孔多的故事讲述者塔挞·曼噶，不管有多少听众，他都能完全融入到自己所讲的故事中，将故事里的对白戏剧化，还时不时地调整自己的语气和语速，充分利用本地的俗语，并采取各种手段为故事增加悬念。

非洲最著名的故事讲述者卡波是一个虔诚的表演者，“梦想”是他名字的寓意。他曾说，“故事犹如风一样，来自遥远的地方，但我们可以感觉得到。”他还说，“我一直等待月亮出现，这样就可以回家听故事。天气转暖，我一边沐浴着阳光，一边聆听来自近处和远方的故事，有时感觉阳光温暖，必须同亲朋好友聊天的时候，便抓住来自远方的故事。”他认为故事叙述者要充满富有诗意的想象力。

非洲故事讲述者在塑造人物、构建故事情节时，会把语速语气的调整、词汇的使用、故事的说服力、激烈的矛盾冲突及戏剧性的情节交织在一起形成一个完整的审美体。虽然大部分故事为人熟知，但只要故事引人入胜，讲述者精彩的叙述也会立即得到听众的认可和赞赏。叙述的时候，讲述者会模仿各种各样的动作，也会自由使用拟声词。苏丹阿赞德族的讲故事者说话的语气高低起伏，手势和模仿，或强调所说的内容，或暗示蕴含着某种含义，有时还会用到面具和服装。唱歌、叙述、吟游之舞、哑剧等代表故事发展的主要脉络。

在非洲，讲故事就是一种表演。讲故事者根据要模仿的对象，如是妖魔还是小鸟来改变自己的声音，如此来影响听众的情感。语言并不是讲故事的全部内容，它只是其中的一个方面。塞拉利昂的讲故事者与听众动态性的关系表现在对听众情感的操控、设置悬念、运用关键性的非语言特征，如演奏歌曲时身体有节奏的摇摆、通过细微的面部表情传达悲喜、惊讶之情，抑或模仿定型角色的动作方面。讲故事者会营造一种氛围，让听众融入到故事中，与他一起感同身受，因而给听众以刺激和享受。一些优秀的模仿者通过模仿动物或鸟类的声音给叙述故事增添了娱乐性。每个人都会用不同的方式讲述同一个故事，因为他需要把这个故事个性化，而不是机械式地重复之前所听到的或所讲过的，所以他不是个“复读机”，而是每个故事的“创作者”。

（2）观众的角色。观众扮演着很重要的角色。讲故事者在开始讲故事的时候比较正式，一般讲话声音稍高一些，这是吸引观众注意力和兴趣的方法。观众对演员的创作力和想象力起激励和催化作用，呈现在观众面前的每一次表演构成了一次新的创作。观众悲或喜，都会影响演员，就像演员的情绪也会影响观众一样。在喀麦隆，巴亚演员经常将古代的故事与当今世界的情境结合起来，观众也可以参与表演，通过提问问题，做评论，也可以跟着歌曲合唱。他们想要表达的是讲述故事是回忆过去的一个主要途径。晚上每个部落最受尊敬的女性要给年幼的孩子讲故事，以此承担传承布拉文化的责任，而年龄较大的孩子通过给其他孩子复述故事来传承当地文化。

（3）故事的力量。非洲故事就像谷物的种子一样，虽然已经保存了几百年，但即使到现在也仍然保持着发芽的力量。讲故事是一种愉悦，通常不会是公开或明显的说教，但它通常蕴含着人们的丰富经历，包括影响观众的情感路程，还可以向观众展示他们的生活环境及其社会地位。故事是古老的，因为它主要来源于过去那些能激发情感的映像，而故事又是当今的，它围绕过去发生的画面构建当今的世界，这些过去的映象成为故事讲述者探索、影响观众如今生活体验的一种方式。如果观众不能看透故事的文字层面，他便体会不到故事的力量，是故事节奏吸引观众，将他融入角色及其他们的关系中，最后情感的融入才促使观众实现改变，这便是所有讲故事的精华所在，那儿可以发现信息，这也是为什么不能忽视故事叙述者在讲故事时使用的一些技巧。

非洲讲故事中的手势语言。手势语在讲故事过程中起到了非常重要的作用。很多学者认为手势语是一种无声交流方式，但它却可以模仿、增强，甚至代替有声交流。一种手势语可用来解释口语要表达的意思，有时也可以只使用一个广泛认同的手势来传达信息，比如可用手势语表达“是”“没什么”，甚至“我怎么会知道”等意思。手势语有无声表达的成分，如表达时间与空间的概念，甚至能把道德层面的含义清楚地展现给观众。能再现情景的手势语可使讲故事变得更形象生动。有时讲故事的人会用肢体语言来表演，再现故事中的人物形象，似乎与人物融为一体。此时听众似乎身临其境，看到了窃贼怎么消失得无影无踪、大型动物怎样踱步、老鹰怎样扑猎物、小动物怎样目不转睛地盯着潜在的掠食者。有时讲故事的人会用身体某一部分去展示某物品或某场景，听众会想象出一个草编篮子的外形、手臂形状的树干、一束从葫芦里伸出的草、丛林中的小路等。

讲故事过程中使用的手势语比单纯的模仿更复杂。嘴唇、手指和手掌都可用来表达手势语。修纳人甚至会用手势去表达抽象概念，例如，“沉默”“黑暗”等。比如用手势语表达句子 Kunze kusviba kutisyii（外面很黑）时，讲故事的人会把手掌放平，在腰部以上做圆周运动，动作的意思是天空如同深深的池塘底一样黑暗。所以，这个动作就具有了隐喻功能，不再是单纯模仿。

手势语可以把故事发生的空间和时间呈现给听众。讲故事者开始讲故事时，一般都会用手势做分割空间的姿势，以展示各种场景、人物及表情。用动作表现“家”或令人喜爱的人物时，往往在接近讲故事人身体的空间内展现；当表现令人憎恨的人物形象时，讲故事人的手势范围被限定在一臂距离之外或离听众更远的地方。表情、态度和情绪在不同空间范围内展现出不同的含义，比如表达“惊讶”的意思，在肩膀高度还是腰间做手势语，表达的程度大不相同。表现时间的手势语多被视为带有节奏的拍子，用劈砍式的动作表现出来，这种肢体语言可以用来列举或计算清单，也可以用来表明时光的流逝，具有“记事簿”的功能。

手势语还可以表现故事中人物的反应。比如，当一位老祖母把身子低下来去形象模仿一只鳄鱼在沙地中行进，突然她提高嗓音并举起双手，这表现出鳄鱼向她爬来时内心的惊讶和恐惧，表现出故事氛围和发展进程。

手势语在讲故事过程中的使用。手势语并不是在故事讲述过程中随机使用。手势语是有秩序分布在故事讲述过程中，听众可以感受到句子和段落的长短变化及故事情节的起伏。非洲的讲故事人多为女性，她们在讲故事的过程中，强调部分因语言差异而不同，但手势语一般与短语、句子和段落中的强调部分一致。在讲述故事的过程中，讲故事人的语调会随着情节趋向高潮而变得高亢，相应的手势语也会随之增多、变得强劲。有时在对话高潮阶段或戏剧性地表现故事情节时，手势语会取代口头交流形式。

手势语可以增强口头叙述中象声词的效果。口头叙述中的象声词可用一个单词来表达整个句子甚至整段话的含义，手势语可以辅助象声词来传递速度快慢、时间长短、程度深浅、期望或惊喜等意义特征。比如，津巴布韦的修纳人使用的象声词 mbi（猛扑）是单音节词，而且要用高音调说出，其相应的手势语就是一个快速向上的动作。肯尼亚的卢奥族人在使用高音调时同时做大幅起身的动作。修纳人的象声词 kanganda（像大人物一样踱步）有 3 个音节，其手势语就是一组重复动作。由于象声词使用方便且本地化，修纳族的老年妇女认为口头表达中伴随手势语可以把意思表达得更明白。梭托族人的手势语不但伴随或替代象声词，甚至可能造出新词。

非洲故事不仅可以愉悦读者，它们还蕴含了各民族的智慧和生存的哲学，如丝丝春雨滋润着孩子们和大人们的心田，非洲故事更是非洲民族鲜明的文化身份。在非洲，讲故事人基本都是长者。在非洲人的心目中，长者就是智慧的化身，行走的谷歌。

难怪非洲谚语说，“一位老人过世，一座图书馆就被烧毁了”。

二、加勒比民间故事

在 1519 年～1867 年期间，约 500 万的非洲奴隶到达加勒比海和圭亚那。研究这一时期在加勒比生活的欧洲观察员对这些奴隶们喜欢闲聊和演讲的情况进行了分析，认为这些行为源于非洲文化，依靠口头相传而不是文字书写。

在加勒比海地区，社会等级不太明显，历史上所形成的等级差别主要与肤色差异相关。因此，在黑人占优势、肤色与等级逐渐弱化、教育逐渐普及以及民主化程度不断提高的社会环境下，人们讲话时就不太注重礼节了，在交谈时较少考虑到年龄或种族地位。在 20 世纪，一类正式讲话仅限于农民婚礼和节日中的非大众化场合。这种讲话的标志是使用多音节词和拉丁短语，其中一些是新词，一些是内容的误用。另一类正式讲话是化妆舞会上的“强盗语”，即在特立尼达岛传统狂欢节上由“强盗”做的夸张演说。加勒比男性的另一个传统语言能力是押韵对联，多见于目前的牙买加舞厅的流行音乐歌词，以前这是男性在理发店和其他休闲地点为争得霸权而进行的语言游戏。加勒比人喜欢在叙述和评论中使用谚语。

民间故事。在加勒比的农村地区，讲述民间传说已成为一种传统。在月光下，家里的阳台和台阶经常是讲述传说的好地方。在牙买加、格林纳达和多米尼加，猜谜会可能早于传说，在大人的非正式聚会和学生的日常活动中猜谜活动很流行。

继猜谜会之后的传说故事起源于欧洲，但主要来自非洲。所讲述的故事有悬念故事和鬼怪故事，但多数是魔术师的故事。魔术师可能是被称为“安纳西”（Anansi）的阿坎蜘蛛人，传说故事通常以这些魔术师的名字命名，而塞内加尔冈比亚的魔术师形似羚羊，如兔子般大小。因此，他们的名字就叫作兔子、野兔或约鲁巴龟。在海地，魔术师的形象比较凶恶，名字就叫鬣狗，其他名字还有老虎、大象、鳄鱼、狗和猴子等。牙买加的故事中有个“大男孩”人物，该名字成了魔术师的总称，意思是傻瓜。传说故事的叙事方法多样，包含拟声词、摹拟音、手势和面部表情等。还有一些民间传说包含着歌曲，有时观众参入伴唱。

在圭亚那和特立尼达的印第安族群中，有一个讲皇室要员、政府官员和印度神灵故事的传统。事实上，印度族群最著名的作品主要是根据宗教经典和罗摩传相继创作出来的，其中，罗摩传讲述的就是罗摩主（Lord Ram）在神猴哈努曼（Hanuman）的帮助下，通过拯救被魔王罗瓦那（Ravana）诱拐的妻子西拉（Sira）而把宇宙从混沌中解放出来。

非洲神圣的传说源于约鲁巴人宗教中崇拜神灵的叙事传统。在特立尼达地区，虽然该宗教依然延续，大量的约鲁巴语圣歌也仍在使用，但神圣的叙事传说已经残缺不全，歌手也不清楚歌词的意思，但是，如果对其进行破解，就能知道这些圣歌在很大程度上与消失的叙事传说有关。这些圣歌是用来在宗教仪式上呼唤神灵和伴舞的，舞蹈也是宗教仪式上的一个组成部分。

在加勒比海地区，由于历史上对非基督宗教的社会和宗教的限制，一些遗留的约鲁巴世俗歌曲，像哀乐和婚姻歌曲，已被吸收到古巴和特立尼达的圣歌集中。一些圣歌就构成了礼拜仪式中应答轮唱的一部分，虽然不用鼓来伴奏了，但这仍是大多数宗教圣歌中不可或缺的组成部分。

悬念故事是指作者自己没有给出一个明确的结尾，让听众自己去选择、去辩论的故事。比如，哪个人做得最好，哪个人值得奖励，谁应该有争议或者打官司等。这种悬念故事是根据其表现方式而决定的。它不同于欧洲式神话，不同于人及其文化发展的叙事文章，与传说、名人或胜地的口传历史也是有差异的。神话与传说有固定的结尾，作为过去发生事情的真实描述而被大众接受。然而，悬念故事是给大家提出一个问题、一个虚构的问题，它鼓励去辩论和争议，永远没有结论。因此，悬念故事体裁独特，有自己的表现手法。这种表现手法在非洲各地都受推崇，尤其是在空话连篇、华而不实的西非，悬念故事备受青睐，其他地区很难找到这样广泛使用的情况。

一个卢巴（刚果）的悬念故事说，从前有四兄弟，老大枪法好，老二视力好，老三听觉好，老四驾驶技术好。一次，四兄弟外出寻求药方治疗父亲的脚病。不久，他们找到了药方，但又弄丢了。于是，他们使用一些技巧又找回了药方，并带回家治好了父亲的脚病。但是，兄弟四个谁为父亲做贡献最大呢？故事中没有讲述。

有一则榄仁树（一种象征友谊之树）的悬念故事说，有兄弟三个，他们都不知道他们在追求同一个年轻女子。老大获得了一个神奇的杯子，老二得到了一条有魔法的魔兽的尾巴，老三得到了神奇的皮肤。在回家的路上，他们惊奇地发现了对方，一起向杯子里看去，发现年轻女子已经死了，于是，就给她换了神奇的皮肤，又用魔法尾巴让她复活。那么，这三个人谁应该拥有这个女子呢？在讲述这个故事时，人种学家说，当三兄弟试图解决这一困境时，听众无法避免争论。

一旦写下来并印刷成文本，人们对悬念故事就会产生不同的理解。它可能会被理解为一个系列的事件，比如一个民间故事或一个巧妙的谜语；或者由于它的与众不同与所具有的独特的非洲风格而让欧美学者倍感困惑。巴斯科姆是最权威的体裁专家，他认为非洲的悬念故事是枯燥的叙事故事中比较有趣的奇闻轶事。无论故事表达什么意思，其功能就是证明一个问题有不同的解决方法或者不可能有最终的解决方法。悬念故事明显运用其他体裁确定其意义和功能。例如，坚持只有一个正确答案的谜语，是一种获取知识并为大家所接受的娱乐形式。也许悬念故事是给大人准备的谜语，期盼着人们对它进行辩论，欢迎有分歧意见，正确的答案永远都是暂时的。

三、谚语

非洲各地非常重视简洁精炼的谚语。非洲谚语来源于各地方言，形式简略而比喻意义深刻，表达了从长期社会生活经验中汲取出来的普遍性真理，因而很容易得到人们的认可，运用到对话中。与其他民族一样，非洲谚语的普遍性真理既可以是实用性的、伦理性的、社会性的，也可以是哲理性的。

非洲各地的谚语在主题方面相似性很高。非洲谚语的文体特征或多或少与其他大洲的谚语相一致。从修辞角度来说，二元结构是谚语很常见的特征，这样可以为前后两句话建立起逻辑关系，如 Struck forehead，prudent neck（额头受伤，脖子就会变得小心起来），这句迪尤拉族谚语意指脖子因额头受伤变得小心翼翼，这个例子也说明了非洲谚语与其他民族谚语一样比较喜欢省略的修辞手法。句子中的词语要对仗。如西非米尼安卡人的谚语说，“日之辉遮盖了月之光”（Minianka）。此外，人们还经常使用韵律、双关、头韵、类韵等修辞手法强调谚语的对仗。在谚语的源语中上述修辞手法格外显而易见。

非洲谚语的隐喻更系统。鉴于谚语不直接表达想要说的内容，谚语的表达比较委婉，因此，在米尼安卡人的眼里，如果一句格言里没有使用比喻，它就不属于本民族谚语（sanda），类似的情况还有班巴拉族的谚语（nsana）、迪尤拉人的谚语（lantara）、卡森纳人的谚语（bitaru）、恩巴卡人的谚语（wo）、维利人的谚语（cingala）等。谚语是口头艺术的一种形式，用隐喻表达更为普遍和抽象的事物。恩巴卡人的谚语可以说明其谚语中比喻的复杂性。“白蚁愚弄了所有人，但是它却没有意识到自己也被别人愚弄了。”这句话说明某人被朋友捉弄了，但他的朋友没有意识到自己也被人捉弄了，意指以牙还牙。下面这句谚语则说明名誉的脆弱性，“你就像那山羊的后蹄，抹去了前蹄留下的脚印”，这句话的含义是即使某人是好人，但他的某一恶行也会抹杀掉所有的优点。“监护孩子并不要去改变他的母亲”，这则谚语用来批评那些把自己没有做过的事往自己身上揽的人。

与其他民族相比，非洲人使用谚语会更多一些。在非洲，年长者在与年轻人交谈时会使用谚语，年轻人也可用谚语回答。非洲谚语还具有宗教仪式功能。在许多非洲社会文化中，谚语也是口头竞赛的核心部分，比赛对手比拼说谚语，双方你说我接，不亦乐乎。非洲还流行比赛背诵谚语，参与者要按序背诵出整个谚语库，期间有提示，而提示的形式是栓在绳子上的葫芦，因而这条绳子也被称作“谚语绳”。谚语的一大特征是在大多数文体中都有谚语，如民间传说、编年史、史诗中都充满了谚语，有些歌曲纯粹就是由一些谚语组合而成。非洲谚语的另一个典型特征与其文化功能有关，作为非洲智慧的见证者和守护者，谚语表达了规范、视角和非洲人的哲学观，非洲谚语的这一特征在其规范性、隐含的公式化的表达中最为明显，如“做……是必要的”“与……比起来……更好”“不要做那个”等。

非洲谚语是具有很高文化价值的话语模式，是文化地位的象征。在非洲这样一个具有口头传统的社会，记忆是保护口头文化的保证，因此人们很看重谚语。在赞比亚有这样一则谚语，“Mbili 或 mbili sagona”，意为“不眠的历史”。这一谚语传达了口头叙述文化知识的活力，解释了口头传统所具有的流言、事件、故事和历史特征。拥有谚语知识的人就会因其突出表现，成为祖先沉淀下来智慧的继承者，同时也是语言诗学层面的精通者，正如尼日利亚小说家阿契贝所言，伊博族人认为“谚语就是棕榈油，调剂和丰富了语言”。但在欧洲使用谚语的人很可能被视为头脑迟钝，在使用陈词滥调，谚语不是具有个性化和原创性的话语。

莱索托谚语极富特色。莱索托王国位于非洲南部，其主要民族是巴索托人，他们不仅居住在莱索托，还生活在南非共和国的豪登省部分地区。“索托”一词源于斯威士语的 Abashuntu，指那些背部打缠腰带结的人，此外它也是巴索托人的别称。后来这一术语被国王莫舒舒一世采纳，因为对于 19 世纪刚建立的王国，他需要一个统一的政治术语。“巴苏陀”是“巴索托”的单数形式，莱索托既是巴索托人使用的语言，也指他们的习俗。

在众多非洲民族中，非洲南部的巴索托人擅长使用谚语。莱索托谚语是格式化语言的范例，maele 是莱索托术语，用来指谚语和习语，但学者已经发现谚语和习语之间在存在形式和意义上都有区别。谚语的形式固定，而习语是开放式的，形式比较自由，使用时在数和时态上都可以发生改变。年长者和身怀本领的人常使用谚语，在日常交谈中使用谚语可为话语和交流增添权威性和真实性。

莱索托谚语源于对日常生活的观察，涉及人们在自然世界和人类社会中获得的经验，包括动植物的生存、人类的生活方式、态度、价值观、感受和情感。虽然大多数谚语是由个人创造的，但体现的是集体的智慧。只有把莱索托谚语放在实际情景中才能体会其意，某一谚语使用时的社会语境也可以帮助人们认识谚语的意思。有一则莱索托谚语说“此地不长籽粒苋”（Tsa ha se mele poea），情景不同谚语所表达的意思不同，它可以表达说话人肯定或否定的信息。此外谚语可以传达相反的意思。例如，“犹豫不决导致失败”（Tieho e tsoala tahleho），该谚语表达的意思正好与“耐心铸造成功”（Mamello e tsoala katleho）相反。可见莱索托谚语的意思取决于使用时的语境。人们把谚语看作交流对话的工具。听众会通过使用谚语来表明他们是否赞同说话人使用的谚语。例如，说话者断言，“父母为孩子牺牲了很多”（Marabe a jeoa ke bana），这句谚语会让人联想到与它相对的谚语“父母去世后孩子会受罪”（E a shoa，mahe a bole）。

莱索托谚语简洁精炼、发人深思，使用的语言既简单又复杂，还遵循诗歌模式，谚语用诗化语言构成，因而容易被记住。所谓诗化语言就是使用了隐喻、重复、直接或间接性的排比、元音省略、省略等修辞手段。谚语通过结构和内涵来突出自身特点，其句法结构、语言变化加之音调和韵律都会对它产生影响。它们用简洁的语言表达了广大而抽象的观点和概念。以下修辞手段说明莱索托谚语诗化语言的本质特征。

重复：小偷的朋友也是小偷（Motsoalle oa lesholu ke lesholu）。

犹豫不决导致失败（Tieho e tsoala tahleho）。

合并：烧烤蝗虫连眼也不眨一下（Mesa-mohloane ha a panye）。

直接排比：脾气会随着岁月的流逝而变温和（Bo ts'oloa bo ches，bo tsoha bo folile）。

省略前缀：人多便可轻易制服一头公牛（[Le] Ts'oele le beta poho）。

巴索托人可能会选择使用某谚语对公认的社会规范提出建议或评论，会使用谚语去谴责不遵守社会规范的人。谚语虽然是微信息，但也会出现在信息量宏大的文本中，用来解释主题、内容或文本风格。上述谚语例子可用来说明谚语的评论功能，在接受别人帮助时可以说，“人多便可轻易制服一头公牛”；如若说话者评论坏人与坏人之间的关系时，他也许会说“小偷的朋友也是小偷”。

在加纳有一句很流行的谚语，“没有出过门的土包子总以为他娘做的汤是天字第一号。”

在肯尼亚，有一则关于时间的谚语，“任何时候都可以喝茶”，这反映了肯尼亚一些部落自然随性的时间观。

也有不少动物谚语和动物赞美。动物是许多非洲人赞美的对象。刚果金的塔布瓦人就有很多关于狮子的传说，如“看到狮子就逃”。首先，这主要是指，狮子是天才的猎狩者，它的捕猎本领和能力非常高超和强大。即使在猎物最分散、最难找到的季节，它一天也仅需要用一个小时来捕猎，其余 23 个小时可以舒舒服服地睡觉。如果狮子不狩猎，那就说明它们不饿。这时昔日的猎物就会在狮群旁徘徊。其次，“看到狮子就逃”是指容易麻痹的时刻。因为如果猎物看不见狮子，那也就说明，狮子可能在后面正准备偷偷摸摸地发动袭击。在政治领域，如果使用这样一个短语，其用意是显而易见的。那就是，所有人要当心，最强大的人可能大部分时间是善良的，但他们在暗地里追求自己利益时却是残酷的。

随着时代的发展，新谚语应运而生，非洲人继续使用谚语来表达和接受当今世界出现的问题和新技术。尽管在许多语言中谚语都被视为过时陈旧的表达，在当代社会中其立身之地也越来越小，但在非洲仍然有不少人使用谚语。

第三章　非洲音乐传统

非洲的音乐传统像一个复杂的活动网络，不仅包括了音乐，还包括了生活的方方面面。非洲音乐与其生活的其他构成因素息息相关，社会、经济、政治和宗教等问题都与音乐关联。人类学家、历史学家、民俗学家、民族舞蹈学家、语言学家、人种音乐学家和音乐理论家等，都曾撰写过有关非洲音乐的著作和文章。非洲音乐研究自成一派，研究范围包括非洲大陆音乐特征和传统总览、某一特定地域和阶段的音乐传统、非洲音乐及音乐家在非洲社会中的角色、非洲音乐与其他非洲艺术的关系、非洲音乐对非洲离散居民的文化身份教育作用和非洲音乐移位后的发展等。

第一节　音乐

一、非洲音乐综述

一直以来非洲音乐的研究者苦于呈现非洲音乐的整体概况。即便在某一特定地理区域和当代政治民族范围内，非洲音乐传统也是丰富多样的。这种差异性取决于各种因素，比如自然环境（包括制作乐器的材质）、社会和政治架构、宗教信仰、主要职业（游牧族群或定居民族）、音乐美学及非洲大陆内外因素的影响。根据上述要素以及种族和语言类属划分，研究者们已尝试对文化区域进行分类。

非洲一般划分为北非和撒哈拉沙漠以南的非洲两个区域。北非的音乐传统主要受到阿拉伯、非洲东部和西部的影响，但更多时候被归为中东或地中海研究范畴，而不是非洲研究范畴内。近年来，许多非洲音乐研究都展开了针对北非音乐的探讨。地处非洲最南端的南非白人定居者的音乐也不包括在非洲音乐的总体研究之中，原因在于相对于非洲本土的影响，其发展受到欧洲音乐的显著影响。

阿兰·梅里安姆（Alan Merriam）把非洲大陆分为几个区域，即布须曼人—霍屯督人地区、东非、非洲之角东部、中非、西海岸、苏丹沙漠（包括苏丹及其沙漠）和北海岸。其他学者也对非洲进行了类似的文化区域划分，但略有不同。例如，把克瓦桑族人归属到布须曼人一霍屯督人群体里，而且类属于更为广义的非洲南部地区；非洲之角东部被认为是东非的一部分；苏丹地区指苏丹非洲。有些研究没有把苏丹非洲和西非区分开来，而是把其划分为稀树大草原带和森林带。

北非音乐以其鲜明的阿拉伯元素而著名。虽然苏丹和东非沿海地区的某些音乐传统已经同非洲本土传统融为一体，但阿拉伯文化的影响力绝对不可小觑。西非以其庞大的鼓乐团和热辣的节奏为主要音乐特点。中非把小型鼓乐团和其他乐器结合在一起；而非洲南部的音乐除了乐器合奏，还融入了醇厚的多声部的声音传统。埃塞俄比亚、马达加斯加、中非的俾格米人以及非洲南部的科依桑人的民族历史及其音乐类型均有其鲜明特征。

虽然某个非洲民族或国家不能被当作考量传统非洲音乐的文化单位，但由于一个非洲民族通常生活在两个或两个以上的国家之中，因此民族和国家便被认定为是考量通俗音乐的单位。曼纽尔在 1988 年出版了《非洲入门》一书，介绍了有关非洲通俗音乐的研究，使刚果等非洲国家的通俗音乐传统逐渐为人所知。

二、非洲音乐特点

今天的非洲同时存在着传统和当代两种音乐类型。人们通常把传统音乐定义为由亲属关系、种族或文化信念等因素联系在一起的成员们组成的团体所演奏的音乐。当代音乐是指由某一城市或单一民族国家等更为当代的因素联系在一起的成员组成的团体所演奏的音乐。由于非洲音乐通常以变化和转换为特征，因此传统音乐和当代音乐都是动态传统。虽然当代音乐类型是现代社会和政治发展的产物，但传统类型依然枝繁叶茂，并做出了与时俱进的调整。

非洲音乐有以下 6 方面特点。

（1）非洲传统音乐是日常生活和宗教典礼的一部分。历史上大多数音乐与王国或宗教典礼、外交和事件宣告联系密切。如今非洲音乐依然是节日和宗教庆典、庆祝出生或葬礼的仪式的核心部分。在当代环境下，音乐表演可能会将诸多传统环境中的因素融合在一起，不会受到某单一环境影响。

（2）非洲音乐的表演通常与舞蹈和戏剧等艺术形式结合在一起。非洲各门艺术并非孤立存在，相反常常融为一体。因此，一场器乐表演就常包含演唱和舞蹈。许多学者指出，有些非洲语言甚至无法区分音乐类型或者把音乐与其他艺术区分开来。研究表明，利比里亚的克佩勒人就用 sang 一词来描绘熟练地舞蹈动作、音乐乐句和击鼓声。

（3）非洲许多音乐活动都是集体性的。人们会挑选某音乐家作为领奏人，但是观众都会随着乐器演奏或演唱或拍手或跳舞参与其中。例如，在加纳埃维族的葬礼上，音乐表演通常是由至少一位主鼓手，辅以若干鼓手及一名敲铃手组成。此外，参加葬礼的族人也会以摇晃响铃、唱歌和跳舞的形式参与其中。在非洲，基于乐器的不同组合以及个人或团体的审美差异，合奏形式多种多样。非洲东南部的阙皮族人的木琴管弦乐团只有木琴和木琴演奏者。然而，在非洲的其他地区，一架或数架木琴可能会同鼓和其他乐器一起演奏。由于大多数音乐都是集体性表演，因此音乐演奏需要多名音乐家，有时也有独奏表演。

（4）在非洲的一些地区，特别是在西非，鼓和复杂节奏乐器的使用最为广泛。非洲音乐传统需要使用大量乐器，以强调旋律和节奏。这里所指的乐器包括膜鸣乐器（鼓）和体鸣乐器（包括钟琴、响铃、木琴、拇指钢琴和木头鼓等）；还包括弦鸣乐器（包括弓琴、民族提琴、竖琴、鲁特琴、里拉琴和齐特琴）和管乐器（长笛和号角）。大部分当代音乐还使用了电子乐器（比如电吉他和键盘等）。旋律乐器的使用数量、旋律乐器组合或与非旋律乐器组合的使用频率，都足以证明旋律音乐在非洲的重要性。在非洲的一些地区，鼓音也被用来模仿语言。例如，在加纳的埃维族和乌干达的巴干达族的一些音乐中，鼓音很是悦耳。

非洲的一些歌唱音乐，包括著名的雷村黑斧合唱团（Ladysmith Black Mambazo）等乐团的兴起以及流行的意斯卡斯米亚风格，都是以醇厚的主音为基础的。对于主调音乐是否是一些非洲地区土生土长的产物，学者们意见不一。其原因在于，一些主调音乐显现了由传教士引入的基督教会音乐的因素。非洲音乐传统中五声音阶的使用率很高，其他音阶也同样使用。歌唱音乐也会采用其他的音效，例如模拟动物和鸟类的声音，以及中非俾格米民族运用的声乐间隔和约德尔技巧。

（5）在非洲的许多地区，呼应模式非常普遍。当独唱者和合唱团之间表现呼应时，独唱者通常会有极大的自由进行即兴创作，而合唱团则在每一部分的独唱后重复相同的回应。这种类型的互动验证了非洲大多数音乐的两大特征：重复和即兴。虽然大多数音乐都包含重复的乐句或模式，但所有的音乐家，至少是独奏音乐家或首席音乐家对即兴也同样高度重视。

传统民歌的曲调特点是短而重叠，以加勒比民歌、乐器及表现方式为基础，采用呼应模式。即使在谈话中，听者也会说“好的”“是的”，以回应说话人的讲话或暗示听者已理解说话的内容了。对唱是最基本的民歌演唱形式，除此之外，无论是领唱、合唱或轮唱，还要讲究歌词的押韵。今天，在加勒比民歌中，人们不仅能发现阿坎族人、方族人、约鲁巴人及中非传统音乐的旋律和节奏，还能看到法国、西班牙、葡萄牙及英国的传统音乐的影子。

虽然对唱和合唱占据了主流，但遗存下来的有旋律、有节奏的短语和模式构成了一种固定的结构，形成了创作新歌的基础。这样在创作新歌时，就能有效套用这些固有的结构，这就是传统民歌得以获得新鲜血液的来源。如今，这仍是特立尼达岛上土著居民能够即兴演唱曲子的方法，也是牙买加瑞格舞（reggae）（西印度群岛的一种舞蹈及舞曲）及歌曲风格最受其他歌手喜爱的原因。

（6）大多数非洲音乐不是用符号记录，而是通过几代人的口口相传，或通过音乐家的门徒、或经由年轻音乐家对于音乐大师的悉心观察而记录流传下来的。现在，一部分音乐家和学者已经开始誊写传统歌曲，而作曲家也正在把新的乐章以乐谱的形式记录下来。

尽管学者们已总结出非洲大多数音乐的特征，但还是无法为非洲音乐下一个准确的定义。非洲的音乐传统结构复杂，在非洲文化中充当着不同角色，仅仅通过一个定义，根本无法描绘出幅员辽阔的非洲所囊括的所有音乐传统。此外，各种非洲音乐传统依然保持着持续发展的态势，并逐渐与非洲大陆以外地区的音乐融合在一起。非洲传统音乐反映了非洲各个民族相互交织的影响力，甚至在一些地区还折射出阿拉伯文化、欧洲和亚洲文化的影响力。随着广播电视业的发展，卡带、CD 和视频录像生产规模的扩大以及外出和出国表演机会的增多，整个非洲大陆的音乐实验、音乐改编和音乐创作得以延续。当代音乐创作类型多样，既有西方艺术形态，也融合了世界其他地区元素的流行音乐元素。

学者们还注意到非洲音乐家所扮演的重要角色。很多学者把注意力都放在了非洲音乐家是如何进行作曲和进行音乐表演上，却忽视了他们所创作的音乐。诚然从传统意义上来说，非洲音乐家扮演着口述历史学家、教育家、政治调停员、表演者等多重角色，现代的音乐家依然如此，但正像尼日利亚的音乐家费拉•阿尼库拉珀•库蒂一样，许多非洲音乐家的成功不仅在于其音乐创作，更重要是在于他们把音乐当作抒发个人政见和社会评论的工具。如图 3-1 所示为南非黑人歌手。

图 3-1　南非黑人歌手（2012 年摄于南非）

三、北非的阿拉伯音乐

在北非，阿拉伯音乐和犹太的音乐与舞蹈传统在社会和生活中都发挥着举足轻重的作用。这些音乐传统展现了那些具有新老特征的部落、农村和城市的音乐和舞蹈风格的有机结合，用于与年周期和生命周期相关的事件，或用于带有娱乐色彩的宗教仪式。阿拉伯和犹太的音乐与舞蹈传统带有一定的传统和民间属性，是一种与安达卢西亚音乐和器乐风格相关的兼具艺术性和复杂性的演奏方式，有一定的戏剧元素。无论是否配有器乐伴奏，声乐的主导地位都是其共同特性。在民间音乐中，犹太音乐需要涉及各种鼓、节奏乐器、长笛、类似双簧管的乐器（北非笛）等少许旋律乐器，以及包括拨弦（撒哈拉低音吉他）或有弦码的乐器（拉巴琴和马贾德琴）在内的简单的弦乐器；在艺术音乐中，则是拉巴琴或小提琴、吉他或乌德琴（短颈鲁特琴）与鼓的合奏。

在北非的阿拉伯音乐表演中，音乐诗人占据着独特的重要地位。无论男女，他们在诗歌和音乐上都极具天赋，能够清晰地表达同胞们的心情和愿望。所有演唱剧目的文本或是古典阿拉伯语和希伯来语，或是一种阿拉伯语方言和其他公认的土话，要么是古典语言和方言的组合。古典阿拉伯语和希伯来语文本，或其中大部分两种及以上的习语或语言都以书面形式存在，但包括妇女歌曲在内的其他文本则仅靠口头传播。在包含文字资料的类别中隐含着另一个音乐的突出特性，即区分艺术表达模式和民间表达模式的模糊界限。在犹太人和穆斯林的宗教音乐中，这两种表达相互交织与相互渗透的情况较多见。

北非的阿拉伯音乐有严肃音乐和轻音乐两种类型。在摩洛哥，它们分别被称为 Klem el-djed 和 Klem el-hazel，意为宗教和伦理性质的语境、玩笑或轻松戏谑的语境。这种音乐比较适合演奏那些节奏自由奔放且富于修饰的“长歌”，体现出其“音节的旋律”，如精确的节奏、精短的段落和润色方法。北非的阿拉伯严肃音乐主要是马格里布颂诗，在突尼斯也被称为赞圣。颂诗起源于同名的诗歌类型，古典而又久负盛名。这类诗歌在格律和韵相结合的基础上，在诗歌的每一行都重复使用相同的韵结构。马格里布颂诗在本质上与宗教仪式密切相关，由专业的演唱人（卡萨丁）在节日、庆典和包括按照神秘制度所举行的仪式在内的特定的仪式中演唱，其音乐渲染力可以表现简单或复杂的形式，努巴琴（复合式作曲）所有曲目都汲取了通俗艺术的形式和曲调。尽管表演者虔诚奉献且平静祥和，但这种融合了正统和通俗曲调的演唱方式还是遭到了一些神学家的批评。还有一类叫麦达赫（致颂词者）的流动歌手的演唱，这一流派的一种简化形式也被人们广泛熟知。他们的歌曲主题繁多，多以对虔诚和信条的冗长絮叨为开始和结束。

北非的犹太音乐主要体现在马格里布流派上，其显著特征体现在语言、主题和特殊功能等方面。由犹太民族最著名的诗人和本地杰出人士用希伯来文所写的礼拜诗是北非的犹太音乐表演的主体，内容包括赞美、恳求、祈求神助、祈祷、赞歌、犹太节日、教义原则以及道德价值观等。在卡巴拉思想和学说的影响下，太仪式音乐（祈愿）的仪式得以创立。太仪式音乐主要来自努巴族混合了多种形式的通俗艺术，演唱极其繁复，没有器乐伴奏。太仪式音乐引入了大量颂诗，由当地诗人套用阿拉伯颂诗的曲调而组成，主题多与当地部落或犹太民族的历史事件有关，形式上可以是悲剧或喜剧。大多数颂诗用阿拉伯语和犹太阿拉伯语方言记录下来。犹太人歌唱诗歌的剧目体裁主要是“玛特鲁斯”（意为“渲染”），它把希伯来语、阿拉姆语、阿拉伯语和犹太阿拉伯语的诗句以不同的方式结合在一起。马格里布流派与土著音乐语言共存共享，反映了犹太文化和穆斯林文化的融合。

四、西非埃维族的音乐

埃维人现居住在加纳东南部、多哥南部以及贝宁西南部。据传他们是从更偏的东部地区移居至加纳。洛克认为埃维人于16世纪从尼日利亚移居至加纳，但此观点受到拉扎柯波等人的反驳，他们认为在加纳籍的埃维人于17世纪移居至加纳之前，其祖先居住在多哥的诺策。16世纪～19世纪，包括阿坎人和阿善堤人在内的其他民族与这支埃维人之间展开了激烈的冲突。由于阿散蒂人入侵并抢夺了埃维人的地盘，1874年英国人帮助埃维人和其他民族反击阿善堤人的侵略，但结果是英国人与几个民族都签订了和平条约，最终建立了自己的统治。1899年，埃维人的领土被英国人和德国人割据而治。一战后，其领土又被分裂成英属加纳和法属多哥。

埃维人的传统职业是农民和渔夫，如今许多生活在加纳农村的埃维人依然如故。埃维人的其他职业还包括手工艺品制造业和贸易。传统上来讲，土地产权和一些政治、宗教职位都实行世袭制。现在，埃维地区主要宗教为传统的宗教信仰和基督教。曼德琳·马农金曾经描述到3种不同的神灵，即至高无上的玛窝神、朝窝神灵和祖先神灵。

音乐也是埃维文化的重要组成部分。如今，人们大多只能在宗教仪式和葬礼中听到传统音乐。乐器演奏、歌唱、拍手和舞蹈相互汲取、相互交融，在表演过程中合为一体。尽管某个特定的音乐家会被选定进行乐器独奏或声乐独奏，但整个团队会通过合唱、随着节奏拍掌或跳舞参与表演之中。埃维族音乐和舞蹈类型包括金卡、阿迪斯博克、布莱克特、克特、嘎乌和博波博。

埃维音乐传统中的嘎乌是学者们研究最多的音乐类型之一，深受族人的欢迎，在加纳以外的地区也受到越来越多的关注。嘎乌是一种休闲击鼓、舞蹈和歌曲混合的风格。根据考皮亚关于埃维鼓手的描述，这种风格最初由尼日利亚的约鲁巴人创造，在加纳的沃尔特地区被称为可可萨瓦。他们解释说，埃维人从约鲁巴人那里借用了这一风格，增加了音乐节奏后更名为嘎乌，意为“钱鼓”。至于埃维人选此名的原因，可能是由于舞者们的服装太昂贵了，以至于他们根本负担不起。科波拉·拉扎柯波和艾伦·埃德则对这一说法提出了质疑。他们认为，嘎乌源自于贝宁科托努的伊美塔尔人。这一风格最初被称为岗比，后流传至尼日利亚的巴达格瑞地区，经由埃维渔民，传至加纳。根据拉扎柯波和埃德的研究，嘎乌风格得名源于一个场景：当飞机飞过岗比地区的表演场地时，一个人大声惊呼Aga-bun，意为“空气罐”，也就是“飞机”。在最近的非洲民俗研究中，克里斯蒂安·霍顿指出，嘎乌这一风格源自岗比风格，由自由奴隶从牙买加带到塞拉利昂，后流传到其他国家。

嘎乌的器乐包括以下乐器：钢可圭双音铃、卡巴沙拨浪鼓（由悬挂在葫芦外面的贝壳和珠子制成）、支持鼓奏的卡根和科拉琴及搜功、嘎乌主鼓。桶状鼓的大小不同、音高各异。每一个乐器演奏者都有建立在自身即兴表演能力的基础上的基本节奏模式。主鼓手负责节奏模式与其余表演之间的信号转换。鼓手间主要通过一呼一应进行交流，支持鼓手必须根据主鼓手发出的信号做出适当的节奏模式变化。因此，鼓手间的交流同人们的口头谈话或书面交流如出一辙。而鼓调就相当于语调，鼓手们用鼓槌或双手发出和改变的不同的鼓调，达到模仿语调的效果。因此鼓可以真正地开口“说话”。嘎乌器乐合奏通常伴随着一唱一和的演唱方式。嘎乌的舞蹈是一对男女围成圆圈跳舞。

今天在加纳的埃维语中，嘎乌表演中与鼓的变化相关的词汇来自于一个集合体，囊括了埃维语、约鲁巴语、贝宁和多哥的其他语言。那些认为嘎乌源自约鲁巴人的考皮亚鼓手指出，许多表演可可萨瓦的埃维人根本不会约鲁巴语。他们学习可可萨瓦的鼓节奏，记忆和这些节奏相关的约鲁巴语，但却不明白这些词的意思，以致发错音，或者最终忘了很多词。长久以来，鲜有年轻的音乐家向少数精通约鲁巴语的长老讨教问题。因此，约鲁巴语的正确发音和含义随着那些长老的去世而消亡。

博波博是一种起源于加纳沃尔特地区潘多的埃维族音乐形式。据说是由一位名叫纳特尔的基督徒创立，并成为在教堂可以演奏的传统音乐。现在，人们仍然把它同基督教，特别是圣诞节联系在一起。尽管其他类型也都声称包含基督教的元素，但从基督教相关的角度，博波博也许是独特的。音乐曲目在圣诞节前制定并开始演出，一直表演到新年后。在此期间，各村庄每天都会进行比赛，并由来自潘多地区的评委进行评判。

博波博所使用的双响铃叫托克，被认为是一个公铃和一个母铃。乐器阿吉吉瓦负责加入强拍。跟随着阿吉吉瓦的强拍，由装满种子的葫芦制成的响铃，或者将绳子系在卡巴沙拨浪鼓的脖子处发出节奏。一般来说应该有两架被称为阿基玛的和声鼓演奏不同的节奏，但在多数情况下是使用一架声鼓。人们也可能用卡根来代替一个挂在脖子上的大鼓。传统的博波博只需要一架控制鼓，叫爱歌顿；而如今则可使用 3 架控制鼓，以产生更为响亮的声音。3 架鼓同时使用时，鼓手们需要统一变化，互相给予对方变化。即便部分博波博鼓的演奏受制于特定的歌曲，但其他一些模式则可适用于所有歌曲。博波博歌曲通常以爱情、死亡和基督教信仰为主题。

在今天加纳的埃维地区，传统的埃维击鼓和舞蹈风格依然流传。居住在其他国家的埃维族移民也保持着博波博的音乐传统，加上其他地区的音乐家前往加纳学习，埃维人到世界其他地区表演，这些都使得埃维音乐得以频繁地在加纳以外的地区进行演出。在美国许多大学校园里都能欣赏到埃维族的音乐。

五、刚果（扎伊尔）的阿塔拉库音乐

“阿塔拉库”一词据说来自刚果语，意为“看这里，看我”，最早出现在 20 世纪 80 年代初的金沙萨（前扎伊尔首都，今被称为刚果民主共和国）。该词不仅是那个时期流行音乐舞步表达的内容，也是形容那些具有表演特性、能代表刚果当代音乐的舞蹈中边唱边喊的音乐主持人的首选术语。

自 20 世纪 70 年代以来，在刚果－扎伊尔最为流行的舞蹈音乐是一种具有两部分结构的歌曲：缓慢而抒情的序曲之后，便是通常称为塞板的快节奏舞蹈。在每首歌曲的第一部分，伴随着流畅的节奏和和谐的歌声，两个舞者双臂环绕对方，紧挨在一起跳舞。歌曲进行几分钟后，主音吉他音乐的响起和节奏的变化标志着塞板的开始，两人开始单独舞蹈，分别表达自己成为一个更大的、组织松散的整体的概念。正是阿塔拉库音乐才使得塞板得以延续。舞动的歌手手持麦克风，即兴发出各种喊叫声、唱出各种旋律，呼唤观众或舞台上的人们随声起舞。

阿塔拉库这一角色的出现同金沙萨的城市传统音乐风格的存在是密不可分的。这些演奏传统音乐的音乐家们常常被邀请至葬礼（摩登格 matanga）和其他一些有关生命周期仪式中进行表演，但是只有个别团体可以在这一工作中赚取固定收入。20 世纪 70 年代末，一些团体开始在“现代”舞蹈音乐的酒吧和演唱会场地进行表演，他们立刻吸引了更多城市观众的注意力。1982 年，扎伊尔新浪潮运动的旗帜性乐队，也是当时最成功的乐队杰克兰加兰加乐队的两名成员遇到了几名来自城市传统乐队彼岸花音乐乐团的音乐家，询问他们是否愿意加入杰克乐队。他们用自制的沙槌（一个清空的杀虫剂喷雾瓶，在瓶里装满了硬化种子配以音孔以产生共鸣）打出具有标志性的节奏。在塞板舞蹈过程中，作为城市传统音乐魅力重要部分的呐喊和俗语冲击着人们的听觉。

他们的第一声呐喊从短语“阿塔拉库妈妈”（意为“看这里，女人”）开始，这也就是那些具有表演特性的音乐主持人被称为阿塔拉库（initiateur，法语，意为“倡导人”）的原因。尽管呐喊一直是刚果地区流行音乐的元素，但也正是在这个时期才得到系统地使用。大多数呐喊都以暗语的形式进行演唱，包括当地众多的刚果语中某些晦涩的表达，以及城市俚语的创新形式，在金沙萨青年俚语中被称为 hindubill。因此，即便是和着非常流行的呐喊，在自己理解的有限范围内创建自身含义也是极为常见的唱法。无论在任何时候，都会有一部分受人欢迎的呐喊声循环往复，几乎所有的乐队都会从中汲取灵感并完善自己的呐喊。由于这种借用呐喊曲调的习惯（通常来自于较年轻、知名度相对较低的乐队），刚果音乐总是被批评为是“重复”的音乐。20 世纪 80 年代初以来，呐喊历经变化，从单纯的喊叫、到喊唱结合、再到完全的歌唱、最后发展到高潮，即一些主音歌手如科菲·澳勒麦德、狄法欧将军、J. P. 巴斯等，在近年来的表演中轻轻地哼唱着“关心”（Atalaku va soin）或“魅力”（Atalaku va charme）。

今天，几乎所有的金沙萨乐队都配有一个或多个阿塔拉库乐手进行表演。阿塔拉库把音乐的重点聚焦在现场表演当中，他们已成为现代舞蹈中不可或缺的一部分。阿塔拉库是乐器演奏家、歌手和舞蹈家；但人们最看重的还是它强调音乐的能力，即通过现场表演的各种变幻舞步引领观众达到歇斯底里的呐喊和旋律。阿塔拉库的看点不仅在于他的呐喊以及好似即时魔术师的滑稽的舞台动作，而且还因为它所借用的材料大多来自于从传统的音乐形式、或至少是城市传统音乐的形式。它们这种具有创造性的借鉴为解决在商业化过程中如何把传统文化知识紧密结合提供了重要启示。但阿塔拉库与传统音乐的融合限制了它在乐队层次结构中的位置，还局限了它在社会中的地位。继第一批阿塔拉库之后，包括诺诺和贝贝阿塔拉库（杰克兰加兰加乐队）在内，只有极少数音乐家在这个职位上可以功成名就，其中包括蒂娜·蒙巴弗（Empire Bakuba）、底图塔拉（choc stars）、罗伯特·依可可塔，以及最近走红的图图·卡路迪和比尔·克林顿（拉丁角）。

当然，阿塔拉库现象受到了蒙博托的政治宣传机器的影响，即使用扎伊尔各个地区的“传统”音乐和舞蹈，用来为自己和一党制国家的现状高唱赞歌。在这种情况下，“倡导人”担负起了政治和音乐的双重职责。人们也开始就阿塔拉库与青年文化中的暴力冲突之间千丝万缕的联系及主从关系展开了讨论。詹姆斯·布朗对金沙萨的访问对 20 世纪 70 年代刚果青少年的音乐和舞蹈产生了巨大影响，而有关阿塔拉库的一些热门评论，把这一现象的出现同其呐喊与舞蹈结合在一起。

阿塔拉库经常被拿来同嘻哈音乐中的M.C.作比较，这可能是因为它的呐喊极具冲击力，并且以一种令人印象深刻的方式将歌词和歌曲结合在一起，以即兴的方式彰显语言能力。尽管阿塔拉库与M.C.在艺术性上大相径庭，但它显示出同说唱音乐和其他非洲离散地区音乐类型的共性，并表明非洲当代音乐之所以具有韧性，部分是由于其创造性地从传统中汲取养分的能力。

六、刚果（扎伊尔）的流行音乐舞曲

自20世纪50年代早期开始，布拉柴维尔和金沙萨地区以吉他为基础的流行音乐舞曲大获成功，成为次撒哈拉地区的一种“音乐语言”。在其他地区，人们把它称作刚果爵士乐、林加拉音乐、刚果音乐、扎伊尔音乐、扎伊尔伦巴或者索卡斯；但在前扎伊尔（即今天的刚果共和国），人们却通常称其为现代音乐。除了其非洲－古巴节奏和非洲舞蹈节奏特有的结合，刚果流行音乐最突出的特点就是其流畅的和谐度与独特地吉他分层的声音。

刚果流行音乐的准确起源难以追溯，但多数历史文献的记载表明，自20世纪30年代早期出现之后，它就汲取了来自各方的灵感。一般认为该地区流行音乐的最早形式出现在世纪之交的在新兴工业中心形成的殖民劳动部落。金沙萨（当时的利奥波德维尔）的交通业与卢本巴希（当时的伊丽莎白镇）将非洲各地（刚果、罗德西亚、安哥拉、喀麦隆、利比里亚、卡宾达）的男性工人和音乐传统集合在一起。那时的音乐家会讲述自己如何精通于那些到利奥波德维尔打工的西非“海岸人”的欢愉的吉他风格。然而，这种表面的存在无法得到音乐的真空。在诸如艾格巴亚agbaya圈舞或当地合作舞蹈的雏形马林加舞等新城市舞蹈风格的产生过程中，当地的音乐传统已然被改变。但其对现代刚果音乐的影响主要作用于非洲－古巴音乐的一支——一战后，此类音乐在北美和西欧越发流行，而在20世纪20年代的中非市场中出售的标有G.V.（Gravitation Victor）标志的78专辑中就收录了此类音乐。早期引进的音乐多为古巴的颂（son）或山之颂（son-montuno），它们不仅对金沙萨的音乐，甚至对西非的诸多高地生活音乐以及东非和赞比亚铜带省的城市中心的略带“单调”的吉他风格都产生了深远的影响。

卡扎第指出，尽管许多刚果人认为金沙萨才是现代刚果音乐的发源地，但这一风格在同一时期的不同地区都曾出现。如今金沙萨无疑是刚果（甚至中非）的音乐中心，原因有两个。一个原因是金沙萨的规模（人口逾500万）和都市特性；

另一个原因要归功于后殖民政策，即推动金沙萨成为遏制本国其他地区地方主义的筹码。尽管如此，这一音乐风格的渊源同金沙萨的历史紧紧相连。金沙萨的人们常说，音乐与城市共同成长，而它们之间特殊的关系恰恰诠释了何为“现代”。在金沙萨，人们很难将流行音乐同日常生活分开——特别是那里的人们都如同音乐家一样，任何事情都要有歌曲相伴随。

金沙萨第一批被公认为职业音乐家的人们自 20 世纪 30 年代开始表演，为刚果快速发展的城市中心内存在的低收入群体与公共活动助兴。20 世纪 40 年代早期，外埠商人开办了第一批录音棚（奥林匹亚、opika、lonigisa），雇用了一批音乐家并分别与之签订了全职合同。这些音乐家包括坦普雷彻・科索沃、阿都・艾伦佳、里昂・卜卡萨、蒂诺・巴罗扎、伊曼纽尔・德・奥利维拉以及露西・艾恩佳等。20 世纪 50 年代，第二代音乐家登上历史的舞台，他们新近的成功在于其脱离了外资录音棚，并形成了独立的音乐团体。到了 20 世纪 50 和 60 年代，古典伦巴阶段见证了大型乐队式管弦乐表演的崛起——卡巴塞尔的非洲爵士、佛朗科的 O.K.爵士以及塔布・雷和尼克博士的非洲嘉年华乐队都是其中的佼佼者。非洲爵士乐与 O.K.爵士乐之间的竞争在两类独特的音乐类型或“流派”的出现后达到了高潮：一类现代、精妙而又浪漫（非洲爵士乐）；而另一类传统、粗糙而又情色（O.K.爵士乐）。在这一阶段，专业化程度日趋增强，而像单簧管、萨克斯管和电音吉他等西方乐器也得到了更为系统的使用。

20 世纪 60 年代末，新一代音乐家的崛起开始动摇了这两大音乐王国的优势。以“这些比利时人”（指住在比利时的刚果学生，他们的音乐取材于经典伦巴和美国黑人灵魂乐）为契机，金沙萨的年轻音乐家们创造了全新的音乐语言，并打上了第三代的鲜明印记。随着 1969 年青年超级天团杰克兰加兰加的成立，扎伊尔新浪潮运动推起了一轮接着一轮的风格创新：比如一套鼓乐器的使用、鲜明的两段式歌曲结构以及深受越来越多城市年轻人喜爱的精心设计的舞蹈等。尽管这一时期出现了大批极具商业价值的“巨星”，如帕帕・文巴（另类乡村）、佩佩・凯勒（Empire Bakuba）、科菲・澳勒麦德（Quartier Latin）等，但直到第三代音乐家的出现，刚果舞蹈音乐才得以受用于非刚果观众，这也使其披上了最具商业意义的外衣，即索卡斯。20 世纪 80 年代，刚果流行音乐的这一分支经由在欧洲生活和工作的刚果音乐家们所推广。他们对两段式唱词或舞蹈歌曲结构进行了改变，缩短了唱词部分并延长了舞蹈部分，从而满足了欧洲和北美地区的刚果音乐听众的喜好。

七、西非加纳的“高地生活”音乐

“高地生活”是一个描述19世纪末各种起源于加纳、具有跨文化舞蹈风格音乐的涵盖性术语，意思是“优质生活”。这种音乐把传统非洲音乐和表演元素与来自欧洲、美洲和非洲离散地区元素融合在一起。“高地生活”最早出现在19世纪80年代海岸角地区的阿达哈（adaha）。这种当地军乐队的高度切分音形式源自19世纪的欧洲和西印度的殖民堡军乐团。到了20世纪30年代，更为本土化的阿达哈出现了，这就是孔科马高地生活（Konkoma Highlife），它广泛传播于内陆，并向东蔓延至沃尔特地区和尼日利亚，深刻影响了沃尔特地区埃维人的博波博音乐。

“高地生活”的第二来源形成于20世纪初，由使用本地打击乐器和水手乐器（班卓琴、手风琴、特别是吉他）的小型低级的沿海音乐群体发展而来。这些团体表演芳蒂人的音乐（如osibisaaba、annkadan-mu、yaa amponsah）、塞拉利昂的阿斯克音乐（asiko）、利比里亚克鲁海员的消防员歌曲等。随着这种沿海吉他风格传入内陆，它们受到阿坎族一种被当地人称为色普勒瓦（seprewa）的类似竖琴的乐器的影响，从而衍生出奥冬逊（Odonson），即阿善堤蓝调音乐。无论是沿海还是内陆风格，后来统称为“棕榈酒音乐”，即在棕榈酒吧内进行演奏，并于20世纪20年代末起深受人们的欢迎。那时，夸阿萨雷、米拉库、奎西迈奴和阿皮亚·阿加坤等艺术家都录制了许多唱片。

20世纪20年代，加纳精英阶层的交谊舞管弦乐队（如艾克斯尔斯尔酒店乐团、海岸角糖的婴儿、爵士国王队等）开始把当地的阿达哈、街头歌曲和棕榈酒音乐改编成管弦乐。自此，涵盖性术语“高地生活”被创造出来。二战结束后，大型舞蹈管弦乐的规模缩小。20世纪50年代，E.T.门萨和节奏乐队率先推出了一种深受非洲－古巴影响的舞蹈－乐队高地生活的形式，即卡利普索/摆动风格音乐，它逐渐成为加纳乐队如黑色节拍、节奏幺点、漫步者、乌呼鲁、红点、百老汇，尼日利亚乐队如由鲍比·本森、维克多·欧雷亚、雷克斯·劳森、A.C.阿灵泽和艾迪· 欧昆塔领衔的乐队，以及其他舞蹈乐队的风向标。同时小型棕榈酒乐队演变成所谓的吉他乐队。由E.K.尼阿美于1952年发起的吉他乐队形式的高地生活成为音乐表演会中的音乐形式。

音乐表演会是一种加纳形式的流行戏剧或喜歌剧，可追溯至20世纪早期。早期它以外来的歌舞杂耍表演为基础，用英语为居住在沿海地区的黑人精英进行表演。1930 年喜剧演员鲍勃·约翰逊把这一类型戏剧带入农村腹地。在那里，他创造了这一流派中核心的“鲍勃”人物，即把外来的黑人滑稽表演同阿坎族民间传说和安纳西蜘蛛中调皮的精灵英雄融合在一起的人物。1952 年，E.K.阿坎的三重奏形式使这一风格彻底加纳化，变成了彻头彻尾的阿坎族式表演，使用吉他乐队，取代了早期拉格泰姆和狐步舞曲乐队的高地生活音乐。随后，许多其他吉他兼顾音乐表演会的乐队形成，如卡开库斯（Kakaiku’s）、昂伊纳斯（Onyina’s）、科瓦·蒙萨斯（Kwaa Mensah’s）、亚莫斯（Yamoah’s）、雅格·约克（The Jaquar Joker）、盖希思先生（Dr.Gyasi’s）、非洲兄弟（African Brothers）、城市男孩（City Boys）、库马皮姆·罗亚尔斯（Kumapim Royals）和奥伯拉（OBRA）等。

到了 20 世纪 50 和 60 年代，高地生活音乐主要依靠城市舞蹈乐队以及层次更低、更乡村的吉他乐队。高地生活音乐在 1970 年左右发展出分支。前高地生活舞蹈乐团成员奥斯比萨的加纳籍团员以及尼日利亚的菲拉·阿尼库拉珀·库提创立了非洲摇滚和非洲节拍。与此同时，库玛西的木吉他手古·尼莫、乌洛美（Wulomei）乐队以及阿克拉的其他加族文化团体探寻到了高地生活音乐的“根源”。20 世纪 70 年代加纳经济衰退，一群居住在德国汉堡的加纳音乐家创立了柏格高地生活音乐，它把高地音乐同迪斯科和电子音乐结合在一起。到 20 世纪 80 年代早期，柏格高地生活音乐在加纳年轻人中风靡，导致许多商业舞蹈音乐家转移到能表达崇拜舞蹈的加纳独立派的基督教堂，新颖的福音高地生活音乐就此产生。

八、非洲电影音乐

音乐是非洲很多电影的重心，反映非洲文化和民俗文化的电影就更离不开音乐了。下面的非洲电影就与音乐息息相关：《班古萨·蒂姆比拉》（《Bangusa Timbila》，1982）、《巴特里斯·朵贡》（《Batteries Dogon》，1966）、《南非的黑人音乐》（《Black Music in South Africa》，1980）、《音乐》（《Music》，1980）、《乔皮·蒂姆比拉舞蹈》（《The Chopi Timbila Dance》，1980）、《查克·戴维斯，舞过西非》（《Chuck Davis, Dancing through West Africa》，1986）、《德杰姆贝弗拉》（《Djembefolla》，1991）、《发现非洲音乐》（《Discovering the Music of Africa》，1967）、《哈马牧人及其歌曲》（《Hamar Herdsman and His Song》，1987）、《最近你见过鼓吗？》（《Have You Seen DRUM Recently?》，1972）、《霍雷德》（《Horend》，1972）、《孔科姆伯》（《Konkombe》，

1988)、《姆比拉·德扎·瓦德紫姆》(《Mbira dza Vadzimu》，1978)、《几内亚音乐》(《Music of Guinea》，1987)、《恩鲁姆·特蔡》(《Nlum Tchai》，1966)、《潘戈尔斯》(《Pangols》，1995)、《历险之歌》(《Songs of the Adventures》，1987)、《巴蒂尤斯之歌》(《Songs of the Badius》，1986)、《如今此地一神灵》(《A Spirit Here Today》，1994)、《图鲁和比蒂》(《Turu and Bitti》，1971)、《非洲天空下》(《Under the African Skies》，1989)、《神灵之声——博基纳的罗比音乐》(《The Voice of the Spirits－Lobi Music from Burkina》，1992）等。让·鲁什创作了短剧《格里奥特·巴迪》(《The Griot Badye》)，艾奴萨·奎瑟尼拍摄了尼日利亚传统文化研究者怎样从鸟儿身上获得启发而创作的电影音乐。

有些非洲电影专注于阐释舞蹈、以及舞蹈和音乐的关系。阿伦·洛马克斯（Allan Lomax）制作了开创此类题材先河的宏伟巨作。他提出了舞蹈测量法和歌唱测定体系两种理论方法，揭示了舞蹈动作和歌曲变化是随着文化地域的变化而变化，而且这些表达机制是与社会组织中紧密联系在一起。如，舞蹈测量法(1974)；舞蹈和人类历史（1976)。其他一些电影则聚焦于在一个场地展示仪式舞蹈，如，舞如河流（1985)；贝拉的舞蹈；尼日利亚舞蹈研究（1966)；马达加斯加的左撇子（1990)；南德舞蹈；西非部落舞蹈（1969)。电影波多诺伏王后舞（1969）在皇宫拍摄，展示了整个仪式舞蹈的准备过程以及王后在皇家管弦乐队的伴奏下，在国王面前的歌舞表演。而且为了更近距离地研究舞蹈动作，有同步录音录像。在科特迪亚，有亚库巴（Yacuba，意为“国家镜像”）民俗文化节，其中有杂技舞蹈，展现该文化节的明信片广受欢迎。

现在更多的电影会关注到年轻一代的人生目标、各种传统文化、与时俱进的非洲艺术家的生活等方面。在塞内加尔首都达喀尔，有一位专门研究街头音乐和歌剧的学者，他就靠干零活养家糊口，根据他的经历拍摄了电影《亚伯拉罕和零活儿》(《Abraham and Odd Jobs》，1996)。有的音乐家也拍摄了赞扬民族独立主义者和民族独立运动的电影，如《班古萨·蒂姆比拉》(《Bangusa Timbila》，1982)、《抵抗节奏》(《Rhythms of Resistance》，1988)、《我们就喜欢这口儿》(《We Just Like This》，1992)。居住在欧洲的非洲音乐家在数年漂泊生活后大多会返乡，电影《德杰姆贝弗拉》(《Djembefolla》，1991）就反映了这种经历。电影《米兹克，妈妈》(《Mizike，Mama》，1992）讲述了生活在布鲁塞尔的刚果著名女性歌唱家从她母亲那里学习多声部歌曲的故事。《黑人忆事》(《The Memory of Black People》，1979）

讲述在尼日利亚大城市里出现的新音乐形式。

九、美国黑人音乐传统

非洲文化元素融汇体现在美国生活的方方面面。肢体语言、语言模式、社会交往、穿着、色彩偏好、饮食文化、特别是音乐和舞蹈的风格等都见证了这些深深扎根于非洲文化传统的活力和持久性。美国音乐所汲取养分最多的音乐类型就来自于西非的萨凡纳地区，包括马里、塞内加尔、冈比亚和布基纳法索。无论是保留、变革或传承，非洲音乐传统都是充满活力的美国黑人文化的一部分。像所有的传统文化一样，非洲音乐传统必须适应维持其生存发展的地域变化的需求。尽管美国黑人音乐历经变化，但始终坚持其根深蒂固的传统价值观、美学原则和表演规则，以上元素造就了几代非裔美国人鲜明的音乐结构、风格和内涵。

美国黑人音乐传统有以下 4 方面特点。

（1）它是一种团体活动，具有集体或公共的性质。作为日常生活的一部分，它与各种社会活动紧密相关。此外，非洲音乐和在具有美国特色的非洲音乐通常都采用对唱的结构，特别是重叠呼应形式，该形式广泛用于宗教歌曲、劳动号子和游戏歌曲中。之后推而广之，在蓝调音乐、爵士、甚至舞蹈表演中也多为应用。呼应形式多种多样，有独唱与对应合唱、独唱与器乐的回应、器乐独奏和跳跃乐团的辅助器乐的回应、独舞者或双人舞者对应乐队和舞蹈队的回应。对唱允许在观众参与的情况下进行自我表达，但在传统限定的范围内对个人创新加以限制。对唱形式为即兴表演提供了团队支持，呼应形式的即兴对唱则体现了集体参与。

（2）它具有多重节奏。从其交互参与的本质来看，起源于非洲的音乐使用多重节奏。虽然多重节奏可用于蓝调独奏吉他手的表演中，但在团体表演中更为常见。这种节奏的复杂性体现在保持独立声线、与乐器相融合或用身体的不同部位表现不同的舞蹈节奏。这种掌控多重节奏的能力是区分西非音乐传统和西欧音乐传统的关键。这种能力也可在非洲和大西洋非洲离散区中找到其表现形式。非洲器乐音乐往往运用打击式和各种变换节奏的技巧，例如在打击乐器主体部分，或在弦乐器表演中，乐手用双手控制音量来达到停顿的目的，并通过声音的突然抑止制造节奏上的紧张，只有足够老练的音乐家才能够玩转这种节拍。多重节奏的使用和美国黑人音乐的互动性，使得这种节奏上的音乐对话得以实现，有助于利用减慢或加快节奏制造紧张，推动美国黑人舞蹈音乐的创新和延续。

（3）它具有广泛的音调谱。欧洲音乐家偏爱清晰的音调，而非洲音乐家无论是从乐器还是歌唱的角度来说，都创造出一个宽广的音频范围，他们运用取自非洲各地的声音来反映和表达生活，如嗡嗡声、喉音、滋滋声、锉磨声、呻吟声、叹息声及呼喊声等，所有这些声音构成了一种可触碰、通常以感观进行描述的美感。感观指以声音来描绘人类情感，特别是像吉他、口琴、萨克斯、小号等演奏出的声音，但感观同时也指一个人的身体和耳朵所体验的身体感音。美国黑人音乐也采用了广泛的音调谱，无论是萨克斯还是口琴，美国黑人音乐家已经大大扩展了各种乐器的音调。

（4）它具有沟通感觉的功能。音乐家在控制节奏或节拍的同时，还需要在有别于欧洲规定范围的微分音体系内兼顾音高、向高或向低滑音、或者运用各种变调技巧。他们需要顾虑的不是一两个“音符”，而是所有的音符或音高。美国黑人音乐家顾虑的是玩转时间、音高和音色，从而成功地进行感觉沟通。非洲声乐和器乐经常使用同一种语言。著名的传讯鼓和西非的声调语言结合在一起，能够利用鼓刺激言语。在美洲，无论是神圣的器乐演奏还是布鲁斯，乐器也能“开口说话”。例如，联合祈祷之殿乐队使用铜管乐器，特别是利用长号与打击乐器为仪式进行伴奏，从而引起宗教狂热。出于相同的目的，佛罗里达州的圣洁教会已经开发出一种将吉他和电子钢鼓运用到表演当中的传统。在这两种情况下，表演的主要特点是模拟人类的声音。吉他、班卓琴、口琴、长号、小号、踏板钢吉他或者大号等“说话”乐器的广泛使用，配以弱声器、活塞和各种演奏技巧，激发出一种语言模式，这足以证明美国音乐正在延续对这种非洲价值的特殊偏好。

第二节 非洲乐器

虽然非洲鼓传统风靡非洲和北美，但非洲音乐依然钟情于打击乐和节奏。圆桶、水桶、犁头铁或其他家用物品都可以当成鼓的替代品。美国黑人用他们的身体取代鼓，为仪式和娱乐活动展现节奏，人们将其称之为“火腿骨”，即把歌曲和即兴诗歌结合在一起，辅以复杂的手拍节奏。在奴隶制时期，人们经常称之为“拍打的朱巴”或者“跳舞的朱巴”。鼓传统也逐渐让位于弦乐器。20 世纪之前，小提琴成为美国最常见的民间乐器，同时也是最常与奴隶和自由的美国黑人音乐家联系在一起的乐器。虽然标准小提琴来自于欧洲，但是在西非，一些与小提琴一样使用弓弦的鲁特琴也很常见，其中包括福拉尼人的南耶、豪萨人的库库玛、布基纳法索人的索库以及加纳北部常见的乐器甘结。这些乐器有一两根或更多的琴弦，左手拉动琴弓并摁压琴弦。相较于音色更为甜美的欧洲小提琴，其音色较刺耳，但更接近人声。弦乐器和其他打击乐器所进行的合奏为声乐和舞蹈提供了器乐背景，并为美国黑人的弦乐队传统（小提琴、班卓琴和其他打击乐器为舞蹈进行配乐）的发展做了铺垫。除了弓弦乐器，鲁特琴、七弦琴、竖琴等各种弦乐器也在非洲广泛使用。吉他慢慢地取代了历史相对久远的传统乐器，商业化乐器的大规模生产同时削弱了传统的乐器制作方式。传统的演奏技巧至今还体现在非洲音乐中。

美国黑人音乐家的乐句（即兴重复）相对短小，但富有节奏性和旋律性，具有典型的非洲萨凡纳地区的音乐特征。各种非洲式乐器演奏技巧，如压音、击弦、拉弦、为节奏效果而止弦、或者击打乐器主体等，都增强了乐句的效果。这些技巧也用于小提琴、班卓琴和吉他演奏中，并转变了欧洲式的音乐概念，创造出了完全不同的风格，各种指弹和弹奏技巧均汲取了非洲传统。

非洲和美国黑人广泛使用的弦乐器还有单弦乐器，即一弦吉他。无数布鲁斯艺术家都有把乐器当作自己孩子的记忆，这是学习使用其他弦乐器之前的必经步骤。这些单弦乐器用扫帚丝做弦，以锡罐为共鸣器，把乐器顶部和底部临时的连接在一起。弹奏时可使用玻璃或金属划片，或者一把刀。滑音的技巧需要表演者向上或向下拨弄琴弦，而不是十分精确的找准一个音高。如果是六弦吉他，这一技巧则需要艺术家遵循传统美国黑人的音乐模式，而不是欧洲模式中依靠弦码的位置。这一技巧也能使乐器更大限度的模仿人声。早期吉他的起弦法把吉他和更古老的班卓琴的起弦法结合在一起。

口琴是另一种流行的蓝调乐器，它也展现出了许多源自非洲的演奏技巧。福拉尼人的提奥伦巴或布基纳法索人的布坎等非洲簧乐器，听起来都与口琴如出一辙。区别在于布坎是一种单簧乐器，演奏者需要运用舌头的压力和嘴的形状来制造旋律。最初，人们设计口琴是为了定音或吹奏音符，这也是白人音乐家最初使用这一乐器的方式。美国黑人音乐对此进行了创新，他们创造了一种取决于拉音而非吹奏音符。并且需要反向吹奏的“交叉演奏”的方式。通过利用压音和叩手，美国黑人把口琴重新植根于非洲惯例的传统审美之中。此外，美国黑人风格着眼于乐器能力，力求接近于人声并强调所传递情感的细微差别。

口琴的反复乐节也同样展示了像田野间随性吟唱之类的声乐传统。这样的吟唱遍布非洲和非裔离散地区，并曾经一度普遍于南部农业工作的音景。无论是汤米·约翰逊还是嚎狼，这些蓝调音乐家将这种吟唱发展成为一项美国流行音乐的保留曲目。假声、呻吟、重花腔等其他声乐技巧以及各种约德尔技术同样应用于蓝调、福音、灵魂和摇滚等音乐类型。今天的流行音乐大量参考了美国黑人音乐传统，都可上溯到非洲音乐之根，而非洲音乐也受到北美和南美传统的影响。现代演奏技巧的出现提高了变化频率，但非洲的音乐传统仍然清晰易辨，对 21 世纪的世界音乐仍具有影响力和塑造力。

在非洲有几十种基本鼓型和数百种鼓的变形。大鼓如水缸，小鼓如茶杯。鼓身的形状既有陀螺形、圆锥形、台柱形和正方形的，还有各种飞禽走兽形的，甚至还有人形的。鼓身通常会画上各种几何图形，雕刻花草、人兽，突出了黑人文化的特色。非洲鼓身大多用木头制成，但南部非洲祖鲁族人使用的鼓身却是陶土做的。鼓皮也是多种多样的，除常用的牛皮、羚羊皮外，还采用豹皮、斑马皮、蜥蜴皮、鳄鱼皮，甚至还有大象的耳朵。在非洲鼓上还常常增加一些装置，以获得某些特殊的效果，如在鼓腔内装一些珠子或干的植物种子，或将金属片、贝壳、色彩斑斓的串珠装在鼓边上，当鼓手击鼓时，就会发出叮叮当当的声音。持鼓方式多样，多把鼓置放在两腿中间，有时把鼓夹在腋下，或挂在颈上，挎在肩上。

图 3-2　非洲鼓（2012 年摄于南非）

一、非洲乐器的故乡——纳米比亚

在非洲这片广阔而又多元文化的大陆上，乐器只能在特定情况下进行表演。无论是单独使用，还是与其他乐器、声音和舞蹈结合在一起，乐器都有自己的表演曲目，成为其构建的音乐世界的组成部分。这些架构具有文化的具象性。人们之间的关系，他们的乐器、舞蹈、价值观和信仰都以独特的方式进行架构。但不同文化之间也存在共性，例如，鼓或摇铃等乐器通常会与某些类型的活动、仪式或娱乐活动联系在一起。人们为音乐赋予了繁复的理解，认为它是生活的一部分，可以利用其正能量来影响生活和生命，器乐就是音乐的重要部分。

大部分有关非洲乐器的叙述都把乐器描述为艺术品，或者科学研究的对象，即乐器学研究。只有极少数研究把乐器看成是人们生活的延伸，是哲学的具象表达，能体现个人和社会的价值观。但无论在哪种社会中，能理解让音乐持续发展下去的元素极为重要。研究非洲乐器的目标不仅是探求和理解非洲人民作为音乐制造者和使用者的知识，同时也要寻求音乐作为一种交流语言或模式、作为一种审美和兴趣的对象，以及文化的相关实际问题。纳米比亚的乐器可谓极具非洲乐器的代表性，体现了非洲民族的价值观。

非洲乐器充满了象征意义。乐器的创造不仅是为了发出悦耳的声音，还为了与其他人、灵魂和神灵进行沟通。出于此原因，人们只会选择某些特殊的树种作为制作鼓的原材料，所有在重大活动中使用的非洲鼓都是为了祭献祖先的灵魂和神灵而制作。人们相信一些乐器包含了神灵或某种特殊动物的真实灵魂。

纳米比亚是一个地广人稀而又常年干旱的国家，位于非洲西南部、南非北部和安哥拉南部。它在不同的时期分属德国和英国的殖民地，后来被南非占领。人口构成有科伊语系民族（包括那马部族、达马拉人和海奥姆人）、不同的桑语（布须曼人）民族（即朱环族、库族、柯埃族、纳洛族和霍梅尼族）、不同的班图语民族（即奥伐赫莱罗、奥万博族、瓦万嘉利族、瓦罗兹族、博茨瓦纳、布库苏、瓦萨布、瓦格里库和瓦津巴），以及欧洲语言的民族（德语、荷兰语、英语和葡萄牙语）。因此，无论从语言、文化还是音乐上来说，这个国家都极具多样性。纳米比亚在 1990 获得政治独立。由于南非的占领和统治，有关纳米比亚的民俗研究少之又少，特别是有关其多元的音乐文化传统的资料更是有限。以下是一些纳米比亚的乐器介绍，主要来源于 1993 年～2001 年间的研究。关于乐器的叙述以发音方式为标准，即用霍恩博斯特尔－萨克斯系统，对纳米比亚和非洲乐器进行分类介绍。

二、鸣声乐器

首先是弦鸣乐器。这是指使用紧绷的弦乐器，通过拨、击、擦、弹发出声音。非洲的弦鸣乐器种类繁多，从简单的猎弓到多重弓，从里拉琴、竖琴、鲁特琴、吉他到齐特琴都位列其中。在非洲西部和西北部发现的科拉琴的变体便是一种鲁特竖琴，它是弦鸣乐器的高级形式。在世界流行音乐中，科拉琴演奏的音乐也颇为常见。这些乐器可以独奏表演，也可以参与到大型的混合表演或管弦乐演奏中，比如几内亚科纳克里管弦交响乐团就使用科拉琴。

第二是体鸣乐器，指具有固有共振材料的乐器，其本身可在震动、碰撞、或摩擦时发出声音。非洲乐器中包括各式的摇铃、棍棒、响铃、锣、瓶、铁膜、非洲裂缝鼓、薄片琴和木琴。依据特定地区的现有材料，这些乐器具有不同的形状和形式。尽管木琴（如塞内加尔的巴拉风和莫桑比克的马林巴）和薄片琴（如津巴布韦的安拉比琴）能够弹奏出悠扬的和声般的音乐，但大多数体鸣乐器则仅为歌曲、舞蹈和其他乐器增添肌理和色彩。一些非洲体鸣乐器充斥着神秘和特权的味道，只能在医治或驱邪等特殊场合使用。纳米比亚的体鸣乐器包括踝铃、手持响铃以及挂在上半身的响铃；瓶、刷、薄片琴；木琴；铁制和木制打击膜（其中一片附着在脚上并用力踏地）；木质震荡棒；铃；以及摩擦过的葫芦形体鸣乐器。

第三是膜鸣乐器，指通过击、打或磨擦作为发声器的拉伸膜而发出声音的乐器，其中包括了多种鼓和膜笛。它们附加于其他乐器的共鸣器之上，从而达到嗡嗡的效果。在整个非洲，鼓的形状和尺寸不尽相同，多用于鼓合奏，也可单独使用。大多数鼓是木制的，也有部分由黏土制成。一些鼓在薄膜处或鼓的尾端挂有一根弦。由于依靠手臂压力进行松紧控制，因此在敲击过程中，鼓的音高也有所变化。这样一来，语音或声音的音调和节奏就可以被模仿，这也就是加纳、尼日利亚、塞内加尔和其他国家所谓的“谈话鼓”。对于大多数非洲舞蹈来说，鼓声至关重要，催眠或舞蹈中的鼓声还可帮助人们进入精神世界。在过去，人们往往在收获和祈求丰收的仪式上使用鼓，为鼓赋予了丰富的内涵意义。

第四是气鸣乐器，指利用空气的振动发出声音的乐器，比如长笛、小号、喇叭、簧片、哨子以及旋转乐器。非洲气鸣乐器通常由天然材料制作而成，比如动物的角（像小号一样侧吹或后吹），或骨头、芦苇，甚至是树皮。以纳米比亚、乌干达和南非为例，在长笛合奏中，每个人按照设定的顺序依次吹奏一个音符。因此，在整体营造出一个延展旋律的同时，笛手们围绕成环形翩翩起舞。对于整个体系内的每个人而言，这种表演在平等空间的隐喻娱乐中有多重社会意义。

第五是膜鸣乐器，包括管状锥形桶（通常两到三个一组使用）、陶壶鼓、木罐鼓、摩擦鼓和膜笛。气鸣乐器包括可后吹和侧吹的动物的角（其中一只角用蜡制灯泡延长）、可停顿长笛的簧片、动物角、有无指孔的木瓜茎、由树皮或金属制成的吼板和哨子。用蜡制灯泡延长一个角是用来告知人们牛群正在移动。

总体说来，弦鸣乐器包括各种形式的弓、单个或多个（普柳里尔琴）、鲁特琴和齐特琴。人们赋予鼓极大的重要性，常常把它形容为非洲的诞生和心跳、舞蹈的来源、吸引人们聚在一起的声音以及形容男女关系的隐喻。但在非洲大陆的某些地区，弓形乐器更为常见。如果鼓是社会的代表，那么弓则是哲学家和孤独旅人等古时先贤的象征。纳米比亚和博茨瓦纳人少地广，常年干旱，四处空旷。无论是单独或几人结伴，人们出行都需要跋涉很远距离。牧民需要不断找到新的落脚点，让自己的羊群和牛群喝水和放牧。这种传统的放牧式的生活方式一直持续至今，并为弓弦乐器和其他弦乐器的丰富发展作出了贡献。年轻人在长途跋涉的过程中照看牛群依然是一项传统。弓是他们的武器和乐器，也是他们唯一的慰藉和保护自己免遭肉食动物攻击的工具。南部科伊桑语系的民族中用伊戈麦作为弓形乐器的通用术语，而这一术语与班图语系中鼓的根源词恩戈麦（ngoma）相似。但是，恩戈麦所包含的意思却绝不仅仅是鼓，因为它还包括生命力、食物、舞蹈和初熟的果子等含义。

三、弓弦乐器

弓可以为歌曲和颂歌等进行伴奏。人们可以在这些弓弦歌曲中追源到非洲各民族和文化的历史，以及心酸的个人经历。人们在重述幽默事件过程中会展开想象的翅膀。在史诗中，人们听到民族迁移和祖先英雄事迹，歌词中包含了对生活许多方面的独到领悟。在非洲南部几乎所有的弓弦歌曲中，牛群（对于班图语民族）、游戏和大羚羊（对于科伊桑语民族）发挥着重要作用。传统上，男性负责鼓的演奏（非洲南部和西部例外），但对于弓形乐器而言，女性与男性乐手则均为常见。

各种口弓和葫芦弓遍布纳米比亚、博茨瓦纳、安哥拉南部和南非。男孩们通常在放牛的过程中，或者在大树下休息时进行演奏。年长的男性则会出于“寂寞”的原因进行演奏。一些弓弦乐器的演奏较简单，只需把一端插入到嘴中，同时用一根小棍击弦，通过改变颊腔的形状就能发出不同的泛音。还有的弓弦乐器则是通过系上一小根筋或钢丝来制造出两个或更多个不同长度的琴弦，从而发出不同的音调。一旦连接到外部共鸣体，就会增加一个共鸣。就社会意义而言，猎弓（具有狩猎和音乐的双重目的性）和葫芦弓（仅为音乐性）各不相同。

猎弓可作为乐器，有无支撑皆可，并且利用口腔共鸣。在纳米比亚，无论是对于班图语文化还是科伊桑语文化，这些弓都极为平常。有些弓体积庞大，需要两个人才能使用，这就是科埃语中的那奥（nlaoh）。在狩猎弓的演奏过程中，节奏要远比旋律重要。在纳米比亚的文化中，这些弓的构造和演奏并没有遵循统一的模式。例如，表演者可以用嘴包裹住弓中心位置的木头，也可以把弓的尾部放入嘴中。弓弦可由筋或钢制成，且通常为单弦。但纳米比亚西北部的一种有两根金属弦的伊格马哈斯就是例外：其中第二根弦（高音调）被比喻为女声，为长弦（男声）提供和谐的共鸣。

弹奏长猎弓时，一端用脚趾夹紧踩在地面，而另一端则放入口中。弓弦乐器既可以在坐着的时候放在背部进行演奏，也可在行走时使用，还可以垂直或横向放在身前。在桑族（布须曼人）文化中，垂直拿弓颇为常见；而在科伊科伊和班图文化中，水平持弓则更为平常。在某些情况下，弓不仅用来狩猎，更可用来进行音乐娱乐。乐器每个部分都是精心命名的，乐器价值自然是不言而喻。每一种语言中，都有特殊的词汇来描述乐器的弦、制作材料、捆绑方式、击打木棒、弓内木头以及弓的各部分。

猎弓所表现的音乐可以分为叙述、祈祷或赞美的咒语。据说，猎弓的音乐用途历史久远，充满了潜在力量。在狩猎前，科埃族猎人演奏弓弦乐器向死去亲属的灵魂祈祷以在打猎时获得帮助。在狩猎成功后，科埃族人、孔族人、海奥姆族人会演奏弓弦乐器表示感谢，科埃族的新猎人在第一次杀死大羚羊后也会弹奏弓表示感谢。恩东家族人弹奏弓弦乐器既是为了自娱自乐，也是为了在牧牛时起到平静动物的作用；海奥姆族人、奥瓦津巴族人、奥瓦汉巴族人、恩东家族人还可以为了集体娱乐而弹奏弓弦乐器。对于某些民族而言，弓不单单是纯粹的乐器或狩猎工具。根据奥利维尔的田野观察，鉴于猎弓的危险性，两个或两个以上朱含西族人不得同时使用猎弓，否则可能会在无意中杀死对方。朱含西族猎人在第一次狩猎后要举行祭祀仪式，强化猎人体内具有能发现动物的“恩洛姆”，仪式上的每个表演者体内都有恩洛姆。仪式上不能使用弓，否则体内的恩洛姆就可能发挥作用使其杀死对方。

纳米比亚的多种文化中都有葫芦弓，这是一种带有葫芦共鸣、有支撑的弓弦乐器。对于这种乐器，不同民族的演奏者都为其取了各自语言里的俗名。在西北地区的葫芦（otjikola），即塑料共鸣体，就需要放置于胸前，通过有节奏地开关营造不同的声音效果。在东北地区，共鸣器则是由晒干的瓜、龟壳、金属锡或者塑料碗或木碗制成。由于演奏者和文化的不同，用于固定各种长度弓弦的支架位置也各不相同，从弓弦的五分之一处到二分之一处不等。对于尺寸较大的猎弓，既可以垂直放于表演者面前，也可以水平置于胸前。表演者通常左手持弓，右手持一根小棒拉动弓弦，用拇指或食指的指甲触碰弓弦弹出泛音。奥瓦津巴的音乐有多种声音用于增强轻声吟唱和弓的演奏，如送气音、敲击音、叫喊声和嗡嗡声。

共振弓主要用于准备狩猎、宣布狩猎成功、为逝者祈祷、放牧和娱乐活动。这张弓还有诱惑作用，原因在于朱含族女性喜欢优秀的猎手，或者说是优秀的弓琴演奏者，也在于猎手们喜欢吃肉。因此，歌曲中反映了各种文化体不同的生活方式和社会环境。其中有些歌曲讲述了困难和旅行的故事。奥姆布伦邦巴的一位主奏者，佩特鲁斯·蒂苏塔的歌曲讲述了这样一个故事：他在从南非约翰内斯堡走到纳米比亚奥普沃的漫漫长路中，发现了一头正在睡觉的狮子。他用手指戳戳它，狮子惊吓地跑开了。他唱的正是弓的音乐给了他勇气去赶跑狮子。

有时弓演奏者不止一人。弓的尾部放置在地面上的共鸣器之中或之上。其中一名持弓人抚摸弓弦，并用食指拨动琴弦从而演奏出不同的音符；另一人用手中的小棍，有节奏地击打弓弦下部；还有一人进行和声。尽管三人比较常见，但最多时可以有 5 人同时演奏一架弓弦乐器。凭借深厚并有节奏的低音，效果相当惊人。

一把猎弓可以通过刮擦、而非击打或拉拨发出完全不同的声音。它的“弦”是由棕叶条做成，其演奏方法为：用小棒有节奏的摩擦弓上的槽口，同时将张开的嘴巴放置在棕叶条上，从而发出不同的音色。作为传统上为数不多的由女性演奏的乐器之一，这类弓与恩加德加拉（奥万博）民族的女性礼仪或“传统婚姻”（奥寒哥）不无关联。在过去，当年轻“新娘”的大聚会一路北上到奥姆巴兰图时，她们中的一些在距离目的地 20 或 25 英里时，会弹奏起奥卡亚亚加弓。有时候，一个女孩也会跟着节奏跳上几步，现在坐着弹奏更为常态。据说，当感到寂寞，想着遥远的事情时就会拉起葫芦弓。由于这种弓弦乐器只能用于音乐用途，因此不会像猎弓一样具有相同的精神力量。这也就是女性可以弹奏的原因之一。

四、弦琴

最常见的弦琴是普柳里尔琴。如果音乐家要寻求更多旋律的发展，普柳里尔琴就派上了用场。普柳里尔琴是指把几只弓用琴弦串联在一起、依次固定在共鸣器的共鸣板上的乐器。纳米比亚最为常见的形式是将 5 支带弦的、大小不等的弓组合在一起，总长度将近一米。为了适应当地音乐的音调，各地的定弦各不相同。因此，把所有的此类乐器看作一模一样是错误的。无论是从目的性还是音乐性而言，正如吉他和班卓琴的区别，每一类普柳里尔琴也不尽相同。

朱含族由女性弹奏的四弦普柳里尔琴，配有金属弦和金属共鸣器，以娱乐为目的可伴有歌曲或舞蹈。当伴有舞蹈或表演灵歌时，巫师可以阴魂附身。传说，一对朱含夫妇从恩哈罗人那里带来了普柳里尔琴及其演奏方法，自此，这种乐器便在四代之前从南方流入了纳米比亚东北的奈奈地区。只能由男性演奏的五弦普柳里尔琴，在不同的文化中有着不同的名字。在奥瓦津巴族和奥瓦汉巴族中，普柳里尔琴是为赞美诗（叙述非洲西北地区人民的生活方式和纪念祖先最常见的口头文学方式）伴奏的一种非常重要的乐器。在这里，普柳里尔琴在演奏赞美和诅咒时形成了一种有节奏的固定音型的伴奏模式，其中穿插着对原音乐材料进行延展和变化的器乐独奏。也就在此处音乐家们展示了他们的乐器技能。演唱部分则是在赞美祖先、家乡、牛、英雄和现代事件的过程中展示诗歌的技巧。 朱含族与海奥姆族在演奏时，普柳里尔琴模仿的声部需要表现出相同的旋律。朱含西族认为他们的五弦普柳里尔琴起源于奈奈地区，来自于历史上一个名叫肖·恩阿的人的故事。相传他在杀妻后，演奏此乐器来获得内心世界的平和，还起到了平复那些复仇者心灵的作用。

其次是鲁特琴。传统上非洲西北地区的年轻男子弹奏鲁特琴或拉姆基，奥瓦津巴族和奥瓦库瓦勒族最喜欢用鲁特琴演奏。奥瓦冈布韦族称鲁特琴为奥特金德加林德加（otjindjalindja），它有 3 根金属或动物腱子制成的弦、一个共鸣器、一个颈和指板，琴头配有 3 个调音弦轴。指板有两个凸起螺母，只允许每根弦有单一的音高变化。弹奏时通常用右手拨弦，左手止弦和放弦。年轻的男子在旅途中弹奏起来，为歌曲、赞美或咒语伴奏，他们说奥特金德加林德加琴的声音就是他们的伴侣。有人说只有“赌徒”或喜欢冒险的年轻男子才会弹奏。当一群年轻男子聚在一起聊天、喝酒或者赌博时，鲁特琴就会一个接一个的传递下去，借以娱乐。其他人也可能有节奏地在地上轻敲拐杖，或轻声哼唱作为伴唱融入音乐中。

齐特琴也很常见。在纳米比亚和博茨瓦纳拥有各种形状和尺寸的板式和槽式齐特琴。据说齐特琴流传于朱含族、罕布库术族、博茨瓦纳族、散布余族和科伊科伊族。单弦齐特琴的演奏方法是右手持弓擦弦，左手轻触弦以构建泛音。用来固定琴弦的板或槽与一个松散的锡质共鸣器（过去是龟壳）相链接，放置在琴的顶端。尽管朱含族的齐特琴演奏纯粹是出于娱乐目的，但具有特殊涵义。正同其他弓弦乐器，齐特琴用于以下场合：狩猎的前一晚；宣布狩猎成功；即便狩猎失败后，以确保下一次狩猎成功，据说音乐家们进行的祷告可以帮助猎人神灵听到弓弦音乐的声音。

纳米比亚的弓琴和其他弦乐器是人们用音乐来进行祷告、赞美和创造快乐和幸福的途径和方法。以此为目的，即使目前的城市生活使弓的使用频率减少，弦乐器的重要性依然不置可否。它们赋予生命以意义，它们是与祖先灵魂、神灵、动物灵魂和人们进行沟通的一种手段。因此，弦乐器为人类的精神财富做出了重要的贡献，并在非洲民俗学的框架中占有一席之地。将来，有可能弓弦、鲁特琴、齐特琴将逐渐败落，并被吉他和小提琴等更为“现代”的乐器所代替。

最后是班卓琴。非洲的音乐家们曾被野蛮地卖作奴隶，他们也从西非随身带上了班卓琴：一种上部的形状像吉他，下部的形状像铃鼓，有四根弦或者五根弦，用手指或拨子弹奏的乐器。随着与苏格兰和爱尔兰音乐家们的交流，到 19 世纪 30 年代，五弦木制圆形班卓琴出现了，它保留非洲班卓琴中短的拇指弦，并迅速影响了美洲音乐。

班卓琴的历史。如今从美国的蓝岭山脉到亚马逊流域已经随处可以听到班卓琴的琴声。17 世纪的班卓琴流淌着更多的非洲血统。西非的吟游诗人、音乐家和游牧歌唱家将早期的班卓琴从家乡带到了新大陆。早期的班卓琴 1621 年出现在西非，1678 年出现在西印度群岛。现在塞内加尔无树大草原上的演奏沃洛夫津乐的音乐家，曼丁哥人的园丁，唱赞歌的歌手和其他非洲各个地区的吟游诗人仍然在使用旧式的班卓琴。早在 7 世纪的时候，在西非就出现了类似的琴，另一种类似的琴是在 11 世纪随着伊斯兰教来到了非洲。因此，早在 14 世纪贩卖黑奴盛行之前就有两种早期的班卓琴流行开来。如图 3-3 所示为非洲传统的弦乐器。

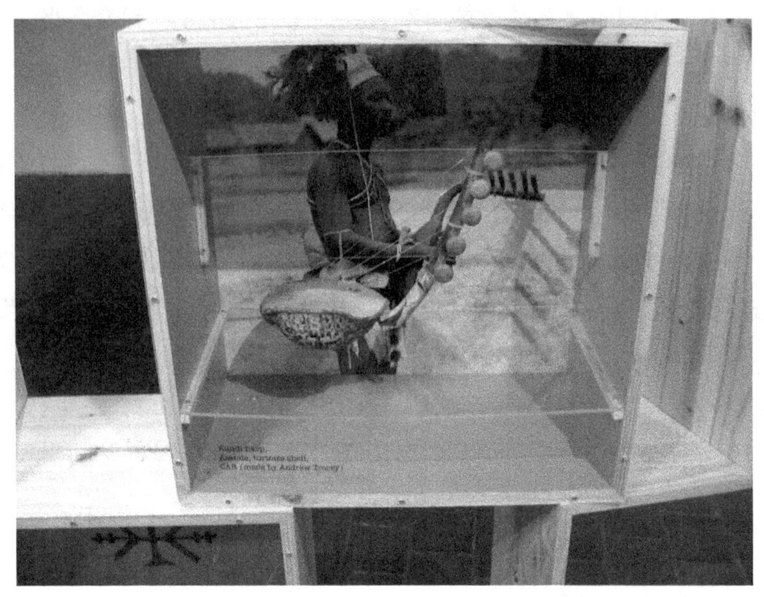

图 3-3　非洲传统的弦乐器（2012 年摄于南非好望城堡博物馆）

五、乌干达乐器

乌干达保留了相当数量的乐器和演奏风格，根据地区的不同而略有不同。音乐形式同语言结构密切相关，同一语系往往有着相同的表演特征。

第一类乐器是膜鸣乐器。在乌干达的所有地区，鼓的地位不容小觑。除了为各种舞蹈提供基础伴奏，鼓还是东非许多王国和部落的王室纪念馆的重要展品。乌干达有两种主要的鼓种：双膜鼓（通常称为乌干达鼓）和单膜鼓。根据地区的不同，规模和构建技术也各不相同；牛皮广泛用于双膜鼓，而蜥蜴皮则往往用于单膜鼓（以及各种弦乐器）。

第二类乐器是体鸣乐器。这类乐器包括木琴、片乐器（大拇指钢琴）、钟和拍板（通常由于舞蹈而磨擦和发出节奏）、摇铃、半葫芦、陶壶和撞击槽。许多艺术家在使用乌干达南部（布干达和布索加）的木琴组合时，都会将单个乐器联结起来，从而发出更响亮而复杂的旋律——而这也是学者们对乌干达音乐传统研究最为透彻的领域之一。

第三类乐器是弦鸣乐器。乌干达地区存在着各种各样的弦乐器，包括竖弓琴、七弦琴、管小提琴（tube fiddle），齐特琴、弓琴等。这类乐器大多为诗歌独诵进行配乐，合奏也颇为常见。学者们对布干达地区的弦乐传统已经进行了研究，这些乐器包括弓竖琴（ennanga）、七弦琴（endongo）和管小提琴（ndingidi）。

第四类乐器是气鸣乐器。整个乌干达境内随处可见缺口长笛、排箫、横笛，横吹喇叭、竖吹喇叭、以及各种小型号角。气鸣乐器通常都是组合使用，其中有几个人负责进行巧妙地联结。一直以来，学者们对于湖间王国的皇家横吹喇叭合奏（amakondere）的传统，以及布干达卡巴卡的皇家长笛合奏（称为 ekibiina ky'abalere）表现出了浓厚的兴趣。

第三节　非洲歌曲

1789 年非洲人爱克伊诺说，非洲人民都是舞蹈家，音乐家和诗人。每逢大事件人们都会载歌载舞。非洲西部阿散蒂地区的人认为，祭祀的时候如果不咏唱，没有歌声，那就是荒谬的。阿散蒂人会用歌舞庆祝一个成功的狩猎或是一个特殊的节日，像在他们的“山药节”的时候。舞蹈持续的时间大约有半个小时，之后会有某个人在人群中跳一段特殊的舞蹈。

非洲音乐多是即兴的，更像是在对话，更具有互动性。从美学角度看，他们的音乐节奏感更为复杂多变，与苏格兰和爱尔兰的音乐相比旋律上较为简单。非洲的音乐更加强调“唱”。理查德·乔步森船长在 1623 年《冈比亚河的金色贸易》一书中曾经说过，在他的旅行中见到的非洲的吟游诗人“简直跟苏格兰的诗人一模一样”。1800 年之前，苏格兰的外科医生蒙哥·帕克曾经向世人表演过他从非洲曼丁哥和明客族的吟游诗人那里学到的诗歌。这些吟游诗人通过不断地改变歌词和曲调即兴吟唱来迎合国王，或为商旅解除疲劳，或赢得外地人的喜爱以赚钱。

在 17 世纪的时候，西非的吟游诗人被卖作奴隶而来到加勒比地区，到了 18 世纪的时候又被卖到了南美洲，因此，非洲的音乐也就是从西非来到了新大陆并传承了下来。这些人充当着记忆的传承者，唱赞歌的歌手，甚至是黑奴们心灵的安慰者的角色，他们在荷属圭亚那用克里奥尔语一边吟唱一边弹奏类似班卓琴的铜质琴。18 世纪前，牙买加人发明了一种比较随意的琴，到了 1744 年，他们在此乐器上加上了装饰品和木头护板。受到英式西特琴（一种类似吉他的古乐器）

和西班牙吉他的启发，调音弦钮和宽平的琴颈使得音符的变换起伏较为容易了。牙买加有记载表明，在18世纪末，黑奴们在去往大草原的路上手里仍然拿着从非洲带来的乐器。他们在音乐的陪伴下，劳作、唱歌、跳舞，能歌善舞是他们与生俱来的天赋。

能被记录下来的乐曲很少会表达他们被迫离开自己的家园，路上遭遇的苦难和被卖作奴隶在加勒比和美洲殖民地的痛苦经历。相反这些乐曲更多的是记录他们认为重要的记忆。成为奴隶的歌手和音乐家们更多的是即兴而唱，时而有些讽刺的歌曲。含义丰富的歌曲经常暗示被迫屈从甚至是适应更为强大的白人文化的那些黑人的内心的想法。

到了18世纪中叶，非裔美国文化已经在马里兰州和弗吉尼亚州建立，轧棉机的发明增加了对奴隶的需求量。很多早期被贩卖到美洲的黑人是沃洛夫的吟游诗人或是其他地方的音乐家，他们的音乐影响在早期就能被感知出来。在《1744首弗吉尔仿田园诗》中，克拉多克牧师曾经将自己对一个蓬佩地区的黑人女奴的求爱谱写成了一首歌，其中两行如下：

我跟着黑人们歌唱，

没人能够比一个拿着班卓琴的混血儿演唱得更好

据18世纪的记载，黑人们会即兴创作一些带歌词的歌曲和舞曲。吟游诗人和音乐家们制作并演奏一种三四根弦的大葫芦或是笋瓜，罩上一层动物的膀胱或皮，再加上一个长长的琴颈，琴弦用马鬃、麻绳甚至是猫的肠子。这种乐器有调音的琴钮，有时候还有宽大的琴键。差不多有一个世纪的时间，只有非裔美国音乐家才连续重击地演奏班卓琴，现在这种技法被称为抓奏法。

一、非裔美国音乐创新者

如今除了少有的几个名字外，大多数的音乐创新者都不为人所知。班卓琴演奏家皮卡尤恩·巴特勒（卒于1864年）从新奥尔良州到纽约州逐渐成名。大约在1830年一名叫乔治·尼古拉斯受到皮卡尤恩·巴特勒的启发，第一次演唱了《吉米·克罗》，乔治在开始的时候先是扮作一个小丑，后来又扮成黑人来演唱。一首《皮卡尤恩·巴特勒来了》就可以让我们想象到这位艺术家引起的轰动。巴特勒在街头以卖唱为生，伴随他的总是那把四弦班卓琴。他的模仿者乔治·尼古拉斯还有一首《皮卡尤恩·巴特勒走了》的作品。巴特勒成为了吟游的乡村布鲁斯歌手的前身。

巴特勒没有使用过五弦木制圆边班卓琴，这种琴的发明时间大概在1842年左右。有记载表明，在他30多年的职业生涯中，欧洲的音乐旋律确实影响了巴特勒。1857年巴特勒参加了纽约班卓琴大赛，据现场观众说，“他要是想赢肯定会赢，尽管他演奏的时候弄断了四根琴弦中的两根，他仍然能艺术性地演奏出华尔兹、里尔舞曲、苏格兰慢步圆舞曲、波尔卡舞曲、吉格舞曲。”

非裔美国班卓琴演奏家们相互交流音乐理念，并能创作出新颖独特而又复杂、几乎辨认不出是什么风格的班卓琴曲。而且这些班卓琴演奏家们还能在跟18世纪来到北美的苏格兰和爱尔兰的小提琴家交流的时候创作出了小提琴曲。到19世纪30年代，班卓琴和非裔美洲人的演奏风格，如击打、敲打和重击的演奏方式，引起了白人的兴趣和关注。

美国南部的非裔音乐家们既是严厉的老师又是表演者，通常不会去离家乡太远的地方演出。但也有像美国阿波马托克斯的斯维尼兄弟的音乐家们把班卓琴音乐带给各地的音乐家和美国公众，在各地的市场、马戏团和后来大量的四处游走的音乐演出团里都能见到他们的身影。早期的白人班卓琴演奏家里没人能比得过乔尔·斯维尼。在19世纪40年代，他也许是对班卓琴太过倾心，发明了一种五弦的班卓琴，琴体竟然是用一块制干酪模子做的。令学者们和音乐史学家们惊讶的是，他并不是在班卓琴原来的基础上多加一根琴弦，而是加了一根铜丝做琴弦。这种巨大变化使得民俗学家约翰和艾伦·罗麦斯说，五弦班卓琴是“美国唯一的本土民间乐器”。这种白人黑人合作创造的乐器，很快于1843年就风靡美国全境。

最终，乡间的黑人，像农民吉姆·克罗，水手加博·卡夫，登上了舞台成为明星，经常出现在各个城市的演出团里。流动演出团一开始为非裔美洲人做了正面宣传，但是后来随着商业化的发展，开始出现了对黑人的驱赶、讥讽和嘲笑。

威廉姆·亨利·莱恩，被称作“朱巴舞大师”，或许是唯一一位能在1858年之前积极地活跃在流动演出团的非裔美国人。作为一名著名的班卓琴演奏家和舞蹈家，他在纽约的五点区和哈勒姆黑人区的沙龙和舞厅里跟一位被叫作“吉姆·洛叔叔”的人那里学会了吉格舞和里尔舞。查尔斯·狄更斯1842年的作品《美国纪行》里有对莱恩的记载，使得这位作家得以不朽。最终莱恩离开美国去往英国追求他的事业；1848年，他成功地登上了伦敦沃克斯豪尔花园的舞台。

四处游走的演出方式使古典的管弦乐，雷格泰姆音乐得以繁荣，结实耐用的用于游走演出的乐器也应运而生，随之又产生了乐器生产的商业化以及到了 19 世纪末出现的大量漂亮乐器的广为流行；之后又出现了男高音五弦班卓琴（出现在四重奏和爵士乐队），又有了兰草班卓琴、对应的拨片和用手指揪弦的技法。

二、跨文化音乐交流

1850 年轮船的出现促进了文化的交流。获得自由的黑人们有时候会在当时较为兴旺的航运业中，与爱尔兰和德国人并肩工作。有一则趣闻中提到一个在密西西比河流域工作的无名老者曾说，很多的口袋船歌，像《山下的纳奇兹》，都是里尔舞曲或是吉尔舞曲而非圣歌，而他一旦成为基督徒，他就不能再唱那些由爱尔兰人带来并演唱的“有罪”的歌曲了。幸亏有那些音乐家在，他们既保持了非裔美洲人的传统又没把圣歌和民俗的歌曲分开，因此也就把那些所谓的“邪恶的乐曲”保留了下来。在一些轮船上，每到晚饭后，总有一些黑人男孩演奏一些器乐，有些个别的时候，演奏者竟然可以到船的正中央边演奏边跳舞。

在边疆和河流处的不同地区的文化相互交流，以至于在美国内战时期黑人和白人可以在一条船上旅行。这样的事情在今天根本没什么，但是在当时的美国确实不易。1876 年，一个记者花了好几个晚上在辛辛那提州的密西西比河流域的舞厅里与码头工人在一起，而后发表一篇关于 12 首由班卓琴和小提琴伴奏的关于社会和工作的歌曲。

如果我们从演奏的乐器和演唱者的歌唱之间的关系出发，当传统的黑人和白人都在演奏班卓琴的时候，这种跨文化的音乐交流激发了至少 3 种班卓琴歌曲。基于简洁的重复音符，班卓琴歌曲的节奏更为复杂，更像是人和乐器在一问一答，歌曲也很少有相似的地方。

班卓琴在非裔美国人的工作和社会生活中，在船上，在农田里，在铁路旁，在矿井里，在家里有着非常重要的意义。非裔美国人演奏的班卓琴，将没有伴奏的田野劳作的号子和一小组工人劳动的歌曲引向了有吉他伴奏的乡村音乐和蓝调。班卓琴的歌曲中的期望和欢乐包含着一个连贯的传统，见证了黑人们从非裔黑奴到美国公民的过渡。

大约在 1900 年的时候，在持续增强的种族隔离制度和种族主义的大背景下，黑人音乐家们开始放下他们手中的班卓琴，将他们的歌曲变得更具有评论性，进而转向了更常见的吉他，也开始创作蓝调。尽管如此，旧时班卓琴的风格仍然在一些音乐家的脑海里，他们仍然可以演奏在20世纪初曾经一度流行的那些乐曲。那些西非来的吟游诗人、非洲奴隶、旅行中的布鲁斯歌手，那些大山里的流浪班卓琴者走过的路还回荡着他们的乐曲，他们的后代在20世纪创作了乡村音乐，蓝草音乐，复兴乐队，新奥尔良的进行曲，雷格泰姆音乐，狄西兰爵士乐和爵士大乐队。班卓琴对美国后来本土音乐的贡献无法估量。

第四节　非洲舞蹈

舞蹈在非洲是一个社会性的活动，其表演有着特定的环境，目的和意义。通过舞蹈将一些显性和隐性的信息表达出来。非洲大陆的舞蹈样式多的惊人，然而大部分地方的舞蹈风格已经开始遵循全球当代风格，其中一些舞蹈的表演是在酒吧中进行的。以下叙述的舞蹈主要是构成非洲传统文化的重要组成部分的传统舞蹈，这些舞蹈仍在上演着，在表演中随着环境的变化而不断地演变着。非洲的舞蹈有其复杂性和易变性。单看舞姿，动作和风格，只能以偏概全。

在非洲的大部分地方，对于舞蹈的表述有多种方式，表达不同的含义而且不同的表述说明非洲人民的舞蹈与他们的生活有着各自的联系，他们的舞蹈总是与音乐、歌词和舞姿相联系。在非洲的大部分地方，舞蹈是不能和音乐分离开来的。舞蹈的节奏决定了音乐的节奏，社会需要决定了舞蹈的表演和作用。歌曲、舞蹈和乐器的演奏是非洲舞蹈不可或缺的成分，而非洲人民积极参与的热情又进一步加强了三者之间的联系。除了个别的情况，非洲的舞蹈总是与特定的社会生活中某一具体的事件相关，如某种社会活动、习俗、典礼、每个季节发生的大事和娱乐等，从这个意义上讲，舞蹈充满了含义。割礼、成人礼、治病和其他的仪式，由于舞蹈的参与使得这些本来是个人事情或隐私变成了公共的礼节或活动。

舞蹈同样可以反映出社会的结构层次，体现着一个人的社会地位、年龄、宗族和等级。通过舞蹈表演，一个人用肢体表达出自己的社会地位并表达出对社会规则的遵循。因此，人们舞蹈中的顺序和舞蹈的内容是社会等级的展现。一些舞蹈，如刚果的 ekofo 舞，只能是进入了 ekofo 社的人才可以跳，而这种社会阶层的加入需要对族中长者们进贡。舞蹈还是非洲人民与祖先或神灵交流的方式，因而舞蹈式样繁多，有的甚至还包含着精神恍惚的神灵附体用以治病的舞蹈。

在非洲的西部、中部和东部，舞蹈如果不是由鼓点来指挥的话，大部分的舞蹈有着内在的联系，普通人可以跳，专门舞者（如好望角附近、马拉维的巫师和其他的神职人员）也可以跳。很多舞蹈具有很强的观赏性，舞者往往戴着面具，这些面具有多贡的大面具，好望角的能够遮住大部分身体的面具，津巴布韦和尼日利亚也都有佩戴面具的舞蹈。娱乐性的舞蹈虽然不是那么正式，但是也能吸引众多的人参与进来一起舞蹈。在纳米比亚，波斯瓦纳和安哥拉的南部地区，人们会围成一个圆，一个或两三个人轮流进入圈中跳舞。

围绕着一些固定的舞姿会有多种多样的舞蹈变体，独舞在某一固定的文化限定内往往会有更多的自由发挥空间。这种文化的限定决定了舞蹈的模式（舞蹈的活动半径，是独舞还是群舞），参加的人和不能参加的人，舞蹈所适合的场合、地点和时间，舞蹈的内容和所需的音乐。

非洲舞蹈会确定一个点，这个点被称为“基础位置”“自然弯曲处”或“多普乐”，是舞步的起点和终点。舞者双脚分开与胯同宽，膝盖微曲，身体前倾（角度不定），头冲地、后仰或是外向一边。这种站姿要保持平衡，并能让肩部、臀部、盆骨自由的活动，并保持脚部的前后移动，同时这种站姿还能使得身体猛地向上跃起；这种站姿有利于肩部、臀部和骨盆的抖动，以及胳膊与腿部的配合。

整个非洲大陆各个地方的舞姿多变，但是相同点是脚和地面的频繁接触和身体冲下动作，这些动作通常包括跺脚、甩鞭子、 单脚或是并脚的跳跃、脚趾和脚后跟的撞击，伴随着头部的向下运动和手臂的配合。这些活动极富美学艺术色彩，促进了舞者与观众交流。有的舞蹈仅仅只是肩部的运动，几乎没有手和脚的参与，所有的注意力都集中在肩膀上，对舞蹈跳得好坏的评价往往是通过观察舞者身体这一小部分的动作正确与否，动作是否精细和控制的如何。

在非洲文化中，舞蹈的行进路线往往是圆形而非直线，由此舞蹈的编排往往是围成一个圈，或是圈里套圈。在一些舞蹈中，如纳米比亚的舞者们往往绕着坐在地上的舞者围成一个长长的蛇形队伍。在纳米比亚庆祝收获的舞蹈和坦桑尼亚的军队舞蹈，其行进路线有时能看出来，而有时又看不出来

一、北非舞蹈

集体舞比音乐表演更具参与性，展现了各柏柏尔族舞蹈的特性。阿西多和阿西瓦舞蹈的参与者通常大部分都是妇女。各种舞蹈彼此串连，由慢而快，是混合

团体表演，既可以男女各站一行，也可以男女围成圆圈交叉排列。表演者们肩并肩或手拉手，一仰一合，一边移动一边唱歌或拍手。他们配合以各种手鼓（框鼓）。框鼓演奏者水平抱鼓，以向上的动作逆向击打鼓面。

在阿尔及利亚，有一种双人舞蹈称为萨阿达维。两个舞者以基本相同的模式，和着北非笛和框鼓的音律而起舞，没有跳跃和滑动。在阿尔及利亚的撒哈拉地区，有一种仪式舞蹈是由进入青春期的女孩在男人面前表演。女孩们面对面，两两成对，两人用胳膊表示语言形成对话。突尼斯和利比亚年轻的未婚女子在年轻男子面前表演一种被称为纳霍诸的甩发舞。姑娘们双膝跪地，头发散开，摇摆身躯，跟着音乐晃动头部和上身躯干。

在城市中心和近郊，独舞是相当典型的民间舞蹈。舞者通常将身体分成两个独立的部分，旋转或晃动臀部。在摩洛哥，专业的音乐家－舞蹈家像剧团一样周游全国进行巡回演出，他们身着白色长袍，常常在马拉喀什地区表演跳舞、唱歌、弹奏冈布利和一种单弦的，外皮鼓起的小提琴。

二、乌干达舞蹈

就舞蹈而言，乌干达的音乐、舞蹈传统在全国各地各有不同，但确定某一地区的流行舞蹈也不是不无可能。一般说来舞蹈可由团队排列成直线、圆圈或紧凑的队形。乌干达有两大舞蹈传统，第一类是以腰部为核心的舞蹈。布干达和布索加南部地区的舞蹈传统凸显了腰部的扭动。舞蹈者将上半身的运动幅度控制在最小范围内，并通过具体的步法舞动，以及挂在臀部周围的布料和皮肤饰品进一步的突出所需的腰部动作。第二类是跳跃舞蹈和踏地舞蹈。乌干达西部的舞蹈经常强调双脚与地面的有力接触。以班约罗为例，艾吉塔古丽罗（ekitaguriro）舞蹈中系在舞蹈者脚踝处的摇铃就强调了这一动作。在东北地区的卡拉莫乔人的舞蹈中，演员们系着脚踝铃跳舞也是司空见惯的。第三类是强调手臂、腿部和头部运动的舞蹈。乌干达北部和西北部的舞蹈将通常代表劳动的手臂和腿的动作结合在一起。踝铃的使用极为常见，而舞步的节奏同西方踏地舞蹈也不径相同。正如乌干达南部的舞蹈一样，腰部运动通常呈线性（无论是正面、背面或从一侧到另一侧）而非扭动。北部许多地区（如阿乔利及卡拉莫贾）也通常使用各种头饰，强调颈部和头部的微妙运动。

三、祖鲁舞蹈

生活在非洲南部的祖鲁族人热情奔放、豪爽善战、能歌善舞，常见的舞蹈有狩猎舞等。狩猎舞是舞者们模仿狩猎的动作，表现勇敢的气势。狩猎舞是狩猎开始前进行的仪式中的一部分，狩猎舞者手持木棍激情舞动，助威士气。猎人们回来后，祖鲁女性手持木棍挑起狩猎舞，迎接猎人们满载而归。

盾牌舞起源于 19 世纪初祖鲁民族英雄沙卡（Shaka）时代。当时祖鲁人与邻族纳塔尔恩古尼人（Nguni）联合，以酋长沙卡为首建立了祖鲁王国。沙卡用祖鲁的氏族名命名了这个新的国家。盾牌舞的节奏性很强，过去在出征前跳盾牌舞来鼓舞士气，如今盾牌舞已成为祖鲁传统文化的一部分，通常只在仪式上表演。

优木博赫库宗舞（umBhekuzo）舞姿优美，表现大海潮涨潮落。舞者们模仿海水的涌动，在观众间涌来退去。舞蹈结束时，最后一排男性舞者会俏皮地撩起遮盖臀部的围裙，露出浑圆结实的臀部，展示健硕的身姿。

四、纳米比亚舞蹈

很多传承下来的纳米比亚舞蹈是基于一定的仪式和礼节性的舞蹈动作。随着时光的流逝，这些舞蹈慢慢地只在像成人礼、割礼或是治病等一些重要的仪式上有所保留。而被保留下来的舞蹈更多的是用于娱乐活动了。当年的这些仪式往往是跟一个人的成长阶段相关，比如姑娘的婚礼、男孩的割礼。这些仪式已经变得极为罕见，与其相关的舞蹈也变换了含义，现在仅仅是在一些节日中为了娱乐而表演一下。

较为常见的仪式上所需的舞蹈是在治病和类似跳大神的情形中使用，这些舞蹈是整个国家共同财富，但是只有在国家的北部和东部地区使用。在班图文化中，治病的舞蹈是有几个跳舞出名的人来做，在卡普里维地区，这种用来治病的舞蹈要跳整个晚上，其中还有一个没有舞蹈的阶段，然后才是治疗的开始，而且治疗过程中还要有舞蹈的参与。在一些较为往南的地方，人们治病的舞蹈跳得较为频繁，甚至有的竟然会跳半个月的时间。在这些社会中，医者往往是在舞蹈中能够感知到神的人，他们在跳舞的过程中通过神灵附体与他们信奉的神灵交流。而这种活动对于舞者来说，如果他们在与神灵交流中迷失则是非常痛苦而且危险的，因此他们舞蹈的时候非常谨慎的遵循唱歌人的节拍，甚至还需要有人在必要的时候提供一定的帮助。在有的治病的舞蹈中，巫师们是在睡梦中获取与他们的神交流的能力，所以每个巫师在治疗疾病的时候都有各自的歌曲；有的巫师在降神的时候会将一堆烧烫的土或是燃烧着的煤块放在自己的大腿或是头顶上。

仪式舞蹈语言。有一些仪式上的舞蹈在当地的人们中并不被当成舞蹈。当一个男孩或是双胞胎出生的时候，某人做出了一个非常勇敢的行为，一头狮子被杀死的时候，或是女儿经历了一个礼仪上的身份变化，男人们会表演一种独特风格的高高跳起的跳跃、躲闪动作，手持长矛挥舞或是将长矛扔向远方。这样的表现异常兴奋，一些动作女性是无法完成的，他们越是兴奋越是要通过呜呜哀叫的声音来表达自己的勇敢。有时候，男子们在表演这些动作的时候会有类似军队的特征。他们随着领导者的口令或是动作而动作，而且会对应着响亮而整齐的呐喊声；他们甚至会穿上军服，表演一种行军动作，但会加入一些欢乐和幽默元素在里面。

非仪式舞蹈。舞蹈的动作和音乐在各地的差别也很大，这些地方的舞蹈通常都是为了娱乐，而不是为了某个具体的事件。例如有种叫 okuzana pokati 的舞蹈（字面意思为身体上部和下部的舞动）是母亲们在女儿月经初潮的时候跳的一种舞蹈。基本的舞蹈结构，表演规则和音乐结构是基本不变的。有的舞蹈是区分性别的，因为出远门的劳作使得男人们长期不在家中，这就很大程度上影响到了舞蹈的参与者和跳舞的频率及动作特点，因而在一些地方，妇女们跳舞的时候一边击鼓一边拿着一个形状像男性胳膊的东西舞蹈。

非仪式舞蹈语言。舞蹈动作不一定伴有歌曲，被当作是一种工作而非音乐或舞蹈。在田野中耕作或收获庄家集体劳作的时候，他们会一起唱歌并伴有一定的舞蹈性的动作，借以缓解劳动的疲劳，同样的，人们在挤牛奶的时候，在岩石上碾小米、玉米的时候（这样的劳动有时候是一个人做），人们也会边歌边舞。歌词中会有带激励人的话语，像“让我们共同努力干完活”，歌词中也会有对自己家族中的人鼓励的一些话语，有的甚至是鼓励耕牛的言语。

由于牧师在纳米比亚的普遍存在，我们很容易就能在舞蹈中找到对牧师职业体现的表演动作。在一些地方，舞蹈的表演是为了展现对牛的所有权。歌词所称赞的不仅仅是家庭中的后代，还包括对牛的祖先的赞扬，甚至是养育牛的地方。这些赞扬会具体的表现在舞蹈的动作中，如高举起的胳膊来代指牛角等，有时候一个男子还会四肢着地，用脚拍打起尘土，而妇女则是在他身旁跳舞的时候轻轻地触摸男子的头以示对他的“控制”。有一种名叫 Onkankula 的坐式舞蹈是用来专门赞扬牛的。主人的每种雄性动物都会通过舞者的胳膊表演出来。动物的特征，如领头羊、一个残缺或是健壮的牛角，都会通过胳膊或是躯干来表现，舞者会有节奏地在地上跺脚、高高抬起，并有节奏地拍手，直到重新有人接着表演或是用新的颂歌将其打断。

在其他的舞曲中，歌词并不一定是赞颂牛的，其中的含义是通过上肢的动作来表现，有的舞蹈是专门跳给女儿进入结婚年龄的母亲的，以前的时候会有几百个到了婚嫁年龄的姑娘们加入到这个为期一周的活动中来。姑娘们被带到国王或是酋长的面前，再被带到一个由“典礼主持人”监督下的地方，整个白天都要呆在这里，直到晚上他们才聚集到居住的地方，在亲戚、朋友或是未来丈夫们的陪伴下开始舞蹈。在姑娘们翩翩起舞的时候，母亲们会跳起一种叫 ekoteko 的舞蹈，这个舞蹈是由两个人来轮流跳，而其他人会围成一个圈，一边拍手一边唱歌，舞者的胳膊被抬起如两支牛角，二人相互绕着转圈并不停地跺脚，该舞蹈流传至今。

而在瓦克万加里（Vakwangali）地区，男性胳膊表示牛角的含义，以此象征男性的生育能力和对与他一起跳舞的女性的保护。有趣的是，养羊或是纯农耕的农民就不会跳诸如此类的舞蹈。

在朱豪安斯（Ju’hoansi）地区，人们通过不同的舞姿来代表不同的动物，动物及其灵魂在该地区的世界观中占有重要的地位，每种动物都有其独有的精神和力量。非洲的旋角大羚羊尤其具有强大的精神力量。因此该地区人的舞蹈（甚至部分音乐节目）都以动物的名字来命名。所以，旋角大羚羊、长颈鹿、大象都成了乐曲的名字。这些群体舞蹈用来预示或是庆祝一场成功的捕猎。有的舞蹈是庆祝人生进入了不同的阶段，有的则是用来治疗病痛。

舞蹈会教给社会成员一些有用的东西。在纳米比亚西部的纳米布沙漠边上，有一片山谷孕育了多种文化。居住在那里的那马部落人跳舞多由笛子伴奏，其中一个舞蹈讲述了一个偷羊贼的故事，舞者“抓住”一个偷羊的骗子，在其脖子上围上一条围巾以示盗贼被绞死，其中的警示意义不言而喻。还有一个猎捕花豹的舞蹈。一个舞者扮演成一个花豹，在歌声中偷偷地爬近其他的舞者，而“猎人们”偷偷接近花豹并将其包围起来，之后再放一只狗（也是一个舞者）和一些手持棍棒和长矛的猎人们将花豹杀死。如今猎杀花豹几乎见不到了，所以孩子们看这些舞蹈的时候总是睁大了眼睛，紧张而又好奇。

总之，纳米比亚的舞蹈通常都会用来传达一些信息，表达的主题往往是家庭关系、社会习俗、赞扬或是感谢、交战的状态或是随时投入战斗的决心、求爱、和平或是和解，所有这些都会在纳米比亚的舞蹈中有所展现。纳米比亚的舞蹈可以进行有效的交流，能表达严肃主题，因此舞蹈就不再是一种简单的娱乐方式。

五、非裔巴西人的桑巴舞与狂欢节

在非裔巴西人的民俗节日活动里，诗歌、舞蹈和打击乐器是其最著名的部分。除了欧洲渊源，巴西的狂欢节还是非裔巴西人的文化产物。在 20 世纪初的前一二十年，里约热内卢的大桑巴舞学校的生源主要是城市贫民窟及中心地区，其他地方的桑巴舞也诞生于这些类似的地区，同样具有典型的城市特征。通常，在非裔巴西人社区中有名望的人家里跳桑巴舞，主要是在后面的房子里跳。作为一种非裔巴西人的社交活动，桑巴舞是一种用舞蹈和打击乐器表达的有节奏的舞蹈。在里约热内卢，桑巴舞的摇篮地是在“辛塔大妈”家（Aunt Ciata），她是个有名的混血姑娘，嫁给了乔奥·巴蒂斯塔·达·席尔瓦（Joao Batista da Silva），一个成功的非裔巴西人，曾学医，后曾在巴西公安部任重要职务。

卡波耶拉（Capoeira），又名巴西战舞，是 16 世纪时由非裔巴西人创造，介于艺术与武术之间的独特舞蹈，是非裔巴西人最有代表性的肢体语言，由巴西（主要是在萨尔瓦多，并最终传到伯南布哥和里约热内卢）的非洲奴隶创造，具有自卫和娱乐两种功能。因此，它成为非裔巴西人和混血人受欢迎的活动。从 19 世纪到 20 世纪初，因为巴西战舞具有致命的攻击性，人们特别害怕跳巴西战舞的人，几十年来，跳舞者一直是警察镇压的目标。20 世纪末，巴西战舞不再被巴西人所抛弃，城市中产阶级也开始跳巴西战舞。这时的巴西战舞已经缺乏格斗特征，仅仅是纯粹用身体表达的一种娱乐形式，类似于用歌唱和非洲乐器进行表演的一种舞蹈。音响效果主要靠一种叫拨铃波琴（berimbau）的乐器来突出。拨铃波琴的部件有：一个 1.5 米长的木弓、金属线、音箱、一个切开的小葫芦，这些部件用棉线绑在弓的前一面。演奏者用一个细长的木棍击打琴弦或用硬币来弹奏音符，用一个装满种子的小编织篮子（编织摇铃）来定节奏，舞蹈演员成双成对，以快速、有节奏的敲击配合着腿和手臂的动作。在一些大城市，如萨尔瓦多、里约热内卢和圣保罗，人们都会发现有这些跳巴西战舞的体育中心，在那里，曾经的奴隶格斗形式被看作是一种体育运动或作为健身锻炼活动。

康格达（congada）是一种非裔巴西人最流行的舞蹈戏剧，清楚地表明了其文化的融合，它是适应中世纪法国史诗音乐“罗兰之歌”，被耶稣会神父改造为一种非裔巴西人解答教义的一种方法。节日的赞助人是圣·本尼帝托（Sao Benedito），非裔巴西人的伟大圣人。康格达展现了一个圣战的舞台，其中两个非裔巴西人小组分别代表了“善”与“恶”。代表“善”的一组穿蓝色衣服，是基督教徒，由刚果皇帝卡洛斯·马格诺（Carlos Magno）率领。

第四章　非洲衣饰与居住传统

在非洲，穿着打扮可以传达出每个人方方面面的信息，如性别、年龄、职业、宗教信仰、社团和种族等。例如，包裹布绑在左边代表女性，绑在右边代表男性；约鲁巴男性带各种样式的帽子，而女性带的则是发带。在有些族群中，男孩和女孩在青春期以前可以不穿衣服，只佩戴一串珠子；到青春期或上学后，他们穿裤子、衬衫或连衣裙。学童常穿校服，这项规定自殖民时期开始延续至今。

第一节　非洲服装

非洲人的服装是无声的交流系统，帮助非洲人确立在日常生活以及社会生活中的身份地位。非洲服装既要修身，上面的装饰又要起到锦上添花的作用，给人美感。视觉美感（比如衣服的线条，穿在身上所凸显的轮廓，颜色等）是首要的，其他因素（比如服装的手感、面料等）也很重要，皮革制品一定不能有异味，他们还会通过纺织品、珠宝发出的声音，发蜡、口红的味道判断其品质。

“服装”一词是对上述内容的泛称，既不单指衣物或遮盖物，也不单指时装。服装一词指的范围比衣物大，它既可以指覆盖身体的衣物，也可以指美化身体的饰品。此外，尽管在一些宴会或是正式场合上的礼服经常会变化，但它们一般也不是属于时装，它们离真正意义上的时装还有差距。比如，贝宁共和国的国王、约鲁巴人和阿桑特人首领穿的服饰就属于这类服装。

一般说来，非洲人的着装会因部落或组织而不同，但也不乏特殊人群。居住在达喀尔、阿比让、拉各斯、约翰尼斯堡和内罗比等大城市的非洲人在穿着、发型以及配饰方面就紧跟巴黎、伦敦、纽约、东京等一线时尚城市的步伐，这主要是因为他们可以通过电视、电影、报刊杂志、旅行或出国访学等方式学到这些东西。非洲人也通过他们特有的发型、人体绘画、衣物、珠宝首饰来展现非洲的民族风情。很多非洲男女在日常生活中穿着国际潮流的时装，但在一些特殊场合，如青春期仪式、葬礼以及婚宴上，他们穿着民族传统服饰中适合正式场合的套装。

传统的非洲服饰包括各种样式的包裹布，有包全身的也有包半身的。加纳政治人物克瓦米・恩克鲁玛的“托加式”长袍以及阿桑特人的服饰就是全包式的，而肯尼亚的马赛武士服装主要遮住躯干部位。还有一种男女都可以穿的裹布装(在法语国家名为“缠腰布”）主要包裹在下半身，通常从腰部到小腿中部或脚踝处，上身着衬衫、汗衫或是夹克来固定裹布装，有时上半身也可全裸。

非洲妇女可着腰部以下包裹两层包裹装的服装，外层从腰部到膝盖，里层从腰部到脚踝，上半身则穿件衬衫以固定裹布装。尼日利亚的伊博族人把这两层包裹布服装命名为“上下装”（up and down）。加纳妇女的套装包含一件衬衫上衣，一条盖住包裹布腰部的装饰短裙。

非洲很多地方的妇女都将包裹布从胸部包到脚踝，目的是尽量凸显丰腴身躯，暗示自己生育能力强。在南非很多黑人男性不喜欢窈窕淑女，因此会对黑人女性产生以胖为美的审美观点。图阿雷格、豪萨族以及约鲁巴的男性常用的面纱或头巾。一般认为面纱是女人用品，但在图阿雷格，面纱代表男人的地位，代表尊重隐私，也代表社会隔离。穆斯林男性的面纱象征着他们成功抵达过麦加圣地。约鲁巴妇女的发带每年都变换样式，它是仅有的诠释非洲快速变换潮流趋势的物品。如图4-1所示为身着民族服装的尼日利亚女医生。如图4-2所示为传统的非洲服装。

图4-1　身着民族服装的尼日利亚女医生（2012年摄于南非）

图 4-2 传统的非洲服装（2012 年摄于南非）

非洲人制作服装多采用预成型技术。此技术一般用于纺织品或皮革，通过裁剪和缝合以生产服装和其他物品如帽子和手套。亚麻和丝绸也须裁剪后制成供男女短款和长款的服装。短款衣服有曼丁哥猎人的无袖束腰上衣，内含承载神旨的增高垫；长款服装有塞内加尔妇女穿的布布装，这是西非男女穿的宽大长袍；赫雷罗和艾菲克妇女穿的长款礼袍，在一些西非和北非国家男士中流行穿有带子的长袖宽松长袍。真皮原料也用预成型技术来处理，生产流行样式的皮鞋和皮靴，珠子、羽毛、动物软毛镶在鞋边，阿桑特人国王就穿此类拖鞋。

在非洲很多地方，穿同样面料的包裹装，男式或女式衬衫，通常是表明隶属哪个组织。属于赫雷罗组织的成员（又称“国旗”组织）穿同色包裹装，上面印有英文 uniform 表示归属国家政治权利。非洲很多族群在重大场合穿同样的衣服，在重要人物的生日集会上是表示敬意，或在婚礼上是表示与新人的密切关系，还可表达对某政党的支持。尼日利亚的卡拉巴里（Kalabari）妇女组织成员在特殊场合会穿着特殊材料制作的衣服；大家庭中的男女成员在化妆舞会或节日庆典上穿同样的衣服表示亲密友好。

在非洲，人们会为男孩和女孩举行青春期仪式。在仪式上，身体所绘图案和衣服都强调作为一名成年男性和成年女性的社会角色和分工。图案可能要划破皮肤变为永久性的长疤，也可能只是画在皮肤上而已。在东非的一些民族，像是马赛族人、山布努族人、图尔卡纳人和波克特人，男孩和成年男性的发型以及身上带的装饰物是不相同的，强调男孩向男性的转变。在南非一些部族的青春期仪式上，新成员和未宣誓成员的着装不同，男孩和女孩的服装也不同。刚举行过青春期仪式的女性仍然穿罩衫、细绳或皮质围布。随着社会的发展，出现了一种索托服饰，内含齐腰的包裹布，一块女士头巾和手镯、脚镯。

某些着装的传统文化与传统手工艺（如布料生产、纺纱、织布、染色等）密切相关。非洲男女都织布，但女人承担大部分的纺纱劳动。一些手工编织的包裹布会在特定仪式上穿，还可用能自行褪色的靛蓝染料在包裹布上绘图，但机织（多为进口）用于制作包裹装的布料比手工制作的布料更常见。非洲的男性和女性都会用机织或手工布料手工上色，他们多使用批量生产的机织布料，有时也使用进口产品。用于手工上色的布料在当地纺织厂生产，如果布料上靛青染料太多把身体染成蓝色，还会受到褒奖。其他制作服装的手工艺还有用木槌敲打布料，这可以使图阿雷格族男性的头巾看起来更鲜艳亮丽，在约鲁巴男性的长袍和帽子上绣上豪萨语等。非洲男女都会参与衣服裁剪和制作的艺术过程，男人主要参与刺绣。

几百年来，非洲一直是战略性国际市场，是制作衣物纺织品的集散地。非洲从世界各地进口纺织品，比如绣有金银线的高档天鹅绒，印度人称为马德拉斯的纯棉方格布，瑞士镶有金属圈的纺织品，英国的毛织品，来自欧洲、日本和印度尼西亚的印花棉布等。非洲本地用于制造纺织品的资源有棉花、蚕丝、拉菲亚树叶的纤维、树皮布等。舶来服装以及配饰贸易也就随之而来，例如欧洲的常礼帽（一种圆顶窄边礼帽）、硬草帽、大礼帽、手杖、拐杖、来自意大利的玻璃珠、20世纪60年代来自印度的尼赫鲁式套装以及来自欧美的手提包和厚底鞋等。

化妆舞会上穿的服装被称为戏装。服装是向外界传递个人身份信息，而戏装则是试图去掩盖角色扮演人的个人特征，而且还要通过舞蹈、戏剧或是舞会上的表演突出角色的特征。舞者的个人特征并不重要，而且在面对观众时还需要隐藏起来，方法是用戏服遮住手脚、身体和面部，用舞蹈诠释扮演的角色。

非洲的服装设计给全世界的服装设计都带来灵感。比如，美国和平组织成员到尼日利亚后，把当地约鲁巴人的辫子发型、衬衣和发带样式传播到非洲以外的地区。全球各地都买卖非洲珠子最初由意大利威尼斯人制作；加纳的肯特布和马里的泥布（bogolonfino）影响了当代美国的时尚。非裔美国人也会选取这些布料，以表明他们的非洲血统。

非洲服饰

非洲服饰是一个非语言交流的体系，帮助非洲人在日常生活中进行自我确认和社会文化确认。服饰能够在五种感官方面提升和补充形体。服饰的视觉方面最先展现出来，但同样包含其他感官，诸如皮肤接触纺织品或皮革、闻接触身体的纺织品的气味、听到纺织品的响声或珠宝的响声、品尝到的润发油或唇膏的味道。

“服饰”是个比衣服或者时尚复杂得多的概念。服饰包含了比衣服更多的内容，它包含遮盖和修饰身体。除此之外，尽管正式的和礼节性的服饰可能会改变，他们并不时尚，他们通常变化的概率要比时尚概念变化的概率慢得多，首领和统治者的正装，例如贝宁、约鲁巴和阿散蒂的国王就是一个例子。

在非洲，普通样式的服饰可以将个人和族群与另外的种类区分开来，但是某些特质的和私人的样式也十分常见。居住在达喀尔、拉格斯、约翰内斯堡和内罗毕等大城市非洲人的成衣、发型和饰品的款式与巴黎、伦敦、纽约以及东京的时尚中心一致，因为电视、电影、报纸和杂志、出国旅行或学习都在影响他们。然而，非洲人依然通过独特的发式、人体彩绘、衣服和珠宝来展示他们的文化身份。很多非洲男女每天穿着世界性的时尚服装，但是在出席诸如成人礼、葬礼和婚礼等特别活动的场合时却穿着从种族继承下来的正装和礼服。

常见的非洲服饰传统包括不同种类的用布缠裹身体、全部或者部分的遮住躯干。例如，加纳的阿散蒂人用布把全身缠绕起来，马赛族的武士用布遮住躯干。非洲男女都采用的传统服饰方式是用布环绕下身，通常从腰部缠到小腿或脚踝，上身有时赤裸，有时穿着宽松上衣、衬衫或夹克。

女人可能结合她们上身穿的女衬衫，在下身缠绕两层布，外层从腰部到膝盖，内层从腰部到脚踝。加纳妇女喜欢穿上身是衬衣、下身用布缠绕当成裙子的套装。在非洲的很多地区，女人们从她们胸部上部开始绕着身体缠绕直到脚踝。约鲁巴和卡拉巴里族的女性可以通过缠绕她们的布料显示她们丰腴的身体，而不是纤细的腰部，给人以怀孕和生育的暗示。

面纱和头罩是包裹头部用的。面纱通常与女人有关，但对于柏柏尔族人而言，面纱与男人的地位相关，并且可以保护隐私。穆斯林男人的头巾意味着他们去麦加朝圣过。每年约鲁巴女人头饰外形的变化是非洲快速变化的时尚的例证展示。

服饰可以显示出一个人的很多特征，如性别、年龄、职业、宗教、社区和种族。衣服缠绕的方向显示了是女服还是男服，衣服向左缠绕说明是女服，向右缠绕是男服。约鲁巴男人常戴几种风格不同的帽子，而约鲁巴女人则喜欢戴不同的头饰。在一些非洲民族的风俗里，男孩和女孩在青春期前可以不穿衣服并只戴珠子，在青春期或者进入学校之后穿裤子和衬衫或者连衣裙。学校的小孩经常穿校服，这是自殖民时期开始一直延续至今的西式着装风格。

在非洲的许多地方，穿一件相似或一样的缠裹衣服、衬衫或宽松上衣的纺织品通常可以确定从属于一个群体。赫雷罗族人组织用穿着彩色衣服来展示他们在国内的政治倾向，他们使用英语单词“制服”来描述他们的服饰。在整个非洲境内，很多族群穿着统一的定制衣服参加主要生活事件，例如生日庆祝、在婚礼中作为新郎新娘的证婚人或者表达对一个政党的支持。尼日利亚卡拉巴里族妇女组织中的成员在特别的活动中穿着指定的衣服，或者男女家庭成员在化妆舞会节或其他的庆祝中穿相同的衣服以显示他们的亲属关系。

非洲的成人礼按照性别来分开举行。伴随仪式穿着者的打扮或衣着类型强调在社会中男性或女性的成人角色。这种仪式可能留下划痕或结疤的永久标记，或者暂时涂以色彩。在 20 世纪 70 年代之前，尼日利亚东北部加安达族女孩在某年龄段会被刻上特定图案的纹身，有时也用白色和红色的石灰喷涂在身上。

东非的马赛人、桑布鲁人、图尔卡纳人和珀克特人对发式和装饰品穿戴的区别显示了从男孩到男人的变化。南非的派蒂人在成人礼中的穿着在未成年人和成年人、男孩与女孩中是不同的，女性成年人依然穿罩衫和直裙或皮裙，梭托人近年来的时尚服装包含一段缠绕在腰间的布料、一条女式头巾和镯子。

有些服饰传统与布匹生产、纺纱、纺织和染色传统有关。非洲的女织工多于男性。一些手工编织的衣服在仪式场合穿着，男人和女人都喷涂在皮肤上褪色的靛蓝染料。工厂生产或进口的衣服布料比手工纺织的布料更容易买到，手工染色的布多在非洲本地生产。很多人喜欢穿用过量靛蓝染过的、能在身体上留下蓝色印记的衣服。非洲人认为用木槌击打靛蓝布料可使靛蓝布料有光泽，柏柏尔族男人喜欢戴用这种布料制作的头巾，豪萨和约鲁巴男人的长袍和绣花帽子也常用这种布料制做。非洲裁缝可男可女，男人也刺绣。

非洲式短衣服包括曼德猎人的短款束腰猎装，里面的口袋放有神谕。典型的长款衣服有塞内加尔布布装女服、赫雷罗族和艾菲克族女式长袍、西非男人喜欢穿有腰带的长袖衣服，而北非男人多穿阿拉伯长袍。兽皮是时尚的鞋子和靴子材料，珠子、羽毛、兽皮常用来装饰国王或酋长的衣服和鞋子。

非洲是世界纺织品的销售市场。印度的天鹅绒和棉格子纺织品、瑞士的绣花带孔布料、英国的毛织品和毛线、欧洲、日本和印尼的印花棉布都出口到非洲。欧洲礼帽、硬草帽、大礼帽、手杖、意大利的珊瑚和玻璃珠、20 世纪 60 年代从印度泊来的尼赫鲁套装以及从欧美泊来的手袋和厚底鞋，在非洲都能见到。非洲本土纺织品有棉和丝、来自拉菲亚树叶的拉菲亚纤维和捣碎树皮做的布。

总之，非洲人的服饰也为全球时尚界贡献了服饰灵感。编织技术复杂的发式、丹斯姬衬衣和非洲女性头饰、加纳的肯特布料和马里的泥布已经影响了美国时尚界。如图 4-3 所示为正在录制电视节目的时尚主持人。如图 4-4 所示为南非女大学生的发型。

图 4-3　正在录制电视节目的时尚主持人（2012 年摄于南非）

图 4-4　南非女大学生的发型（2012 年摄于南非）

第二节　非洲饰品

纵观整个人类历史，所有民族的人都有自己独特的方式使用饰品来打扮自己，以增加自身魅力。非洲人尤其是非洲女性的打扮艺术已成为摄影家们展示的热门题材之一。

美的真谛在于人。不同地域非洲人的衣着习惯都是美学表达，组成了一个美学系统。不同的衣着习惯反映出了当地人的感知力，记录了不同文化的历史性交流。在非洲人们通过珠宝、衣着与发式来打扮自己。而有时候他们的打扮不仅仅是靠服饰，比如在一个仪式的开始阶段，有的人会赤身裸体没有任何装饰，有的人会在赤裸的身体上涂抹一些油彩。有时人们用一些临时性的装扮，比如戴一些头饰或是将头发剪成不同的发式，有时人们则是通过纹身来打扮自己。整个非洲大陆的所有文化中都要通过打扮来表示不同的成长阶段和庆典中仪式的不同阶段。从出生到结婚再到死亡，人们通过不同的穿衣打扮来展示所处的社会地位。大多数情况下身体的服饰意义重大，但也有时候仅仅是为了好玩。在过去几百年的时间里整个非洲大陆不同的社会中会采用不同的方式来显示自己的富有，如黄金、白银、铜、象牙和珠链。经过极具天赋的专家打磨，这些东西被制成了不同形式的装饰品来增加其主人的权力和威信，像世界其他国家的文化一样，非洲珠宝也是显示所有者的地位和身份的重要象征。

一、非洲黄金与金饰

1500 多年来，西非的黄金是世界经济的重要部分。从 3 世纪开始，穿越撒哈拉沙漠的游牧民族柏柏尔人的贸易使非洲变成了国际金融市场的一部分。到了 8 世纪，在北非和埃及的淘金热将西非带入了铁器时代。古代的加纳王国占领着南部，就是现在的毛里求斯和马里一直到 13 世纪，马里的皇帝曼萨·穆萨在 14 世纪的时候处在其权利的鼎盛时期，这位皇帝去麦加朝圣过。此次朝圣也让整个穆斯林世界知道了马里的实力和昌盛。随行的驼队中有 100 头骆驼满载的是黄金，当他到达开罗的时候将这些黄金挥霍一空，导致开罗的黄金贬值，这个影响持续了很多年。15 世纪初，欧洲的商人们开始在西非海岸线的各个中心城市经商，他们观察到了当地人们的着装习惯。1482 年葡萄牙的一支远征队遇到了阿坎族的酋长，他的胳膊上、腿上、脖子上戴满了金链和各种形状的金质小饰品，他的头上和胡须上挂满了数不清的金铃和金珠。后面的几百年黄金的贸易主要集中在黄金海岸，直到 1957 年加纳独立。

尽管非洲的艺术传统历史悠久，但能保留下来的金饰品仅能追溯到 19 世纪。由于黄金是财富的代表，故人们从未停止过黄金的交易和流通。一位国王曾经下令每年的“山药节”都要把所有的黄金熔化重新成型，在再次流通之前还要征收黄金税。非洲黄金海岸线国家的这些领导人，不但认识到了黄金是财富象征，而且还认识到了黄金回炉熔化掉重新投放市场的重要意义。据阿散蒂人记载，在 1701 年该国建国的时候，政府曾下令全国所有象征着过去的物品必须全部销毁。

黄金作为这一地区的流通货币一直持续到 19 世纪末。与加纳不同，南部的好望角没有酋长或是其他形式的类似领导者，因此也就没有对个人拥有金饰品的相关禁令，在这里黄金主要是有钱人的首饰。在一些节日庆典时，男人和女人都可以将金饰戴在头发上或是挂在脖子上来显示他们的魅力和地位。现在这些黄金饰品被当成传家宝，一代代相传下去。在一个名叫浅水湾的区域，如果一个人能将金饰加入自家的传家宝中，他的社会地位就会得到显著的提高，他的金饰也会在公共场合展览以显示他的成就。

波勒地区的珠子和吊坠，有小碟片、方形、小细管和双锥体，因为受到阿坎地区的启发，在金子中添加了大量的银和铜。除了上述抽象的设计外，更为经典的是人脸或人头设计，图案往往是一张蓄着胡须的男性的脸，细心雕琢的发型，面部的纹身都能看到。面具的内涵丰富，有时候代表朋友或情人，有时候代表祖先或原酋长。人们赋予这些饰品的意义已经超越了装饰功能，有的被认为具有缓解矛盾的功能，是解决争吵的手段，有的则是能保护佩戴者的身体免于伤害。

二、银饰和铜饰

在达荷美王国（如今的贝宁）统治时期，皇家的艺术创作会体现在进口的金属中，这些金属大多是通过贸易换来的外国货币，他们的外商有比利时人、西班牙人和美国人等。皇家将大量的外国银元熔化后来装饰皇廷，也就有了非洲早期专门做银匠工艺的家族，比如宏同迪基家族就是专门的银匠家族，他们的老主顾是达荷美王国的历代国王。达荷美王国在 17 世纪初实现了对整个内陆地区的统治一直到殖民地时期。19 世纪中叶，达荷美王国还在依靠当贩卖黑奴的中间商而大发横财。

通过佩戴银币改造成的护身符可以体现一个人的财富和身份。经过工匠们的精心加工，银币被制作成带有英国狮子、乔治三世及他的皇后的护身符，现代护身符的图案更是丰富多样，有飞机、汽车、十字架、变色龙等；还有一些护身符是用来代表权力的，如葫芦，动物的角做的小容器都是神秘力量的象征。

在现在的尼日利亚地区，贝宁是个非常有生命力的国度，其历史可以追溯到七百年前。从 1300 年建国开始，各时期领导人就非常注重用奢华的装修来强调他们神圣的王权。贝宁作为一个地区的力量出现是通过控制当地的贸易网来实现的，到了 1485 年，贝宁已经与欧洲的很多商人保持着贸易往来。在 15 世纪后期，该国家主要的货币形式是由葡萄牙人带来的叫作马尼拉的铜币。如今贝宁引以为豪的艺术品还是那个时期用化掉的铜币做的。

三、珊瑚和象牙饰品

在贝宁的皇宫里陈设着各式各样的装饰品供国王及其王室家族享用，其服饰做工尤为精良；王族们也正是通过这些提高了他们的地位和身份。比如一个勇士酋长要佩戴金钱豹牙做的项链来彰显其身份，他的衣领要镶上珊瑚珠，裤子的臀部左边还需要用黄铜点缀。从 15 世纪开始，来自地中海西岸的珊瑚珠成为了贝宁进口贸易中的重要商品。由于珊瑚珠在皇廷中的重要地位，以至于传说一个王朝的起源要从拥有珊瑚珠开始。选择珊瑚作为王权的象征是一个王国实力的体现，传说中描述珊瑚是海神奥路昆在精神上和经济上对王室的眷顾。因此国王往往独自占有珊瑚珠和石珠，有时候做一套珊瑚珠镶嵌的衣服，包括皇冠、围脖、礼服、首饰甚至还有鞋子。尽管有时候他会将珊瑚珠分给酋长、大臣和皇宫里的一些组织，但只是借给他们佩戴一下而已。

象牙是贝宁最为重要和珍贵的资源，其买卖由国王本人亲自掌管。大象具有巨大的力量和庞大的身躯，被人们看作是权力的象征，因此才使用象牙做饰品。国王会将椭圆形的铜质面具分发给下面的长官们，而象牙饰品则由国王自己佩戴。

在扎伊尔，人们把象牙做成各种饰品供社会各个阶层佩戴。在中部的蓬德地区，面具已经变成了挂在脖子上的小饰品。在治疗一些疾病的时候，巫师会开出象牙饰品作为治病的方子，但是一般人只能用木制象牙仿制品，专业的雕刻家制作象牙的挂件作为饰品来佩戴的情况较为罕见。由于象牙饰品经过人的抚摸会变成人们偏爱的白色，持有者会天天用水和细沙来打磨象牙，使雕刻的痕迹慢慢模糊而显得更为珍贵。

刚果南部的卢巴人认为象牙挂件能反映出它和佩戴者的亲密关系，因此雕刻家们把象牙挂件当作和人最亲密也最通人性的工艺品。象牙和动物的角、骨头串在一起，被挂在胸前，或是和护身符、珠子一起佩戴在胳膊上。有时候人们会把女性人物或是某个需要纪念的人雕刻在象牙挂件上。尽管细节上会各有不同，所有的挂件都在一定程度上象征着 19 世纪的卢巴女性的头饰和纹身。为了表达对先祖的敬意，这些工艺品上还会被抹上油以显示其神圣化，由于经常涂油加上人的触摸，这些工艺品的表面会变得非常光滑而且有一层浓浓的焦糖色。

四、珠饰

圆珠饰品最简单的形式就是一串珠链，圆珠的数目可多可少，有的珠链做工异常精美。几串珠链戴在一起就像女子的贴颈项链，再长一点就到能垂到胸前，有的是作为手链或是脚链，还有的是作为头饰。有时候考古学家们能通过挖掘项链的出土位置研究出古时候的珠链是如何制作和穿戴的。在非洲南部赞比西河的峡谷中，人们在一些坟墓中发现了15世纪进口到非洲的玻璃珠链。在南非的克拉泽斯河口洞穴内的一些坟墓中，考古学家通过一些贝壳和鸵鸟蛋壳做的珠链推断出当年墓主人是把这些珠链带在身体的哪些部位上。在尼日利亚南部的伊博—尤克乌地区发现的9世纪的权贵坟墓中，尸体上戴的是用铜线串起来的蓝色珠子的臂带，至今还保留着当初的面貌，颅骨附近的珠链表示头上曾经戴过珠链，腿部下方的珠链是戴在脚上的。很多珠链一排排的罗列在那里，这说明它们当初是有规律地缝在衣服上的。该墓里出土的珠子超过63000颗。

19世纪初从欧洲进口的珠子被非洲人看作是身份地位的象征，都是专门给重要人物使用的。从15世纪末开始，葡萄牙和欧洲其他国家的人开始向非洲出口玻璃珠子，这些珠子的工艺要比印度的玻璃珠子好得多。阿拉伯人和欧洲商人与探险家要穿过非洲某位酋长或国王的领土时，有时得用珠子当买路钱。这种制度标志着这位酋长或国王对到其境内的珠子有绝对的所有权。非洲的王公贵族用珠子来替代象牙、狮皮、豹皮、羽毛作为权力的象征，无论是极为珍贵的珠子还是常见的珠子，都被他们当成宝贝。19世纪初，一位名叫丁格恩的祖鲁国王，就为他和他的妃子们收藏了进口到该国的绝大多数珠子，当时有记载说该国王和妃子们的衣服都有珠子串起来的穗子镶边。20世纪末扎伊尔的一位库巴国王的礼服上的珠子竟然重达83.9千克。

在非洲的南部和东部，各式各样的装饰品很长一段时间里都是纯色植物种子串联做成。数以万计的种子串在一起，像一块多彩的布一样披在身上，又像衣服又像首饰。非洲最早期的首饰中珠链是用鸵鸟蛋壳打磨之后串在一起做成。在古罗马时期，这些手工制成的珠子都是出自埃及或是伊朗进口而来。到了9世纪，阿拉伯人在非洲的东海岸开始了长期贸易，他们用玻璃珠子、纺织品和中国瓷器来交换非洲的象牙、奴隶和黄金。1498年葡萄牙人控制了横跨印度洋的贸易，他们发现非洲人开始喜欢上了印度产的珠子。从16世纪到18世纪，大量的玻璃珠从匈牙利、荷兰和捷克斯洛伐克运往非洲。

在南非有大量风格迥异的珠链。南非是个盛产钻石和黄金的地方，早期被欧洲的殖民者进行了疯狂的掠夺，并进口了大量的玻璃珠，将它们当成一种重要的资源和财富的象征。地方上的管理者对玻璃珠享有绝对的控制权，并命人将它们编织成华丽的物件借此象征他们的权力和地位。在阿坎地区，很难找到19世纪前的珠链，因为它们总是被熔掉重新使用。与其他地区的珠链不同，阿坎地区的珠链工艺品都是由妇女制作。德兰士瓦省及其附近地区的珠链和大型壁画告诉我们，几百年来恩德贝勒的妇女有着与众不同的手艺。饰品鲜明的等级色彩，珠链更是能够表达穿戴者的年龄阶段。小女孩们往往佩戴的是一小捆带穗子的珠链。到了青春期，就要换成更为结实的四边形的围裙。而到了婚礼上，恩德贝勒的新娘除了其他的饰品还会戴着一件用珠链编成的面纱，并穿着一件珠链编织的裙摆。此后会有各种带有珠链的围裙、小毯子、金属项链，胳膊、腿上的金属圈象征她的身份。通过珠链来象征妇女在恩德贝勒族中的地位和一生的工作分工的方法也开始适用于成年的男性了。在仅有的几次男性佩戴珠链的场合中，比较重要的就是男孩成人礼，这标志着他从受女性的影响过渡到了男性环境中来。

早期恩德贝勒族人的珠链饰品能够保存到现在的基本都是由小白珠子串起来的链子。珠链工艺品的设计在 20 世纪的时候基本上还保持着原有的风格，但随着时间的推移，珠链工艺品在颜色、款式和用料上都发生了很大的变化。从 20 世纪 40 年代到 50 年代，由于有了各色的珠子供艺人们选择，珠链饰品的设计和色彩选择上有了很大的突破。到了 20 世纪末，妇女们佩戴的珠饰品已经融合了象征着她们生活环境和阅历的图案，如字母、电话线杆、配件、飞机或房子等。

18 世纪末，南非纳塔尔省也开始进口珠子。之前该地区还是由部落酋长们统领，当地主要居民是农民。后来丁吉斯瓦约国王为祖鲁帝国的建立打下了坚实的基础。新王国逐渐吞并了恩古尼族的酋长部落，并驱逐了其他氏族。南非祖鲁的国王们通过对军队的绝对控制和国外商品的控制，将政权牢牢地掌握在自己手里。但当葡萄牙商人们在代尔歌湾站稳脚后，他们起的作用越来越大，引发了与当地人的冲突，影响了祖鲁国王们对珠链艺术品贸易的控制权。吉斯瓦约国王专门下了一道命令宣布由他掌控国际贸易，违者处死。1819 年，他的侄子沙卡（1787—1828）接任王权，进一步加强了中央集权，对部队实行铁腕管理，要求所有与珠链相关的物品必须交出他使用和分配。在沙卡统治的几十年里，他扩大了祖鲁王国的影响。

1825 年，当第一批英国商人来到南非纳塔尔港的时候，他们发现玻璃珠已经融合在祖鲁文化中，在庆典、礼仪和社会习俗中起着重要的作用。平时老百姓被允许佩戴的各种各样的珠链饰品显示他们的社会地位和成就。在典礼中，男性佩戴的珠饰品会与羽毛或动物毛皮搭配，男性胳膊或是腿上也往往佩戴大大的铜环。功绩卓著的战士会被赏赐金属珠子做成的环饰。

祖鲁王国的衰败始于塞奇瓦约国王（1872—1879），衰败同样体现在王室对珠链控制上的削弱导致了珠链风格上的多变。英祖战争初期（1879），祖鲁人在伊山得瓦纳战役（Battle of Isandlwana）中击败英国军队，但是随着后面的战斗中塞奇瓦约国王的被捕，祖鲁王国土崩瓦解了，随之王室对珠链的控制权被减弱，更多的人可以从事珠链贸易，社会上更多阶层的人为了显示自己的身份，于是对珠链的需求越来越大，同时珠链工艺品的式样随之激增。

祖鲁人饰品的设计有一个系统的模式和色彩设计，就像是一门语言能够表达很多东西。恩德贝勒族人佩戴的珠饰品可以表达一个人的年龄阶段、婚姻状况、经济状况和出生地。此外，年轻女子制作的珠链方巾是对她们情人爱慕的公开表达，而且不同的纹理和色彩设计能够表达不同的意思，这种情况下，彩色的珠饰品不是一种字母文字，而是一种符号语言，一条或是几条珠链表达的往往是某种特殊的含义。有时候相恋中的人们佩戴的饰品别人一看就能懂其中的含义，而有时候只有恋人们自己才能明白其中的深意。

从 20 世纪 20 年代起，祖鲁人的民族、文化和国家观念复兴。每年春天，全国各地的年轻女子来到首都为国家领导人和来宾献上舞蹈。国王也利用这样一个机会向代表着国家未来的年青人发表演讲，这也是一个宣扬其政治理想的舞台。大约 4000 名年轻姑娘们穿着做工精美的舞蹈服装表演舞蹈。

在 19 世纪 20 年代，由于英国人的侵略而造成了大量恩古尼难民涌入东开普省的科萨人居住区，后来更多的非洲人移民到这里，如赛姆布人和姆丰谷人。这两个民族在 19 世纪改变了他们的服饰风格，他们把珠子项链和纽扣缝在宽大的领子上。与祖鲁人的珠链饰品相比，科萨人的链子相对保守，也没有那么多明显的象征性意义，只有带珠饰的领子能把他们与周围的居民区别开来。

在 20 世纪后半叶非洲民族主义兴起的时候，由于珠饰品与非洲文化和血统的紧密联系，带有传统意味的珠饰品服装便有了反殖民主义的特征。在受审那天纳尔逊·曼德拉便穿着非洲传统服饰，他身披毯子，脖子上、胳膊上、膝盖和脚踝上戴满了珠链，彰显出他的文化身份。他的服饰使得他在被告席上的演讲增色不少，并彻底地否定了整个审判的合法性和整个司法体系。尽管非洲民族议会（ANC）发布了一张曼德拉穿着东开普省服饰的照片，但是这张照片和非洲民族议会的一些领导人的照片由于对曼德拉的指控和议会的禁令而无法登报，所以直到 1990 年的时候，这张曼德拉 30 几岁的照片在南非才得以重见天日。

由于不同美学和服饰习惯下的影响，传统的服饰习惯正在发生改变，但是还是有很多传统被保留下来并沿用至今。如今，新的衣着习惯和行为方式随处可见，西非的青年男子也戴着首饰，这正是非洲当地的传统文化和当代欧洲文化共同影响下的结果。

珠饰手工艺逐渐专业化。珠链的制作或佩戴取决于所在民族的文化。在制作石质或是金属珠链时，大部分的工作是由男人来完成的，只把抛光和串线留给妇女来做。而非洲南部的布西曼族是由女人来制作鸵鸟蛋壳珠子。珠子的制作通常取决于工艺的复杂性和工作的重要性。在尼日利亚的约鲁巴地区，住在城市里的国王会专门雇佣一些男性专业工匠来制作王冠、袍子和礼服上所需的珠子。这个工艺由一个大家族所专有，他们会去全国各地承接工作。男人们还会制作一些典礼上用的珠子，如占卜者使用的包和项链，这样的工作必须是由男人来完成。在喀麦隆，专业的技师会为王座、凳子、葫芦和面具做专门的珠子。

普通人穿戴的珠链往往是妇女做的，她们主要是用威尼斯进口的玻璃珠子来做珠链。珠子在过去和现在都是当作装饰品，有时候还被认为具有祛病辟邪的力量。通常情况下，人们会把一串珠子系在刚出生的孩子的脖子上或是腰上，随着年龄的增长，再不断地增加珠子。女孩子会在腰带上系一个珠子穗，并有机会就往里加珠子，到了结婚的时候，就能攒下不少珠子当装饰品用。婚后的女性会不断地调整自己的珠链来记录婚后生活的变化：从一个新娘到一个孩子的母亲或是第一个儿子的出生等。珠链的制作通常是一种社会活动，在制作过程中，一些设计就会传承给下一代的年青人。

珠饰富有象征意义。珠子在女性一生中的各个阶段都起着非常重要的作用。当一个女孩子到了青春期，通常要庆祝一下，因为她到了可以结婚生育的阶段，这也是她人生中最重要的工作。坦桑尼亚的伊拉克族的少女要在灌木丛中的隐居期学会家庭妇女要干的各种活，其中一项就是把裙子后面的皮革嵌满珠子。这种工作在东非极具代表性。非洲南部沙漠高原的喀拉哈里沙漠地区，姑娘们要参加一个“踏入社会”的仪式，在这个仪式上姑娘们要戴上数不清的珊瑚珠子，这些珠子好多是从远方亲戚那里借来的。加纳也是如此，在迪坡的“成人仪式”上，克鲁伯族人和加族人浑身上下全是用珠子披盖。人们认为这样能够增加一个女孩的魅力，帮她找到一个好丈夫。如果女孩子家里没有足够的珠子，她的家人就得从远方亲戚那里租，而且还得赶着亲戚家的女孩还不到结婚论嫁年龄的时候租。

即便是一个女人结婚后，她仍然会在她的腰间戴一串珠链，这是她和丈夫的“私语”，以此来向自己的丈夫示爱。在西非，有的妓女也是用这样的方式招揽生意。但是在赞比亚，如果一个女人把本该系在腰间的珠链戴在脖子上会被人看成放荡的表现。在东非，男人们很少佩戴珠子，而女人们往往是把珠子戴在头上或是脖子上，她们的皮革围裙也往往用珠子镶嵌。而在非洲南部，男人和女人都会佩戴珠链，有时候珠链上的珠子量还很多。恩德贝勒族、科萨族和祖鲁族佩戴珠链是最出名的，尤其是祖鲁人的“情书”式珠链。

提到祖鲁族，人们就会想到他们的“情书”。这样的记载首先是出现在 1907 年，后来在 1951 年、1963 年和 1994 年出现过。人们更多地倾向于使用祖鲁人的“情感象征”这个名词。不同的颜色表达不同的意思，当某些颜色被排列成某个特定的顺序时，就用来表达某种信息，这些信息的表达不是通过文字，而是一种私密的交流方式；信息的内容是在一个无人识字的大环境中形成的，在这样的环境中，妇女们和姑娘们一起做珠子，每个人都明白在她们的氏族中某个意思是如何表达的。通过这种方法，一个姑娘可以暗示她喜欢上了某个小伙子，但是很遗憾这个小伙子还没有向她求婚，或者一个妇女可以通过族中的一种约定俗成的珠子的排列方式来现实她的社会关系和地位。祖鲁的一个公主曾经说过：“只有懂得和理解这些信息，才能对人们的生活方式、心理、传统和民俗有个较为全面的了解。”她说，“就连文盲姑娘都会用自己的颜色和图案设计来误导她的父母或竞争对手”。通过珠链来表达不同的意思，每个地区都有自己的具体而明确的方式；在南非的夸祖卢地区，已经有越来越多的人识字，所以这种通过珠链表达意思的方式正在慢慢消失。想要读懂珠链中所表达的含义，人们需要从链子的中间读起，这就要求在颜色安排上有一种对称美，这对意思的理解非常重要，同时还能产生一种让人舒服的美感。

生产玻璃珠有两种基本方法。一种是将玻璃旋转着倒进一个线型的细棒或是芯棒中形成想要的大小，然后冷却后顺着芯棒滴下来，因为中间有小气泡，所以穿孔就很容易。更常见的方式是把玻璃拉成细管子，再把细管切成所需要的长度，而后在转动中冷却，也能形成一种中心带孔的小珠子。

还有几种与众不同的珠子。雪佛兰珠按白红蓝相间放在一个星状的模子里，底部需要打磨才呈现出 V 字形的效果。阿格雷珠最早出现在 16 世纪，由几内亚沿海地区传入内陆，量少而价格相当昂贵。这种半透明的双色珠子在阳光下呈蓝色，背光时呈黄绿色。有人猜测这种珠子是由几内亚湾的一种珊瑚做的，但是无人能给出明确的答案。红珊瑚是葡萄牙人在15世纪的时候从地中海进口到贝宁和尼日利亚，加工成珠子进献给国王和他的朝廷。这能给皇室们带来一年的节日庆典，王室成员把珠子重新组装，用动物的鲜血浸泡，他们认为这样可以加强他们的王权。博多地区生产的珠子最为珍贵，只有最有权势的人才能使用。这些珠子的起源已经无人记得，传说是“从地里挖出来的”。还有传说描述了把一粒珠子与碾碎的车前草一起放进一个漂亮的壶里，一年以后就能生出另一粒珠子。做这种珠子的配方还流传着很多很多。

珠饰贸易。珠子用来显示身份，用来装饰，还可以被当做货币。珠子买卖曾经是重要的商业，吸引了来自威尼斯、波西米亚、德国和法国等诸多国家的制作珠子的工匠。负责运输的人有来自英国或荷兰。在加纳，从1827年到1841年，每年平均进口34吨的玻璃珠子；1846年，珠子的进口额达到了整个国家收入的15.7%。流入非洲大陆的珠子总量让人震惊。而现在非洲的珠子从进口变成了出口，因为很多时装都需要用非洲的珠子或珠链来装饰。

五、非洲裔美国人的服饰

服饰是非裔美国人最丰富多彩的文化传统之一，它根植于非洲大陆，被非裔美国人不断地创新和改造。非裔美国人的发型、服装、装饰都是他们文化符号的呈现方式。

六、发型

头发的修饰和头发装饰品是非洲移民形体艺术的传承中最明显和普遍的例证。非洲人的发质使他们对发型的选择非常多样化。这些诸如剪发、多辫式毡化、编织、绕卷、交织缠绕的发型行走在时尚的前沿，而且有广泛的地理分布。有些头饰艺术、技能、审美价值观通过中间通道而幸存并且世代传承下来。由于复杂编制的辫子很像玉米须而被联合国称之为玉米编发的技能和工艺，与来自于圭亚那和加勒比海岛地区的美国南部非裔社区有着深厚的历史渊源。其实玉米编发只是联结非裔美国人和他们的非洲文化根源的服饰和个人装饰传统中的一个方面。

玉米编发已经成为一种非洲文化符号，是纽约、波多黎各和古巴的宗教信仰者的日常和正式场合的标志发型。非洲离散时期的服饰艺术和身体装饰都反映了根植于非洲大陆的传统。

300 多年来，美国非裔社区只有很小的女孩和很老的妇人才编发。自 20 世纪 70 年代，编发传统在美国复兴甚至变成一种艺术形式。一大批来自塞内加尔、冈比亚、马里的西非妇女在美国为非裔美国人设计和编制发型。这种习俗从几乎只在家中进行的活动变成非洲移民的主要财富来源，以及非裔美国人形体艺术中十分精心制作的部分。装饰性头巾的系法和穿法在非裔移民中广泛传播，普遍被认为是非洲人身份交流的标识。围巾与非洲人的身份有关系，围巾的样式、系法、轮廓的配置、围巾权力的暗示、身份或者信息的传达在费城的科特迪瓦族妇女和亚特兰大的非裔美国学生来说都有不同的含义。在泛非洲传统下，特定特征可以指明对一个种族、一个宗教群体的友好关系，或者暗示在群体中的地位及标示对守护神的尊重。如图 4-5 所示为开普敦大学里的非裔美国女生。

图 4-5　开普敦大学里的非裔美国女生（2012 年摄于南非开普敦大学）

七、服饰

非裔美国女裁缝保留了在奴隶社区非洲制衣传统传承。他们从自己的非洲祖先那里继承了关于图案和颜色与美和得体衣物的概念。他们使用旧衣服给相似的被子做装饰，并且将二手的布料重新做成新的衣服。他们使用树皮和靛蓝植物自然染色，可以让他们制作出不同颜色的线。

自 19 世纪到 20 世纪中后期，非裔美国社区居民喜欢把从商店购买的衣服进行修改，对裁剪、衣物和女帽制作的热情创造出一种鲜明的非裔美国人服饰文化。从 20 世纪 70 年代起，非洲纺织和其他属于泛非洲社区的非洲服装视觉符号导致了非洲人对于非裔美国人和加勒比人在日常穿着传统的影响力大大地加强。与此同时，通过非裔美国人的服饰来重新解释非洲衣着美学，对陶醉于摆脱殖民主义的新独立运动的非洲年轻人的影响甚大。

20 世纪后期以来，美国、欧洲和加勒比地区与非洲移民之间的接触，带来了复兴非裔美国人的服装以及重新认识非洲衣服、传统裁缝和发型师的美学概念。非洲移民同时还带来了他们的地域传统和种族特色的衣服和价值观。穿着肯特衣服对于非裔美国人和在美国的加纳移民来说意义重大，加纳人把穿着肯特衣服和较高地位联系在一起。很多加纳人认为他们的民族和国家标记是他们与非洲裔美国人在穿着肯特衣服上的不同，加纳人穿着肯特服装是表明非洲身份标志，同时作为权利和权威的象征，而非洲裔美国人穿着肯特衣服是在模仿他们的样式。

非洲形体艺术包括物质文化和表演艺术，可以看作是社区视觉符号和个人自我标志。从专门的非裔美国人艺术美容沙龙到极为庄严的为逝者穿衣的传统，体现了日常生活、正式场合、特殊场合的服饰。非裔美国人的形体艺术反映了非洲传统、技能、知识和美学价值观，这些价值观也影响世界的形体艺术。

对于非洲形体美学的接受拓宽了非裔美国人对美的认知范围。对这种价值观导致非裔美国人形体艺术有更多的选择、能利用更多的资源，这些选择和资源不仅来自专业的艺术发型师、编发者、制衣者和裁缝，同样来自在服饰艺术上有天赋的普通人。

八、服饰颜色的象征意义

非洲各民族人民都擅长使用颜色表达各种庆典、宗教仪式和日常生活中的象征意义。他们工艺精湛的金饰、青铜器、木雕像和肯特布都是色彩鲜艳的工艺品。颜色在庆典和宗教仪式中的视觉象征意义非常重要，是一种重要的表达方式，界定人与人之间的不同身份，确定人与人之间的关系，这也是对庆典和宗教仪式上物品的展现和意义表述。颜色更能显现皇族身份的高贵，在某些场合下是对他们身份的进一步润色，以突显他们的级别和地位。颜色同样可以渲染宗教仪式中的庄严肃穆，折射着仪式的氛围，意义和举行周期。在色彩醒目仪式隆重的葬礼中，颜色是用来表达哀恸和变故中一个大家族的复杂关系。

加纳的阿坎族人对颜色的运用和赋予颜色的意义比较有代表性。阿坎族人使用的色彩很丰富，其中有 3 种是常用的色调：白、红（赤褐）和黑。每种色调使用的场合不同，代表着不同的思想、价值和象征意义。这些表达方式为大部分的阿肯人所认可和使用。

（1）白色。白色在阿坎族人的眼中代表的是心灵、神圣的地方、纯洁、道德、快乐和胜利。一个人大病初愈时，他和他的家人都要穿一段时间的白色衣服以表示全家人的喜悦心情。刚做母亲的妇女要穿上白色的衣服来庆祝生育的顺利和孩子的降临。白色亦是精神纯洁的代表，一个被法庭宣布无罪的人会在肩上、头上抹上白色的黏土来表示自己无罪和高兴。白色同样会被用在庆典和宗教等仪式中，寺庙会被涂成白色，神职人员将白色的黏土恭敬地撒在地上和自己的身上，以此来显示仪式的神圣，并希望借此能和神建立联系，他们从头顶开始画出 3 条平行的白线到前额然后再到脸颊。他们在肩膀、上臂和胸膛上也要画上类似的白线。神职人员用 3 根手指来画线，边画线边默念，从而使黏土能有神的力量。白色在此时是被当做佩戴的勋章来显示对神的忠诚和敬仰。

葬礼上逝者的家人披着白服并往身上撒上白色的黏土来表示对神职人员的感谢。寺庙和酋长的房子要用白墙和红地基。在修地面的时候国王亲自用红色的黏土在工人们的前额上抹三道杠以表示感谢和荣耀。在修复皇家陵墓的时候，工人们要穿着深褐色的衣服，来表达心情的沉重和对逝者伟大功绩和荣耀的缅怀。妇女将当地的寺庙刷白的时候，神职人员会把一些白色的涂料抹在她们的胸前来表示她们曾在修复神的住所时参与了工作。

皇家或是家庭中的长者用的凳子，在节日上要擦拭干净再抹上白色的黏土以示所有者灵魂的纯洁。新被任命的酋长和他的追随者们会穿上白色和其他色彩鲜艳的衣服以示他们的喜悦和对新酋长的祝贺。在参加家中长者的葬礼时，人们会打破日常穿着黑色衣服的习惯而换上白色的衣服以祭奠逝者；新丧偶的鳏夫或寡妇要有一年的丧期，一年以后他们会脱下黑色衣服而换上白色衣服。

侍奉王室多年的仆人被称为 akyerefo，负责确保国王灵魂的纯洁，他们经常穿白色的衣服或是在身体上涂上白色的图案。其他仆人提着皇室的凳子，身着白衣，由手持代表权力的宝剑卫士将白色的黏土撒在他们的胳膊和脖子上，或是在他们的前额和太阳穴处用黏土抹上一些图案表示他们在典礼上的职责。提着皇室凳子的仆人们通常会将自己的左臂和眼皮用黏土染成白色。左手染白是因为左手要用来提皇室的凳子，所以必须是纯洁的；而眼皮要染成白色象征着他们被国王的光辉照耀的无法睁开双眼。

阿散蒂人与王权和国家意识联系最紧密的是奥德韦拉（Odwira）仪式，即薯蓣仪式。仪式开始前要先将神庙粉刷一新，以祭祀祖先开始，再为国家祈福驱灾。在仪式上阿散蒂人会身穿撒着白色黏土的礼服，这样的礼服是为了渲染典礼的美感，同时也是为了彰显典礼的神圣。国王则要身着深色的礼服，对着祖先用过的凳子念祭文，这样的场景意味着国王祖先们的灵魂会降临典礼现场，而且整个典礼充满着对他们的恭敬。祭文念完后，国王就要换上色彩鲜艳的礼服继续后面的奥德韦拉仪式。典礼的每个阶段都要通过酋长们着装颜色的变化来体现；每个阶段结束后酋长们就要更换不同色彩的礼服。

（2）红色、深褐色和橙色。今天阿坎人常用的颜色还有红色、深褐色和橙色，这些色彩调出的具体颜色更为丰富，有紫色、蓝紫色、粉色等。红褐色调出的色彩所使用的场合并不固定。典礼、社会习俗中和一些私人场合都可以使用上述颜色。这些颜色通常代表易怒、好战、嗜血、不安、失落、野蛮和死亡。该色调反映出某个场合的严肃，一个人的状态，也可以指代一个全国性的灾难。

当男性穿着红色的衣服或是将红色的黏土涂抹在他们的肩膀、胳膊和前额的时候，意味着他们的反抗和愤怒，由此产生一条谚语，“我的眼睛已经是红色的了”，这意味着在国家危机中有家人阵亡，由此带来的悲伤和愤怒，这句话往往是用在征兵打仗的时候。在过去，战士们往往穿红色衣服来折射战斗的激烈和他们的愤怒。阿坎人部队的后卫军在队伍中格外醒目，他们守卫着代表政权的凳子，穿的是鲜红色或是红色，而酋长们自己穿的是深棕色的衣服，上面绘制着代表宗族的图案。

（3）深色调的颜色。深色调的颜色如黑色、棕色、深蓝色代表的是夜晚、伤痛、亲人的逝世、沮丧或是其他严肃的场合。当国王去世时，他的白色凳子要染成黑色，然后再被放进专门放置先前的国王们凳子的地方一起供奉起来。在阿坎族历史上重要时期的物品、战利品都要被涂成黑色，并放在去世的国王的凳子旁边，作为国王和国家的荣耀。个人的物品，重要的长者或贵族的勋章也要被涂成黑色放在祭祀的屋里来纪念他们的丰功伟绩。

颜色在阿坎族的政治管理中起着重要的作用。作为权力关系的一种无声的表达，国王服饰或是使用的伞的颜色要根据事务的级别和重要性来确定，当国王和其他长官们要谈论严肃的事情，比如战争时，他们会穿上通常只是在葬礼上穿的深棕色衣服来表示事件的严肃性。深色的衣服同样象征着国王在处理国内事务上至高无上的权力。在宫廷上听取各位官员讨论事务的时候，国王穿上深色的衣服意味着所讨论的事情的严肃性以及他所拥有司法和处罚的权力。

（4）金色。无论是黄金还是金色都是国王及其宠臣的专属，标志着富有、王权、至高的社会地位、财富和经济地位。在葬礼上人们从来不佩戴黄金首饰，取而代之的是木制的黑色手链以示葬礼的肃穆。黄金还有神圣的象征意义，国王会佩戴黄金饰片，表示他灵魂的纯洁和在他的统治下国家才得以繁荣昌盛。在阿桑特赫内王时期，黄金只能为其独占，只有他的凳子上才允许有黄金的装饰。阿坎族人的王后、王子和王室成员只能使用银饰，要是使用了黄金则被视为是对国王和国家的挑衅。阿坎族人最具代表性的工艺品是黄金凳子，这是所有阿坎族人灵魂的象征，是国家和民族的核心标志。

九、葫芦饰品

提到非洲饰品，就绕不开在非洲随处可见的葫芦饰品。在撒哈拉沙漠以南的非洲地区，葫芦一般做容器使用。葫芦是非洲大陆栽培历史较悠久、种植较广泛的植物，很多非洲人称它是“炮弹果”（calabash）。 在植物学上“葫芦”一词是对一种开花植物果实的叫法，而“炮弹果”则是对一种热带美洲树（crescentia cujete，意为“葫芦树”）果实的统称，后一种叫法更普遍，而且仍然可以与“葫芦”一词互换使用。

葫芦产量高而且体积大，在生活中得到广泛利用，从最简单的容器到最精细的雕琢。切开葫芦稍作清洗，就可以用来存储物品或做盛食物和饮品的容器。配上其他材料，葫芦还可以用来制作乐器、烟斗、捕鱼木筏或仪式上用的装饰。葫芦的广泛用途主要源于其下列特性：轻便、耐用、方便携带、易处理、防水。此外，还可用作染料和包浆用，还可制成工艺复杂的雕刻品及烙烧艺术品，在葫芦上加一些简单的纤维制品或宝贵的珠子和贝壳，就变成装饰品。

非洲葫芦装饰品的风格既传统又设计精密。在尼日利亚东北部地区，葫芦装饰品丰富多样并极具创造性。福拉尼人、卡努里人、豪萨人、加安达人、梯拉人和云格人都是制作葫芦制品的高手。修饰过的葫芦或未修饰的葫芦都是仪式活动上使用的重要物品。

葫芦和其他粮食作物一般在雨季下种，种在农场或庭院里，种在庭院的葫芦在生长过程中会攀援在篱笆和茅草屋顶上。葫芦是一年生植物，生长迅速，种下四到六个月后果实便成熟。在尼日利亚的东北部以及其他地区种植的葫芦长成后一般有四种基本形状：球状、扁平圆形、管型和瓶型。根据以上类别，还培育出了不同尺寸和轮廓的葫芦，葫芦的多样化说明非洲人栽培葫芦的技术。豪萨族人至少要种植四种不同直径和长度的球状葫芦，直径最小的一般用来做墨池（kurtun tawada）；直径最大的比较适合手握，就用来做哥拉弓琴（gora），还可以用来制作捕鱼木筏。葫芦的形状一般反映出该物种对环境的适应性，特别是瓶状葫芦，它的轮廓可随环境变化而变化。

非洲人多在葫芦完全成熟后将其摘下，有时也会因为需要特定的尺寸和形状提前摘取，之后把葫芦晒干、切开，去瓤、内部清理干净。葫芦的切口决定葫芦制成容器后的形状和使用方式。葫芦外壳要晾干直至坚硬。最后就可以用它来装饰或制作实用物品。如果不考虑葫芦形状，所有的葫芦都可用来做装饰品。葫芦的外壳为黄色，比较坚硬，有几毫米厚，表层绿皮在做装饰之前都被刮去。葫芦的颜色及其多孔结构决定了其可以做成何种装饰品，并且能适应时代的审美变化。

在非洲的大部分地区，葫芦的表面式样是随时代变化而变化的。尼日利亚东北部的人们有 6 种制作装饰葫芦的方法：烙刻法、雕刻法、刮雕法、描绘法、上色法和添加装饰法，构成了种类繁多的装饰样式。每种装饰方法都有其优点和局限性。每个族群选择的装饰法不仅仅是出于审美标准，装饰技术和样式的选择也受社会历史现实影响。葫芦装饰工作一般由女性制作，但豪萨族的男人也会参与。

烙刻法是最常用的雕刻技术，用烧红的金属刀片在葫芦表面烙出条线。雕刻法用一个带尖的器具，在葫芦表面上刻出条线，此法对葫芦表面损伤小，还能给线条涂上黑色燃料。

在葫芦上添加的其他装饰物主要有皮革制品、珠子、编织品或编好的拉菲草。有时也会有一些比较高贵的装饰材料，比如玻璃珠子（在喀麦隆大草原）、贝壳、金属细丝（在非洲南部地区主要用黄铜丝、铜丝或钢丝）。

第三节　非洲编织

从没有文字记载的远古时代起，非洲人就能编织精美的编织品。编织品比陶器更容易损坏，但人们还是从沙漠和埃及坟墓中出土的文物、壁画中推断出，非洲编织是一门多变又相对保守的工艺。这门已经有几百年历史的工艺现如今还在为人们所使用，制作形状没有太大变化的容器。许多手工编织品已不再制作，取而代之的是现代化大生产条件下的替代品，有的新编织品已经不再是传统的非洲工艺了。

在非洲人的手中，草、棕榈叶、木头、芦苇、剑麻、竹子，有时候动物身上的纤维或是合成纤维都是编制的原材料。一把刀、一个钻、一个用来浸泡纤维的盛水容器就是编制的工具，非洲人就是用这些简单的生产资料来制作编织品。不像纺织，编织品的编织不需要架子、线轴和梭子。编织品的简单制作工艺既有局限性又有方便性。非洲大陆编织品大部分是容器，但绳子、吊带、包袱或更为复杂的东西也都纳入编织品，已经被用到了方方面面，如衣服、斗篷、拖鞋、腰带、帽子、手镯、脚链、项链、头饰、钱包、小包、梳子等都被用来遮挡和装饰身体；盒子和箱子来装个人的物品，不同形状和大小的编织品用来搬运或是储存东西；托盘用来筛谷子，编织的较为疏松的东西用来筛面粉或是榨汁；碗和碟子用来风干食品，包裹得密不透风的碗用来储藏饮料。有的房子的墙、屋顶和门挂的都是编织品，里面放满了编织的垫子或是其他的东西。栅栏，带子，大的粮仓，蜂箱，家禽的笼子也都是编的；装剑、刀鞘，箭筒，捕鸟、抓小动物、捕鱼的笼子，头盔、盾牌，船帆等也都是编织而成。各式各样的容器，像沃尔泰克的北部那些镶嵌着装饰品的各种形状的结婚用的篮子，一直都是交易品。像在马拉维的切瓦人，在祭祀的时候，可以看到编织的面具；像乔奎族或是其他民族，他们的编织品更多的是容器，在里面放零零碎碎的东西。篮子是重要劳动物品，在安哥拉沦为殖民地前的大商队贸易时期，码头工人都是用大篮子来背货物。20 世纪初的刚果矿工、殖民地时期的安哥拉咖啡种植园农民干活都使用编织的篮子。

编织品分类及其作用。在非洲很多情况下，各种编织品都具有多功能的特点。碗可以用来盛面粉，也可以用来盖东西。大篮子既可以装东西，有时候也用来装死人。不同的编织品可以有相同的实用功能和典礼祭祀礼仪功能，一个篮子可以先用来装东西，然后再等到祭祀的时候用。日常用品和典礼用品在非洲文化中通常是同一个东西，不再区分开，不像其他的民族，一件东西往往有其固定的作用。

一、编织品的装饰作用

为了达到装饰的目的，非洲的编织者往往是随手选择不同的编织方法和工艺，有时又会加进一些染过色的纤维以编出不同的图案；有时候会加一些像小球、贝壳、金属、羽毛、皮革、动物的毛发、布条和纽扣到篮子的表面，比如尼日利亚的尼博人，会把整个篮子的外面全部贴上贝壳。在这片大陆上，人们会经常看到编织品的图案上有木头，金属，或是黏土等材料。

装饰丰富的编织品往往是跟权力和礼仪相关，如刚果原先的酋长们经常戴一种用铜片镶嵌的塔式帽子。这些酋长或其他重要人物的装饰品也不会是一成不变的。即便是普通百姓用的物品装饰也是令人赞叹。在被驱逐前，安哥拉的恩米加兰的一个部落，日常用的花瓶式的篮子就是用珠子来装饰的。喀麦隆有一种叫易福的篮子，也是用珠子和贝壳来装饰，这是强大的妇女力量象征，而不光光是酋长或国王对装饰品和其质地情有独钟，这也表现了实用性和装饰性可以并行不悖。艺术不需要靠装饰为其添彩，一个普通的没有装饰品的篮子也可被视为工艺复杂的艺术品。

经常有两种相反的观点：一种认为，在沦为殖民地前的东西要比现在的手工制作的物品更有艺术性，前者是艺术品，而后者则毫无艺术价值可言；另一种观点认为，无论是现在的还是过去的所谓的艺术品顶多就是用品，尤其是跟国际市场上的那些特别强调设计和技术的艺术品相比时，这些物品毫无艺术含量。后者认为，艺术只有在制作者放弃了实用功能的时候才能出现。

无论现在还是过去，非洲的编织品无处不在，在这个物质世界中，不同民族的人将不同程度的重要性添加到这种艺术中去，从不同程度上展现了他们制作的编织品的卓越和他们自己的创造力。群体是这样，个人也是如此。如图 4-6 所示为刺绣的动物。

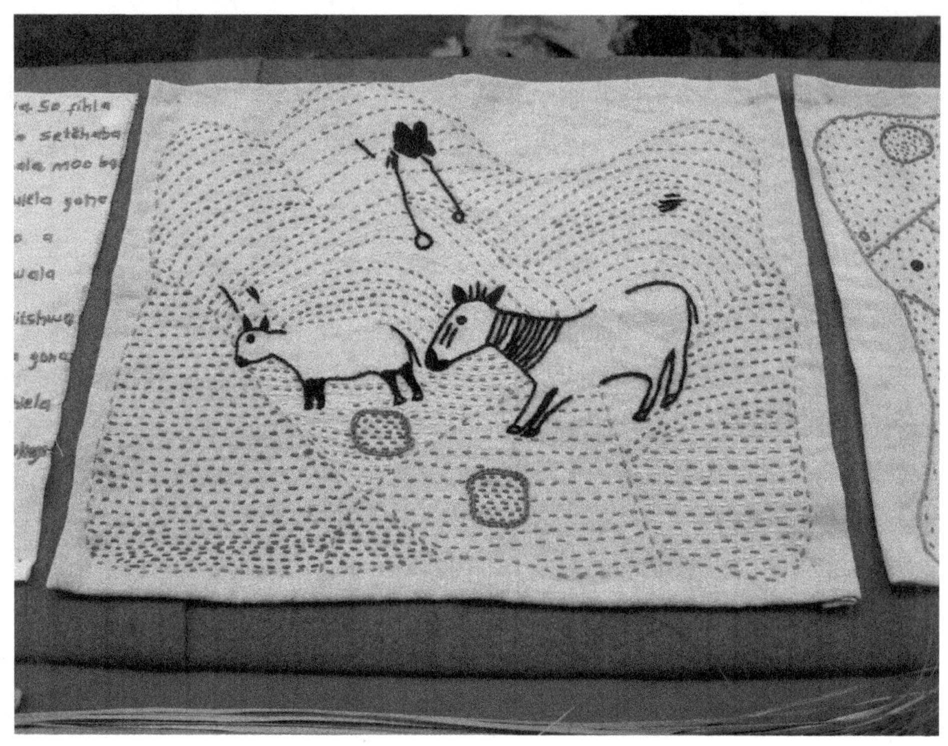

图 4-6　刺绣的动物（2012 年摄于南非）

二、编织技术

非洲每个区域都有自己有特色的手工艺品，有的地方是擅长缝纫刺绣，有的地方是擅长编织，有的地方是擅长捆扎，有的地方是擅长用枝条编东西。在非洲，往往一看工艺就能知道是哪个地方的产品。比如埃塞尔比亚、布隆迪、卢旺达和整个非洲的南部地区主要是以精细的缝纫出名。埃塞尔比亚的纺织餐桌布的颜色非常夺目，在 2.5 厘米内能有多达十种颜色的变换；布隆迪的胡图人和图西人，卢旺达人制作的带有圆锥形盖子、螺旋图案的碗是出名的精致优美；祖鲁人的篮子色彩夺目并带有丰富的几何图案；海姆布库书人和贝伊人的带几何图案的罐子和碗格外出名，他们主要是受到来自周围环境的启发，尤其是动物们，所以他们的几何图形的名字都非常独特，“麻雀的尾巴”“乌龟的膝盖”“公牛的尿”等等不一而足。

在刚果民主共和国，赞比亚的中部和东部，莫桑比克的北部，非洲的东海岸等地方，斜纹编织物是著名的地方特产。刚果的特特拉，赞比亚的安博和恩格尼，莫桑比克马孔代生产的大部分的篮子都是用这种技术。给人印象最深、工艺最为复杂、修饰物最多的当属刚果低地和马达加斯加。整个非洲大陆的编织工艺无处不在，镂空的编织品往往是渔网或是猎捕动物用的，还有用枝条编的栅栏，甚至是围墙。用枝条编出的镂空的编织品在非洲是最常见的物品。

三、专业化编织

非洲的编织工艺长期以来是按结构和性别分工的，女人负责编织小的器皿，男人则负责加工大的，但也不是绝对，总会有例外的情况。莫桑比克南部的聪加人在 20 世纪初的时候把自己的物品都是放在编织的小盒子里，而这种小盒子恰恰是男人们做的；喀麦隆草原上的男子也曾经编织一种小的手持盾牌。既然有男人编织小的，就会有女人编织大的物品。安哥拉的卡宾达女人编织的精美的毯子因其设计精美让人赞不绝口。

虽然男人和女人都在做编织的工作，但是分工还是有性别差异的，有点男主外女主内的感觉，比如，女人做的往往是家里的用品，男人做的是渔网。然而在安博、恩格尼、马孔代等地，家庭用品也得是男人做。而整个非洲大陆男人都得做的是打渔和打猎的物品。值得我们注意的是，这些编织品也经常用来标识使用者的性别，尤其是女性用的物品要女性化，像在阿格海姆方格姆地区的女性在农田里使用的大篮子代表着她是农耕者和养育者；当她去世的时候，人们会把她的篮子砸碎与其一起埋葬。

赞比亚南部的聪加人说，篮子的制作者都是由祖先们的灵魂选择并进行指导。在非洲文化中，人们往往认为每个人都有艺术天赋，而他们所需要做的就是观察和模仿周围的邻居或是亲人，然后再多多练习而已。通常这些制作者都是中年人或是老年人，现在很少有人是全职编织者。他们往往都把时间花在更赚钱的种地、打猎、捕鱼中去，而编织只是挤时间做或是在相对闲暇的时候做的事。在他们看来，编织能多赚点额外的收入补贴家用，买点煤油、肥皂、油、糖之类的东西。只有在有人说要买手帕或是有人说要买篮子的时候，年轻人们才会多花点时间。如图 4-7 所示为带盖的篮子和木雕。

图 4-7　带盖的篮子和木雕（2012 年摄于南非）

四、非洲及国际编织品市场

大多数的编织品都是为了家用或家族用。小贩会把他们做的编织品拿到市场上卖，市场是编织品销售最多的地方。在科特迪瓦的科霍戈就有几个男子专门出售他们编织的带盖子的篮子。大量的篮子被卖给了传教士、商人、探险家、研究者和旅游的人。数十年来，一些中间商把博茨瓦纳带图案的篮子和肯尼亚的剑麻包卖到国际市场上去。中间商负责告诉编织者他们远方客户的需求，如干净便捷且色彩明丽的碗、罐子、大浅盘、桌布、包的需求量都很大。盛谷物的谷仓和捕鱼的工具在西方就没有市场。西方人更喜欢一些看上去有年头甚至是用过的东西，如木雕之类，人们会把它们当成上等的工艺品。当然为了迎合客户的口味，非洲的手工艺者们也在做着适应性的调整。虽然有人在坚持用旧工艺和材料，但是有的人已经开始使用新材料，如染色剂、合成纤维和塑料，甚至有的还使用电话线。还有的人使用上了新工艺技术。如今住在赞比亚北部的卢瓦勒人就用新的工艺来制作洗衣服或是购物的篮子、茶杯托、嵌有装饰品的盒子，他们把自己的作品卖给当地的有钱人、政府官员或是传教士们。

无论是传统的还是现代的编织工艺在非洲都是有生命力的。有人认为上世纪巨大的历史变迁慢慢地却又彻底地根除了大多数非洲编织工艺，这些手工编织的东西一个个地被放弃使用。其实更多的手工编织品在更早的时候就被丢弃了。埃及大概在两千年前就将木制的箱子改为编织的箱子了。一些篮子在20世纪初已经不见踪迹。随着殖民主义，非洲人民开始学习周围的甚至是非非洲的风格和技术。一些传统缝制毯子的工艺，比如在毯子边上缝一些像小辫一样的编织品工艺已经开始在非洲的东海岸重新流行起来，而说到底却是受到了阿拉伯世界的影响。制作工艺最精美的毯子来自马达加斯加，但是这些毯子的模板却是来自遥远的西边的刚果。20世纪的时代变迁还没有彻底毁灭制作和使用编织物品。编织品会和塑料水桶、搪瓷脸盆共存很长时间。

五、非洲手工编织品对非裔美洲人的影响

与非洲的编织品密切相关，非裔美国人的编织品同时体现了非洲大陆和移民到美洲的文化，例如，用细条编篮子的技术就横穿了大西洋，从西非来到了加勒比群岛，再到了美国。在传统的非洲社会，纺织品和纤维编制的东西装饰墙，铺地，或者是作为装饰房间的饰品。天然的纤维是从野外或庄稼地里得到的。一些材料的用法会有所不同，但是非洲人和非裔美洲人都是在收获完庄稼后用植物的秸秆来编织椅子的垫脚、垫子、帽子及搬运和储藏东西用的篮子。

各式各样的编织品可以追溯到美国的种植园时期，用料有橡木、白蜡木、草绳编织成绳子的纤维或者是松针编的草绳。这些材料有的是当年的非洲祖先传下来的，有的是从本土印第安人那里借鉴的，还有的是从早期欧洲移民那里借鉴的，因为他们的用料有时候是相同的，所以很难区分哪种材料是从哪里借鉴的。

材料的处理有的是晒干，有的是风干，有的还需要浸泡才能弯曲。编草篮用的草绳最好是用南方的某一沼泽地的草，从野外收割来需要挂起来晒干，或是平铺在房顶上。因为茎太沉，芦苇就只能靠日晒了。至于白橡木，必须在春天的某个时候趁着木头还轻而且好劈、好晾干的时候加工，然后为了保持相应的水分，

橡木条需被埋到地下以备后用。而松针的采摘要在离海岸线 160 千米的地方，等到长到 2.4 米至 2.7 米的时候即可。

材料的加工基本上都是靠纯手工，通常情况下，手工艺者都是穿上围裙或是别的罩衣以防被稻草之类的划伤。工具通常是钻、拉刮刀、小刀和剪刀等。拉刮刀和木槌用来劈木条，然后再进一步加工成各种形状。早期的钻头都是用动物的骨头做的，如今已经改用匙子把了。一开始要抛光美洲蒲葵的茎，从一头开始劈到一半左右的位置，然后再通过中间的一个孔把一根根的蒲葵使劲地绑在一起。所以手工艺者说他们是在“织”篮子而不是“编”篮子。

这些手工编织品，最早都是用在打猎、采摘和耕种上，之后才是生活用品、储藏的容器、衣服或是礼仪上的用品，而这些用品的原材料也都是从自然环境中取得的。来到美洲的非洲人，适应了新的环境同时保留了他们编织品的风格、形状和功能。但是值得注意的是，美国东南沿海的编织篮子跟西非和非洲的其他地方的篮子是有紧密联系的。大西洋两岸的篮子放在一起的时候，我们能够发现他们的外形和结构是重合在一起的。

第四节　非洲民居

非洲大陆的自然环境是造成非洲建筑风格的重要原因之一。建筑的风格是因地制宜的，例如，为了应对热带雨林的环境特征，该地区的建筑物就会与处在沙漠地区的建筑物风格不同。住在加纳北部干旱草原地带的人们通常会建造带有阶梯式逐渐上升的平顶房子，显然这样的房屋建筑结构不适合加纳往南 321 千米以外、长期受到雨水猛烈侵袭的地方。如果在这样的地方建平顶的房子，那房顶会变成一堆堆的烂泥巴。房屋的建筑风格会因不同的经济活动和社会风俗而变化。放牛的游牧民族需要不停地将自己的牲畜赶到新的草原上去，他们的房子往往是就地取材。与之相对的耕种民族，他们往往拥有自己的固定土地资产，居住地更为固定，在建造房屋的时候往往倾向于使用固定性的、结实的材料，而且用的料非常足；他们的房屋跟他们的庄稼一样，都是扎根在固定的地方。另外，房屋的建造结构跟家庭的组织结构也是密切相关的。崇尚一夫一妻制的部落民族，住的往往是一个仅能容纳夫妻二人和子女的单独的房子；而一夫多妻制的部落里，往往是围绕着一个院落建造一圈屋子，丈夫好让每个妻子各有各的住所。建造房屋的其他决定性因素是地点（城市还是乡村）、宗教信仰（基督教、伊斯兰教或是当地的土著宗教）、房主的社会地位（贵族、百姓或是奴隶）、个人的经济实力，所处的历史时期和受到国外影响的程度等。

在很多人的心里，传统的非洲建筑就是用泥巴搭起来的小房子。一些非洲人确实是用泥土、芦苇、茅草、牛粪等材料来搭建房屋，但这些住所绝对不是仅仅从外表看起来那么简单。即便是在同一个部落内，这些从外面看来就是泥巴垒起来的房子在大小、结构布局和装饰方面都有千差万别。从一个小部落的建筑中，就能对整个非洲大陆建筑的复杂设计有所了解。即便匆匆一瞥，无数极具历史意义的非洲本土建筑就会映入眼帘，比如非洲的宫殿、神庙、要塞、清真寺等建筑都可以与同时期的欧洲建筑匹敌。那些认为非洲建筑是人类建筑史上边缘的、微不足道的想法应予以纠正。几个世纪以来，非洲的建筑是艺术品，是非洲大陆绚烂的文明的一个体现。非洲的传统建筑风格迥异，数量庞大。

一、津巴布韦民居

在津巴布韦的南部，有一块海拔 1600 多米高的高原，在这里有一些让人惊叹的花岗岩历史遗迹。这些遗迹是早在公元 5 世纪中期肖娜人留下来的。津巴布韦原来叫罗得西亚，它整个南部地区还保留着 12 套房子的地基和一些围墙的遗迹。其中最大且保留最完整的一处叫作“椭圆建筑”，其围墙有 10 多米高，围墙从墙基到墙头的厚度从 5.2 米到 1.2 米逐渐减少。整个围墙周长达 244 米，墙面光滑，不留一点胶泥黏合的痕迹，简单的庭院，只有在围墙檐壁上有一圈类似军人肩章般的雕带。墙头上每隔一段固定的距离，都会有一座石头雕塑，有的高达 4.2 米。旅游者需要通过由外墙和同样宏伟的内墙所组成的夹道才能进入庭院内部。沿着夹道走到一半，便见夹道通向一个 9 米多高的圆锥型塔楼，塔楼底座的直径长达 5.5 米，原来是当作祭坛使用的。值得一提的是，这个建筑群至少拥有 8 套住所。

人们研究发现，最多时仅仅 25 人在此居住过，这说明这个建筑群是古时候用来祭祀和典礼，而不是简单的用来住人。考古学家们认为，古时候肖娜人有一群高高在上的精英，同时也是领导人住在这里，收取诸如黄金、象牙、铁、铜、盐和布料作为贡品。考古学家们说，通过这些高墙，这些领导者们向被统治者彰显他们奢华的生活和权力，而这个宏伟的建筑群同时能够给领导者们的权力和尊严有效地增加砝码。

二、富拉尼人民居

富拉尼人主要分布在西非的无树大草原上，往东到塞内加尔，往西则到喀麦隆。富拉尼人可分为三类：游牧民、农民和城市居民，每类居民都有自己独特的房屋建造结构。养牛的富拉尼游牧民，主要是居住在轻便的，屋顶由毯子或是由茅草搭起来的帐篷式的住所内。这种帐篷式的建筑，或是一个直径为 5.5 米、高度为 2.4 米的圆顶结构，或是一个 7.3 米×2.7 米的长方体的结构。这些富拉尼人往往信奉伊斯兰教，也有着固定的生活方式，有着较为固定的居住习惯：用风干的土坯做墙体，圆锥的房顶。几座像蒙古包的房子松散地分布在一处空地，形成一个家庭房屋群，这样男人和女人们就有了各自的住所。最早的富拉尼城市居民的房子跟农民的是一样的，只不过会更大一些。他们的房子四周是用风干的土坯砌成围墙，要进入内部只能是通过一个特殊的门厅，而且外人最多只能进入门厅，不能继续往里。随着时间的推移，早期的那些内部相连的圆柱型、房顶是平的房子慢慢演变成了四四方方的房子。这些变化是源于所谓的“苏丹式”建筑风格的影响，其实是穆斯林文化在西非的扩张的结果，是穆斯林宗教文化在西非的一种物质表现形式。考虑到那些当地人熟知的伊斯兰教对城市里的富拉尼居民显著影响，当地人会理所应当地接受伊斯兰建筑方面的习俗。

三、柏柏尔人民居

柏柏尔人是典型的游牧民族，他们出售自己饲养的骆驼，活动范围贯穿整个东撒哈拉，从尼罗河一直到西北非的阿尔及利亚。他们生活的流动性决定了他们只住在帐篷里。他们的帐篷有两种，一种是用几根杆子撑起一块 4.6 米到 6.1 米见方的布；另一种是由固定方框圈成一圈，上面再加一个圆顶子，最后再用毯子和布搭盖起来的帐篷。这两种帐篷与现代的简易帐篷无异，但是这些帐篷却展现了柏柏尔人对现代物质的成熟理解和应用。他们的“黑帐篷”通常是咖啡色的，是用山羊毛做的。这种稀松编织的粗纤维纺织品在阳光的照耀下变得越来越结实，既能阻挡白天太阳光的强辐射，又能在沙漠寒冷的夜晚起到非常好的保暖作用，到了晚上非洲的沙漠里温度能够降到 7℃，而那层羊毛毯子恰恰能储存一部分白天的热量。那些起覆盖作用的毯子，对于生活在里面的人来说非常方便，白天的时候卷起来便于通风，又能随时放下来以抵御不期而至的沙漠风暴。尽管这种帐篷外面是单调的褐色，而里面却是可以挂满装色彩斑斓、绣着各种几何图形的毯子，即便是原本比较单调的地垫都可以被绣成各种颜色交织的艺术品。然而一些柏柏尔人，尤其是住在撒哈拉沙漠南部的一些柏柏尔人，已经开始过上较为固定的农耕生活模式，在居住习惯上也开始借鉴周围的曼丁哥人和豪萨人，开始建造固定的房子。这种变迁意味着柏柏尔人的帐篷制作传统的终结。

四、伊拉克族人民居

非洲的伊拉克族人居住在坦桑尼亚的北部山区，属于农耕民族。他们的房子由圆形的泥巴墙围成，圆锥形的房顶用茅草覆盖起来。房子内部被一层离地约有 2.4 米的隔板隔开，到了晚上，人们把饲养的牛羊赶进下面那层，而人就睡在隔板上面。这种房子的直径一般不会超过 4.8 米，门前的一小块空地挖出一英尺深也被当做房屋的一部分，而且是被当成具备各种功能的起居室，名叫“阿福尼”（Afeni）。这种起居室会被不停地用动物的粪便抹平，使其越来越光滑结实。

在 20 世纪 70 年代之前，马斯族人的战士会经常袭击伊拉克族人，并抢夺他们的牛群。为了躲避袭击，伊拉克族人退到了高山地区，在那里他们挖出了地下房子，这种房子是大约 9 米×5.5 米四方形的井。要进入这样的房子就必须通过一个挖出来的通道。有时候他们的房子挖在一个斜坡上，这时候要进入房子就必须通过一个在斜坡上的门洞。他们用小树枝和黏土活在一起的泥巴涂抹成房顶，再用多达 70 根竿子把屋顶撑起来，以保证山洞的结实。这种低矮无窗的“房子”多不到 1.8 米高，伊拉克族人还把牲畜也放进去与人同住，以躲避敌人侵害。

五、祖鲁人民居

作为非洲南部的重要一支，传统的祖鲁人的房屋也独具风格，他们用草覆盖屋顶的圆顶式建筑。尽管其他的非洲人民也有圆顶式的居室，而祖鲁人的建筑在技术方面更加成熟和完善。他们建造房屋时先在地上画一个直径大约 4.8 米的圆，然后沿着圆周挖一个基槽，然后把数以百计的小棒埋进圆形基槽并折成相互交错的拱角、逐渐垒高形成墙面，并向屋顶集中，在距离地面 2.4 米的地方聚成屋顶的中心，之后再用茅草覆盖起这个骨架，最后用绳子编成的网将茅草和房屋的骨架结实地捆绑起来。而最复杂的部分也是房屋的完工部分是内部的装饰，把十字型的装饰和珍贵的物品都绑在刚才提到的网上。

当祖鲁人还以他们牛群多而著名的时候，他们总是集中到一起，用房子围着自己的牛群绕成一个圈，再用结实的木料做成栅栏把房子圈起来。这是源于19世纪的战争时期的“军镇”，祖鲁人把他们的房子就变成了一个加强版的军营。这种“军营”的规模可以达到直径为半英里，由1400多个房子构成。但是随着祖鲁人军事力量的衰竭，他们由游牧向农耕的转变，加上一夫多妻现象的减少，这种“军营”的规模也越来越小，到如今，祖鲁人的“军营”往往只有一个羊圈加几个圆顶房子了。如图4-8所示为仿盖的祖鲁民居。

图4-8　仿盖的祖鲁民居（2012年摄于开普敦）

六、巴米累克人民居

巴米累克居住在喀麦隆西部广袤的森林里，因此他们有足够多的竹子来建造自己的房屋。选择好一块方形的地面后，他们就开始用石头砌一个4.6米见方的地基，而后用竹子编成15英尺高的围墙并立起来，圆锥型的屋顶的确是木匠活的绝技：至少15英尺高的屋顶而且要比各面墙的墙头再超出至少0.9米，屋顶呈金字塔型，由绕着房子的一系列的柱子支撑。墙体或是用黏土砌成，或是用竹子沿着房子的围墙竖着再绕一圈形成墙体。一家之主的房子也是照着这样的模式建造，只是在规格上都大一号，并在门口处用一些木刻的边框来装饰一下。

巴米累克人的方方正正形状的建造格局在典型的居住建筑中非常常见。他们的后院、花园和耕地要么是正方形，要么就是长方形的。一家之主、各个妻子、仆人的房子和粮仓都是如此，分布在整个院落的各个角落。各房子大小都是一样，只是一家之主的房屋稍微高大些，这是为了在外形上体现一下他更高的地位。

七、约鲁巴人民居

约鲁巴人是西非最大部落之一，有 1000 多万人口，主要分布在尼日利亚的西南，从几内亚湾向西向南一直到热带雨林和南部无树大草原南部的交界处都有他们的身影。纷繁的自然环境也为约鲁巴人建造房屋提供了众多材料。沿着海岸线的房子往往是木制结构并覆盖着棕榈叶；再往内陆的人们往往是用树藤的墙体上再涂一层灰泥；到了热带雨林和无树大草原地区，人们又通常是用 0.3 米厚、0.9 米高的泥巴块一层层的垒成墙体。

尽管建造技术有所不同，所有的约鲁巴人都遵循着一套相同的施工方案。房屋的基本结构都是一个 3 米×6 米的独立立方体，从中间隔成两个相同大小的房间，再加一个人字形的屋顶。如果需要建造一个大些的房屋，就将上述的几间房子连在一起形成一个大约有八间房间的屋子。因为约鲁巴人早在 16 世纪的时候已经城市化了，他们一直保持着这样的居住模式，而在他们耕作的农田处，他们也是建造类似的长方形建筑用来临时休息。约鲁巴人称自己城里的院落为“阿格波伊勒”（agbo ile），意为自己的院落是有星星点点的小房子组成的。约鲁巴人的院落可以看做是农田里临时居所的集合。在无树大草原地区，传统的约鲁巴人的院落会有一个 6.5 平方米的院子。而在热带雨林里，他们的院子就仅仅是沿着院落内部的屋檐围起来的一小点地方，这里的屋檐都连成一片，院子当中是一个用来接雨水的蓄水池。蓄水池的大小正好与上面相连的屋檐绕成一个等大的圈。一些旧时约鲁巴酋长的官邸也建有这种带有蓄水池的院落，但是他们的官邸有时能多达 30 多个庭院；这样的院落立刻彰显出他作为领导者的显赫。

八、巴特马丽巴人民居

居住在多哥北部和贝宁共和国中间的巴特马丽巴人是个从事农业的民族，他们那些被人们称为小型城堡的房子非常引人注目。他们的房子一般都在一群 4.2 米高的塔式建筑群底部，这种塔式建筑的每个房子都呈圆形或是椭圆形。人们再用围墙把这些塔式建筑物圈起来，形成一个直径约 9 米的建筑群。卧室被安排在塔式建筑群的中心位置，男性住在一层，女性住在独立的上一层房间里。塔楼与塔楼、塔楼与围墙之间的空隙搭成了 0.6 米厚的天棚，这样的天棚有 2.4 米高，既为底下的牲畜遮风挡雨，又可成为楼上女人们的过道。两个硕大的谷仓一边一个分别坐落在门口两个塔楼旁边，加上茅草覆盖的圆锥型顶子，这两个谷仓更像是欧洲城堡的炮楼。

九、芳族人民居

芳族人居住在加蓬境内热带雨林深处，他们从雨林中砍伐出一块广场作为他们的家园。沿广场两边是两排房子，远远望去像两条笔直的平行线。每排房子的尽头都有一个专门的房间，是男人们开会和吃饭的地方，其他的房间是妇女和儿童居住的地方。妇女们住的土坯房子内有厨房和卧室，男人们既可以住在旁边一个独立的房间里，也可以睡在妻子的卧室里，当然他妻子的卧室也是他的一部分财产。因为没有窗户，房子的采光只能是靠朝向广场的前门和通向后院的后门。

要建一所房子，芳族人首先要用一百多根木棍搭成一个架子，再用棕榈树木叶把竹片绑在架子上，用他们的话说，他们是在“编织”一所房子而不是“建”房子。早在 21 世纪初，一种受欧洲影响的房屋建造方式出现在芳族人丛林中的家园里，这种房子被当地人称为“冷屋”，坚固的地板和墙面，金属屋顶，但是屋内没有做饭的地方。这种“欧式”房子的造价通常是芳族人传统房子造价的五倍，因此这种新房子是一种富有的炫耀，一般都不会住人，仅在典礼时才使用。

十、巴塔马里巴人民居

多哥的巴塔马里巴人的语言属于尼日尔刚果语系，他们居住在多哥的东部城镇康代。现在哈佛大学正进行一项研究，重点就是巴塔马里巴人的建筑。典型的巴塔马里巴人建筑有两层楼，每层楼有十个泥土墙“房间”。“巴塔马里巴人”的含义就是“世界上真正的建筑师”。由此看出，建筑在其文化中的重要性。建筑师是巴塔马里巴人村子里最重要的人物之一，其主要任务就是盖房子。由于建造的房子充满了仪式感，根据冬至日落来安排门口的方位是由建筑师决定的，因此，建筑师很像一位拥有权力的牧师，受到当地人的尊敬并被给予礼物和免费饭菜。

以上是按照地区的不同来区分非洲建筑的特点，建筑的风格与当地自然环境的特点联系起来。人种学的资料清晰地表明非洲人民面对相同的自然环境会使用不同的建筑风格来构建自己的家园。例如，同是在加纳北部的无树大草原上，达干巴人的房子是圆形，而附近居住的贡贾人住的却是长方形的房子。上述建筑风格展现了不同房屋的建造风格和工艺，而在一个人群内部也有着不同的空间安排。就像上面提到的富拉尼人，随着时光的变迁，人们对心中房屋的概念也在转变，他们的施工方案在进步，并不断地向他人吸取经验，从工艺到原材料再到装饰的风格都在变化。房屋是物质在动态的文化和历史中的客观反映，房屋是对人类生命而不是地理的记载和体现。

附录　南非科萨民族及其诗歌简介与选译

一、南非科萨民族

南非科萨民族（Xhosa）生活在南非共和国的南部和中部地区历经数千代人了，他们居住的地区也已几易其名。在种族隔离时期，科萨族人居住的地区被分为西斯凯和特兰斯凯两个地区。南非共和国成立后，这两个地区改名为东开普省。南非共和国的新政府不想把这个地区称为科萨地区，以避免种族主义和狭隘主义。东开普省东邻夸祖鲁－纳塔尔省，西邻西开普省。科萨族人居住在乡村地区，多经营农场。在欧洲人到南非前，科萨族人拥有大量的牛群，但白人政府随后控制了土地，白人农场主没收了科萨族人的牛群，使科萨族人变成了租地的农民。

最早的科萨族人是格卡勒卡和哈哈波的后人。格卡勒卡是科萨族人的国王，哈哈波是庶出的王子，是格卡勒卡的同父异母的弟弟。18 世纪，哈哈波带领他的族人来到了大凯河西侧定居，建立了自己的王国，不再依附于格卡勒卡统治的王国。当欧洲传教士们来到南非让黑人皈依基督教时，他们最早定居在哈哈波的王国里。因此，最早被记录下来的、在教堂和学校里使用的方言就是哈哈波和格卡勒卡方言。基督教传播到其他部落后，那些人都被称为科萨族人，他们被迫在教堂和学校里使用哈哈波和格卡勒卡方言，这就使哈哈波和格卡勒卡方言成为标准的科萨语，临近部落也被冠以科萨这个名字。其他在自己家乡使用不同科萨方言的科萨部落是特姆布族（纳尔逊・曼德拉的部落）、姆博多族、姆博多米斯族、胡鲁比族（塔博・姆比凯的部落）、博哈卡族、博姆瓦纳族和科斯比族等。

如今，科萨民族是南非第二大民族，南非前总统纳尔逊・曼德拉就是科萨族人，该民族有悠久的即兴创作口头诗歌的传统，以前口头即兴创作的诗歌题材多为赞美诗。在 19 世纪 20 年代，欧洲传教士记录了第一批科萨赞美诗。1800 年左右，预言家恩特斯卡纳（Ntsikana）教给他的信徒们一首赞美耶稣的诗歌，这首诗歌用传统赞美诗的形式赞美统治者。1821 年恩特斯卡纳去世后，他的信徒们口口传播这首赞美诗，1822 年约翰・班尼转录了这首赞美诗，该诗于 1923 年 12 月出版。

二、科萨赞美诗的主题与艺术特点

传统的科萨赞美诗主要是歌颂人，有的也歌颂动物和物品，部分涉及政治和社会事件。按照科萨族人的传统习俗，赞美诗人需陪伴酋长外出旅行，歌颂酋长的功绩。赞美诗人的特点是能够即兴吟诵赞美诗。科萨赞美诗的主要修辞手法是暗喻，以动物喻人。科萨赞美诗在演唱时没有乐器伴奏，这是它与史诗的主要区别之一。演唱艺人是独唱，声音粗哑，身着动物皮做成的披肩或帽子，脖子上配带着传统的珠饰，左手持两根长矛或长棍，右手持一把掸子。

传统的科萨赞美诗都是由男性宫廷诗人来创作，宫廷诗人有相当的独立性和自由，他们是使者、赞美者，同时也是人民的声音、社会批评家。他们不仅赞美统治者，也会批评统治者。他们用赞美诗来维持社会准则，他们赞美功绩，谴责过分的行为；他们忠诚于首领的权威，但不忠诚于某个酋长。肯定首领的权威就使得科萨赞美诗带上了政治色彩。在当代，科萨赞美诗人被誉为“眼睛”，他们要通过观察反应时政。对科萨赞美诗的记录始于20世纪初。1906年第一本名为《保存你的传统！》（《Zemk’inkome, magwalandini, Preserve your heritage!》）的科萨赞美诗出版。在19世纪和20世纪，科萨赞美诗人继续创作、演唱赞美诗。他们曾在南非议会开会期间公开演唱赞美纳尔逊·曼德拉、英国女王和教皇的诗歌。

现代科萨赞美诗在一些重要的场合，如总统就职典礼、国会等重要时刻和场合演唱，因而具有强烈的政治色彩和社会力量。1994年在纳尔逊·曼德拉总统的就职典礼上，有两位科萨赞美诗人演唱了赞美诗，科萨赞美诗回顾了南非国大党及其领导人历史，强调团结主题，标志着南非文学从抗议向和解转变。

如今在民间，在节日、婚礼、啤酒会、看足球赛等场合即兴吟诵诗歌依然是科萨民族一道独特而美丽的文化风景线，不少人在气氛的感染下，站起来就能即兴创作朗诵诗歌，诗人更是出口成章。可喜的是，现在的科萨民族有意识地保护自己的文化遗产，从中小学开始就会培养孩子们即兴创作吟诵诗歌的能力。

下面选译了科萨诗人约翰·索里洛（John Solilo）在20世纪创作的诗歌。每首诗歌由科萨语、英语和汉语呈现出来（译者：曾梅）。

（一）

非洲儿童之歌

我跟爸爸一样是黑人，
受到妈妈万般宠爱，
在家被视若珍宝。
我尊敬爸爸，为他骄傲。

我的国家和民族
是创世者给我的礼物。
我感谢
妈妈、爸爸和创世者。

我有责任保护
创世者给予我的礼物。
我替爸爸、妈妈和祖国
感谢你，圣父。

我为自己的民族骄傲，
我要捍卫我的民族，用我的自豪，
用高尚的人格而不是武器
去抵御魔妖。

让他们说三道四，
我自岿然不动，我对黑人起誓，
我绝不离开，我将终生坚守在非洲。
让仇视非洲黑人的家伙们知道这事。

我是非洲忠诚的爱人，
但与白人生活有问题。
白人不想和睦地生活
只想与我们分享怒火。

一个陌生人过来请我
让他宾至如归，
即使远离家乡也安康快乐，
像根深的大树安居繁茂。

我像海水一样流动，
我像飓风一样吼叫。
白人是个紧迫问题，
他们固执如岩石。

白人，称颂非洲吧。
你既已安家，就不将你驱离。
至死我都将是非洲人，
非洲是生养我和父亲的大地。

科萨语版

Ingoma yaba-ntwana base Africa

Ndimnyama ndifana notata,
Ndiya tandwa nditandwa ngu mama
Ndiya bukwa ndibukwa kokwetu
Ndineratshi ndizidla ngotata.

I zwe lam ncsizwc sam,
Ndazipiwa ndipiwa nguMdali.
Umbulelo yimfanelo yam,
Ku mama kutata no Mdali.
Ukugcina yimfanelo yam,
Izipo ndipiwe ngu Mdali.
Sombawo ndiya kubulela.
Ngotata uMama nelizwe.

Isizwe sam ndizidla ngaso.
Ngebongo ndiya kusilwela.
Ngesimilo kungabi ngerele,
Ku Mtyoli kungabi semntwini.

Makatet' otand' ukuteta,
A-ndiva ntwimbi ndifung' imidaka
A-Ndiyi ndawo, ndofel' e-Africa.
Maka-ncame notiy' ukafile.

Ndiyayitanda ngenen' iAfrica.
Kodwa yingxak' ukuhlala nomlungu.
A-kavumi sivane ngentllo,
Sihlale sokelan' umlilo.

Lundwendwe Iwahambela kum
Luhleli selonwabe kwapela.
Kwa yola wadel' ikaya lake.
Wamila waxel' umt' onengcambu

Ndiya-ngxola ndixel' amanz' olwandle,
Nditete ngoko moy' ovus' utuli.
Yingxak' umlungu' ngenene.
U-Hleli wonwabe ngokwe litye.

Masivane mlungu ngeAfrica,
Sewendele ungena kunyotulewa.
Ndoda ndife ndiyibang' i-Africa
Izwe lam lokuzalwa ngubawo.

英语版

Song of the children of Africa

I'm black like my dad,
Loved, loved by my mom,
I'm prized, prized at home.
I'm proud of Daddy and honour him.

My country and my nation
were the Creator's gift to me.
It's my duty to be grateful
To Mom, Dad and the Creator.

It's my duty to conserve
gift given me by the Creator.
Father, I'm grateful to you
For Dad, Mom and the country.

I'm pround of my nation,
I'll defend it with pride,
With good character not the assegai,
Against none but the devil.

Let them say what they like,
Unaffected I swear by black people,
I'm not going to leave, I'll die in Africa.
Let the Kafir hater know that.

I'm a loyal lover of Africa,
but living with whites creates problems.
They refuse to live in harmony,

to share their fire with us.

A stranger came to call on me,
Made himself quite at home,
Happy far from home,
Settled as a deep-rooted tree.

I'm unsettled as ocean waters,
I speak like a hurricane.
The white man's a pressing problem,
content to be set rock fast.

White man, come to aaccord on Africa,
You're rooted and can't be dislodged.
Until I die I'll lay claim to Africa,
The land of my birth, of my father.

（二）

在学校

在学校，一切都愉悦欣喜，
我们学到很多知识。
学会如何战胜愚蠢
学会爱和平与同胞。

我们学会尊敬父母
侍奉国王。
我们的日子将延续，
人间将变为天堂。

没有教育
我们会总是抱怨，

总是抑郁，
愤愤不满。

科萨语版

Esikolweni

Kumnand' esikolweni,
Sifunda konaokuninzi,
Sikwazi' ukulwa nobudenge,
Sitande uxolo nabanye.

Sifunde' ukubek' abazali.
Sikonze no kumkani.
Yolulw' imihla yetu.
Umhlab' ube lizulu.

Xa singa fundanga,
Sohlala sikalaza,
Singabi nakonwaba,
Sizale kuku sola.

英语版

At school

All things are pleasant at school,
there we learn so much,
how to combat stupidity
and love peace and fellow man.

We learn respect for parents
and serve to the King.
Our days will be extended,

earth will become as heaven.

Without education
we'll always compain,
ever unhappy,
discontented.

（三）

笑声

想过得好，你就笑笑。
血液会让血管充盈。
想快乐，你就笑笑。
人们会感受欢喜和高兴，
生活在欢乐与和平里。

笑，你就会收获
笑声的果实。
万物的给予者
也给予笑声：
所获万物必有获其缘由。

收获悲伤：
对人也无不妥，
心怀感激而受之。
悲伤净化心灵，让人接近上帝。
悲伤的果实是舒缓和慰藉。

悲伤是人生的功课。
悲伤适合自律者
别人从自律者身上学到经验。
笑声像分发的食物，

提神、可口。

马丁·路德笑了，
置身孩子们之中。
他抛开所有的悲伤，
只认同笑声：
欢乐淹没了悲伤。

笑声会提高幸福指数。
朋友会来帮忙。
千真万确，笑声具有感染力。
笑吧，你会看到别人也笑，
欢乐的泪水任由流淌。

科萨语版

Intisini

Yakuhlek' uz' upile Kakuhle.
Yozala imitambo ligazi.
Yakuhieka uhlale ngokonwaba.
Bobon' abantu bavuye
Bovuya bahlelale ngoxolo.

Wakuhleka wofunana iziqamo.
Zalontuo inikwa ngokuhleka.
Yapiwa nayo intsini,
Ngulowo unik' into zonke
Kungeko wayinika ngobudenge.

Nalo usizi luyapiwa.
Luhle lufanela umntu,
Lwamkelwe Kakuhle ngumntu.

Luhlemba lusondeze kuKrisu.
Bawelwe batutuzelw' abalusizi.

Luya nikw' usizi ngendawo.
Ngezizatu zalowo elungiswa.
Nabanye befun diswa ngalo.
Yapiw' intsini njengokutya,
Kuyola kuhlaziywe umntu.

Wahlek' uMartin ka luta.
Nabantwala bemngqongile.
Wazibeka bucala intsizi.
Naye wafanelwa yintsini,
Zaginyawa luyolo intsini.

Yakuhleka uhlek' udutyebe.
Zovela nezihlobo zikuncede.
Ngenen' iyasulela intsini.
Ka uhleke wobona sebehleka.
'De balile behleka beng' ayeki.

英语版

Laguhter

Laugh if you want to live well.
The veins will swell with blood.
Laugh if you wish to stay happy.
People will noticed and brighten,
live in joy and peace.

When you laugh you will reap the fruit
of the harvest gained from laughter.
The distrubuter of all things
also gave out laughter:
nothing was pointlessly given.

Consider the sorrow that's given:
it's appropriate to a person,
who accepts it with gratitude.
It purifies and brings you near to Christ.
The sad receives solace and comfort.

Sorrow's assigned in keeping with rank.
For reasons that suits the disciplined
others learn lessons through him.
Laughter was handed out just like food,
tasty refreshment for people.

Martin Luther laughed,
Surrounded by his children.
He set aside all sadness,
Identified with laughter:
Sandness was swamped by joy.

Laughter enchances well being.
Friends will come up to help.
Truly, laughter's infectious.
Laugh and you'll see others laughing.
Shedding unstaunchable tears of mirth.

（四）

相互吹牛

公鸡

我仰视你，万物的主，
感谢你创造我，
我用晨歌侍奉我的主人，
主人道声谢谢回应我。
能做只鸡我真高兴，
相貌堂堂，不受老婆管制，
我不喂养孩子，那是老婆的事，
想吃鸡肉的人喂养我。
我是自己的牧师，操办自己的婚礼，
没人打听我有多少娇妻。

狗

的确！当只狗我很满意。
我用注目礼谢谢你，
看不到的家伙我不在意。
我先天发育得好，从不会挨饿忍饥：
鼻子总能把我带到那里，
让人高兴、想去的地方。
我的对手们看见我露齿一笑，
就统统吓得屁滚尿流，
我边舞边唱的时候，他们呆若木鸡，
我从不剔牙，可我的牙还真是可爱至极。

猫

小心，狗！小心，公鸡！！
身不为猫，你还真不会得意。

如果你聪明，你得感谢黑夜：
黑夜映出你的身影和你做的事。
我是真不待见白天：
白天审判你，还夺走你的东西。
我是自己的主人，想吃就吃。
我睡，我醒，照顾自己。
我没见谁缺少自由。
我真高兴自己在法律管不到的地界里。

苍蝇
我真是高兴，这可是千真万确的真理，
我不是猫，逃避了法律。
我真诚地赞美造物主。
我们苍蝇的法律比你们猫的法律好很多：
“你想吃啥就吃啥，绝不容忍敌对分子，
无论发生什么，你都会有葬身之地，
如果你撑死，你就死得值。”
虽然我们也被打死，但数以百万的后代前赴后继。
杀蝇者永远不会得逞。
虽然会被消灭，可我们苍蝇家族依旧香火旺盛。

科萨语版

Ukuqayiselana

Bulela
Inkunzi ye nkuku.
Ndikangele kuwe Mnini-nto-zonke.
Ndisenz’ umbulelo kub’ undidalile.
Ndikonz’ inkos’ am ndiyivuse kusasa.
Nay’ ikubule ngoku bulela.

Ndivuya kakulu kuba ndiyi nkuku.
Ndapiwa nobukosi ndinga laulwamfazi.
Ndondliwe ngulowo ufun' inyama yenkuku.
Ndingu mfundisi wam ndizi tshatisa.
Ndinga buzwa ngenani lababafazi.

Inja

Kwowu! Ndava ndivuya kubandiyinja.
Ndibulela wena ndimbona ngeliso
Ndingezi katazi ngonga bonwayo
Ndidalwe kakuhle ndingena
Kulamba,
Zimana ukundisa impumlo zam:
Apo kumnan nditandayo kona.
Zoibona ndihleka ndivelis' amenyo
Zoyika ngenyani ezam intshaba.
Zingenwa yingqele ndivuma umdudo.
Nob'andivunguli mahl' amaziny'am.

Ikati

Mawo njia! Mawo nkuku!
Anivanga kuyola ninga banga zikati.
Nge-nine-ngqondo nibulel' ubusuku,
Buya mfihla umntu kwa nento zake.
Yona imini ndiga yihlaba ngenene.
Yahlula umntu ihlut' mto zake.
Ndim inkos' 'amndidle ndakutanda.
Ndilala ndivuka ndigcine mna ndedwa.
Andijoga' mntu ukuswel' inkululeko.
Ndonwabe kwapela kungeko namteto.

Impukane

Ndiyolelwe kakulu, ngokwenene ngokwenene,
Ndinga banga yikati int' engenawo umteto.
Ndimbonga ngenene owab' endidalile.
Mhle kuneminye umteto wako wetu:—
"Yidi' okutandayo, unga nqandwa ngubani,
Wofela napina noba sekunjani,
Unga ufe kakuhle xa ufe uhluti."
Sanda ngezigidi nook sibulawayo.
Ngu mbulali wabanye ongayi kucuma.
Noko zibulawa ziyacum, into zakowetu.

英语版

Mutual Boasting

The cock

I look up to you, Owner-of-all,
expressing thanks for creating me,
to serve my master with morning rousing,
and he responds with thanks in return.
I'm really pleased to be chicken,
royal in aspect, unstrained by my wife,
I don't feed children, my wife fends for herself,
I'm fed by the one who wants chicken meat.
I'm my own priest, I conduct my own weddings,
and no one queries my tally of wives.

The dog

Indeed! I'm quite content to be dog.
I thank you, with my eyes fixed on you,

paying no heed to the one I can't see.
I'm so well formed I'll never starve:
my nostrils always lead me there,
where it's pleasant, just where I like to be.
They see me laugh and bare my teeth,
my foes are totally terrified,
they're turned to ice when I sing at the dance.
I don't pick my teeth but they're lovely.

The cat

Watch out, dog! Watch out, rooster!!
You can't be content if you're not a cat.
If you were smart you'd thank the night:
it screens you and all your doings.
I really object to the day:
it judges you, plunders your goods.
I'm my own master, I eat when I like.
I sleep, I wake, and look out for myself.
No one I see is lacking in freedom.
I'm completely content in the absence of laws.

The fly

I'm truly glad, that's the absolute truth,
that I'm not a cat, beyond the law.
I earnestly laud my creator.
Our law's much better than yours:—
"Eat what you like, don't brook opposition,
whatever occurs, you'll find room to die,
you die well if you die satiated."
Although we're killed we increase by the million.

Muderers will never succeed.
Despite being killed my fellow flies flourish.

（五）

非洲知识分子

请给我智慧，我将替你坚守智慧，
当你离去，我会守护智慧。
我要写一本永存的书，
我死后书的声名将会流芳传世。
你不会带走你的智慧
当你融入泥土。
我勇猛，不惧怕任何人
即便被人嘲讽也绝不逃跑，
我已储存了精神的蛋卵，
它们会像龟卵一样及时孵化。
繁育我们的后人。
你没实现的我已然为你做到。
丰收了，你可以安然离去
告诉他人这世上有了什么，
我是充满活力的幸存者。
但愿我永生，
但愿尘土不要遮盖架上我的那本书。

科萨语版

Malumko ase Africa

Ndibolekeni ubulumko ndinigcinele.
Ndisale nabo xa nibek' encwabeni.
Ndibal' incwadi eyosala ihleli.
Emwa kwam lingafi igawa.

Ningemki nabo ubulumko benu,
Xa nihambayo nibek'en cwabeni
Mna ndinobu ganga andoyiki bantu.
Anganyemb' onyembayo andibuyi ngamva.
Amaqanda engqondo ndiwa bekile kunje
Qandusel xesha axel' awofudo.
Asale noluto amavela mva etu.
Eninga, kwenzanga ndine ke wena.
Wosal' osalayo ungafa ke wena,
Axele' abanye okwa kuk' elizweni,
Ibe ndim nokwenza kumasalela.
Mandigafi ndihlale ndihleli.
Nale newadi yam ingaxonywa etala.

英语版

Africal intellectuals

Lend me wisdom, I'll guard it for you.
I'll keep it when go to the grave.
I'll write a book that will last forever,
its name will survive my death.
You won't take your wisdom with you
When you enter into your grave.
I am bold, fearing none,
even if scorned I won't take flight,
I've stored the eggs of the mind,
In time they'll hatch like those of a tortoise.
They'll give birth to something, our heirs.
What you failed to do I have done for you.
The fruitful give birth and you can die

to tell other what there was on earth,
leaving me as an active survivor.
May I not die but live forever,
and may dust not cover my book on the shelf.

（六）

我的国家（1924）

狡猾的骗子们领着我们，
上了公路
如此我们便可离家远行，
抛弃生养我们的故土，
抛弃长着后弯大角的牛群，
扔掉胸颈上佩戴的珠饰。

狡猾的骗子们领着我们
我们憧憬着一个幸福的家，
一个无比快乐的地方。
骗子们忽悠得似乎我们已然在那片乐土，
描绘得似乎我们已然看见：
我们便轻率前行。

我们遗弃了女孩儿的围裙和贝壳头饰。
花园和田野已不在我们心中，
我们国家的年轻人抛弃了一切，
遮羞短裙和臂饰。
我们仰望天空，默默流泪
当骗子们攫取了非洲的土地。

坏消息接踵而至：
酒精和圣经是毒药，

护身符让我们泪水长流。
我们国家的年轻人失去了活力，
很少发出作战的呐喊，
男人们倒下了，手里握着枪。

骗子们指着天堂之门
却满嘴讲着酒瓶之事;
我们都进去沉迷于醉酒。
我的国家缺少一个主人:
我的国家被一个催眠师占有
我们的女孩抚育白人的孩子。

狡猾的骗子们领着我们
把民族分裂成不共戴天的部族，
祖鲁、科萨和索托。
骗子们攫取了英雄们的土地，
我们现在失去了喋血勇士，
等待着天堂的干预。

科萨语版

Izwe lam (1924)

Basenz' omaqingaqingana,
Sihambe sishiy' Amakaya,
Silincam' izwe lokuwalwa,
Amaxaka nempikwane zasala,
Zasal' incebeta nezidanga.

Bazenz' omaqingaqingana,
Besalat' ikaya lokonwaba,
Kwaziyolo zinga quake ndawo.

Baxela sanga sesilapo,
Bateta sanga sesibona,
Sahamba singabanga sacinga.

Sashiy' izidimba nengcaca,
Asacinga ntsimi nazitiya.
Alahl' amakab'akowetu,
Indyul' inqwemesha newatsha.
Siaalila sijonge pezulu;
Bawutat' umhlab' e-Africa.

Nezimbi zibuya zibaliswe,
Ib'otile ne B'ayib'ile bubuti.
Ngamayez' abang' inkenenkene,
Adol' amakab' akowetu;
Kwanqaba nokukwaza izimpi,
Alala amadoda nemipu.

Lalatw' isang' elixinwa,
Kanti kuxelw' ib'otile;
Sangena sonke sanxila,
Izwe lam lingena mninilo;
Latatwa ngo Yobisa lowo,
Intombi zapat' imihlope.

Basenz' omaqingaqingana,
Bazallula zingevan' Iziziwe;
U-Zulu, u-Mxosa no Msutu,
Bawutat' umhlaba wamag'ora;
Kungeko mefela-ndawonye,
Elinde kulaml' Izulu.

英语版

My country (1924)

The artful dodgers conned us,
set us on the high road
so we'd travel far from home,
deserting the land of our birth,
our cattle with down-and back swept horns,
our dangleing breast- and neck-beads.

The artful dodgers conned us,
with prospect of a happy home,
a place of limtless pleasure.
They spoke as if we were there already,
described it as if we could see it:
blindly we journeyed onward.

We forsook girls' aprons and shell headbands.
We gave no thought to gardens and fields,
the youth of land discarded everything,
penis caps, loin cloths and arm-rings.
We looked to the skies abd wept
as they seized the land in Africa.

Bad news comes around again:
bottle and Bible are poison,
charms eliciting lasting tears.
Our country's youngersters froze,
war-cries were rarely sounded,
men collapsed, clutching guns.

They pointed to the narrow entrance
but they were speaking of the bottle;
we all went in and yielded to drink.
My country lacked an owner:
it was seized by a Hypnoist
and our girls cradles the children of whites.

The artful dodgers conned us,
Split nations into feuding groups,
Zulu, Xhosa and Sotho.
They seized the land of heroes,
Now bereft of any die-hards,
Awaiting heaven' intervention.

（七）

满腹牢骚的家伙们

扫帚说
哦！假如我是斧子而不是扫帚！
斧子被人爱惜，总是被洗得干干净净，
不变臭，不招苍蝇。
孩子们玩斧子就会被批评。
可我必须去对付所有的脏东西；
我的朋友只有苍蝇。
使扫帚的人用棍子对我捅来捅去。

斧子说
打住，伙计，听我把话说完，
我来告诉你我所有的麻烦！
你可能想我是被洗干净的，可我是被刮干净的；

我被狠狠地撞向一棵棵大树，
一个蠢蛋举着我在钢管上敲敲打打，
我的嘴肿了，于是又在石头上搧我的脸。
我最好去做一只水壶。

水壶
我真想给你看看我的屁股，可我怕——
那些家伙你一句我一句，啥话都说。
火不熄灭我的活儿就继续做。
从没有人亲吻过我的嘴。
这个世界上不缺困苦艰难；
人人都有抱怨。
我们就此偃旗息鼓，解决自己的困难。

瓶子
你说出了我的心里话，水壶堂兄。
分享一下我们的悲伤没啥不妥；
相互怜悯和支持。
他们夺走狂饮我带给他们的东西，
然后我被卸磨杀驴只因我肚里已无东西。
不是瓶子的伙计们都高兴吧。这是硬道理！
我唯一的拯救者是那个捡空瓶子的印度伙计。

火柴盒
水壶兄弟，你说了一堆的话，
我们的问题让你发笑，
笑声让你滋润。
我力挺瓶子，他就是我的代言人：
火柴燃尽灾难就要降临。
我被扔掉，踩在脚下，这是我的命数，
在火光中闪烁，这是我的定数。

科萨语版

Abarori

Uti Umtshayelo
Kwewu! Ngange ndili zembe, ndingabi mtshayelo,
Liyatandwa lona, lihala lihlanjwa.
Alina vumba, alihlalwa mpukane
Bengxolisw abantwana, baku dlala ngalo.
Zonk' ezimdaka, zipatiswa mna
Zimpukane kupela abam abahlobo,
Undicula ngentonga, nondipatayo.

Izembe
Twize, mntakwetu kauve ngam!
Ndikuxelele, e-zam inzima.
Uba-ndiya hlanjwa, kanti ndiya guddlwa,
Kumiti ngemiti, ndimane ndintlalwa
Ndipatwe sidenge, ndiposw' entsimbini,
Kudumb' umlomo, ndisiw' elityani.
ZNgendiketile, mima ngokwam!

Iketile
Ngendiku hlubela, ndoyika Imvo.
Bateta zonke ababalayo.
Andizanga ndopulwe, umlil' usavuta.
Kowam umlomo, andizanga ndangiwa
Akuswelwa zinzima, kul'eligada
Ulowonalowo unezake izinto.
Mase siyeka sizi xolisa.

I-botile
Mza ketile, undibet' emlonyeni.
Kulungile kona sivisan' intsizi,
Sililelane Somelezane.
Ndipatiswa into bayihlute ipele.
Ndigwetyelw' ukufa, ngokupela kwe nyewe.
Uyavuy' ongendim ngene ngenene.
Umsindisi wam kupela Likula.
Ibokisi ye Matshisi
Ketile Taketu, utete wagqiba,
Inkatazo zetu ziyahlekisa;
Ukuhleka ke kona, kuyatyebisa,
Ndiyamxas' uBotile, unge utshongam,
Lityal' elikulu, kwakupel' imicinga,
Ndikatywa ndiya telwa libaso Kum
Sise mlilweni esam isabelo.

英语版

The disgruntled

The broom says
Oh! If I were an axe not a broom!
It's coddled, always washed clean,
doesn't grow smelly, doesn't draw flies.
Children are chided for playing with it.
Yet I must deal with everything grubby;
my only friends are the flies.
My handler prods me with a stick.

The axe
Hold it, fellow, hear me out,
I'll tell you all my troubles!

You might think I'm washed, but I'm really scraped;
I'm slammed against tree after tree,
an idiot wields me, strikes me on the steel,
my mouth swells up, so they slap me on the stone.
I'd be better off as a kettle.

The kettle
I'd expose my bum to you, but I fear to—
Its correspondents discuss everything.
My work's not done till the fire's doused.
I've never been kissed on the mouth.
There's no lack of hardship on this earth;
Everyone has his complaints.
Let's just submit and settle ourselves.

The bottle
You took the words from my mouth, Cousin Kettle.
It's quite all right to share our sorrws;
They grab and gulf what I carried for them,
Then I'm sentenced to death because it's all gone.
Whoever's not me should be glad. That's the truth!
My only saviour's the Indian.

The match box
Brother Kettle, you've uttered a mouthful,
Our problems inspired your laughter,
And laughter fattens you.
I'm for Bottle, who could have been speaking of me:
It's disaster when the matches run out.
I'm kicked and trodden on, that's my lot,
Flicked on the fire, my destiny.

参考文献

[1] Abrahams, Roger. African Folktales[M]. New York: Pantheon, 1983.

[2] Arthur, John. Invisible Sojourners: African Immigrant Diaspora in the United States[M]. New York: Praeger, 2001.

[3] Asante, K. W., et al. African Dance: An Artistic, Historical and Philosophical Inquiry[M]. Trenton: African World Press, 1996.

[4] Barber, Karen, John Collins, et al. West African Popular Theatre[M]. Bloomington: Indiana University Press, 1997.

[5] Bauman, Richard. Story Performance, and Event: Contextual Studies of Oral Narrative[M]. Cambridge: Cambridge University Press, 1986.

[6] Bebey, Francis. African Music: A people's Art[M]. New York: Lawrence Hill Books, 1975.

[7] Belcher, Stephen. Epic Tradition in Africa[M]. Bloomington: Indiana University Press, 1998.

[8] Carey, M. Beads and Beadwork of East and South Africa[M]. Aylesbury: Shire Books, 1986.

[9] Beads and Beadwork of West and Central Africa[M]. Aylesbury: Shire Books, 1999.

[10] Collins, E. J. Music Makers in West Africa[M]. Washington D. C.: Three Continents Press, 1985.

[11] Coolen, Theodore. Senegambia Archetypes for the American Folk Banjo[M]. Western Folklore 43:146-61, 1984.

[12] Crowley, Daniel, et al. African Folklore in the New World[M]. Austin: University of Texas Press, 1997.

[13] Dundes, Alan, et al. The Study of Folklore[M]. Englewood Cliffs: Prentice Hall, 1965.

[14] Ephirim-Donker, Anthony. African Spirituality: On Becoming Ancestors[M]. Trenton: African World Press, 1997.

[15] Evans-Pritchard, E. E. The Zande Trickster[M]. Oxford: The Clarendon Press, 1967.

[16] Fagg, William. Yoruba Beadwork: Art of Nigeria[M]. Lund Humphries, 1980.

[17] Fagg, William and John Picton. The Potter's Art in Africa[M]. London: British Museum Press, 1970.

[18] Faulkner, Joseph. Sociology through Humor[M]. New York: West, 1987.

[19] Finnegan, Ruth. Oral Literature in Africa[M]. London: Oxford University Press, 1970.

[20] Graham-White, Anthony. The Drama of Black Africa[M]. New York: Samuel French, Inc, 1974.

[21] Gyekye, Kwame. African Cultural Values[M]. Philadelphia and Accra: Sankofa, 1996.

[22] Hale, Thomas. Griots and Griottes: Masters of Words and Music[M]. Bloomington: Indiana University Press, 1990.

[23] Hendrickson, Hildi, et al. Clothing and Difference: Embodied Identities in Colonial and Post-Colonial Africa[M]. Durham: Duke University Press, 1996.

[24] Johnson, John William. The Epic of Son-Jafa: A West African Tradition[M]. Bloomington: Indiana University Press, 1986.

[25] Johnson John William, Thomas Hale and Stephen Belcher, et al. Oral Epics from Africa[M]. Bloomington: Indiana University Press, 1997.

[26] Jordan, C. Tales from Southern Africa[M]. Berkeley: University of California Prcss, 1973.

[27] Kaschula, Russel, et al. African Oral Literature: Functions in Contemporary Contexts[M]. Claremont, South Africa: New African Books, 2001.

[28] King, Noel. African Cosmos: An Introduction to Religion in Africa[M]. Delmont: Wadsworth, 1986.

[29] Knappert, Jan. Epic Poetry in Swahili and Other African languages[M]. Leiden: E. J. Brill, 1983.

[30] Lanehart, Sonja, et al. Sociocultural and Historical Contracts of African American English[M]. Philadelphia: John Benjamins, 2001.

[31] Lucy, John. Language and Diversity and Thought[M]. Cambridge: Cambridge University Press, 1992.

[32] Malkin, Michael. Traditional and Folk Puppets of the World[M]. South Brunswick: J. A. S. Barnes, 1977.

[33] Meerut, Ottenberg, et al. African Religious Groups and Beliefs[M]. India: Folklore Institute, 1982.

[34] Mol, Frans. Maasai Language and Culture[M]. Lemek: Maasai Center, 1996.

[35] Mokitimi, P. A Literary Analysis of Ssotho Proverbs[M]. Pretoria: J. L. Van Schaik, 1998.

[36] Mudimbe, V. Y. Parables and Fables[M]. Madison: University of Wisconsin Press, 1991.

[37] Murray, R. A History of Board Games Other Than Chess[M]. London: Clarendon Press, 1952.

[38] Mwang, R. Kikuyu Folktales: Their Nature and Value[M]. Nairobi: Kenya Literature Bureau, 1974.

[39] Mytton, Graham. Mass Communication in Africa[M]. Bloomington: Indiana University Press, 1983.

[40] Nketia, Kwabena. The Music of Africa[M]. New York: Norton, 1974.

[41] Nunley, John and Judith Bettelheim. Caribbean Festival Arts[M]. Seattle: University of Washington Press, 1988.

[42] Oinas, Felex, et al. Heroic Epic and Saga[M]. Bloomington: Indiana University Press, 1976.

[43] Okpewho, Isidore. The Epic of Africa[M]. New York: Columbia University Press, 1979.

[44] I.Okpewho. Myth in Africa: A Study of Its Aesthetics and Cultural Relevance[M]. Cambridge: Cambridge University Press, 1983.

[45] I.Okpewho. African Oral Literature: Background, Characters, Continuity[M]. Bloomington: Indiana University Press, 1992.

[46] Ong, Walter. Orality and Literacy: The Technologies of the Words[M]. London: Methuen, 1982.

[47] Opland, Jeff. Xhosa Oral Poetry[M]. Cambridge: Cambridge University Press, 1983.

[48] Xhosa Poets and Poetry[M]. Cape Town: David Philip, 1998.

[49] Osofisan, Adeyemi. The Origins of Drama in West Africa[D]. Ph.D Dissertation, University of Ibadan, 1974.

[50] Parriinder, Geoffrey. African Mythology[M]. New York: Peter Bedricks Books, 1986.

[51] Pelton, Robert. The Trickster in West Africa[M]. Berkeley: University of California Press, 1980.

[52] Philip, John. African Studies in Japan[M]. Oxford: St. Antony's College, Oxford University. February 24, 1994.

[53] Radin, Paul. The Trickster[M]. New York: Schuken Books, 1952.

[54] T.Ojaide, J.Opland. African Folktales[M]. New York: Pantheon Books, 1970.

[55] Pedler, F. J. Joking Relationship in East Africa[J]. In Africa 13:170, 1940.

[56] Rasmussen, Susan. Spirit Possession and Personhood among the Kel Ewey Tuarey[M]. Cambridge: Cambridge University Press, 1995.

[57] Riley, Dorothy Winbush. The Complete Kwanzaa: Celebrating Our Cultural Harvest[M]. New York: HarperCollins, 1995.

[58] Rubin, Arnold, et al. Marks of Civilization[M]. Los Angeles: University of California, 1988.

[59] Sagay, Esi. African Hairstyles[M]. Oxford and Ibadan: Heinenann, 1983.

[60] Scheube, Harold. The African Storyteller: Stories from African Oral Tradition[M]. Dubuque: Kendall/Hunt, 1999.

[61] Turner, Victor. The Ritual Process[M]. Ithaca: Cornell University Press, 1969.

[62] Ugboajah, Okwu, et al. Mass Communication, Culture and Society in West Africa[M]. Munchen: Zell, 1985.

[63] Westermarck, E. Wit and Wisdom in Morocco: A Study of Narrative Proverbs[M]. London: Macmillan, 1930.

[64] V.S，奈保尔．非洲的假面具[M]．郑云，译．海口：南海出版公司，2013.